À mes petits-enfants Auriane, Coline, Guillaume et Eurydice
Henri del Pup

À mes parents, en souvenir de l'heureux temps où ils m'enseignaient l'histoire de France,
À Damien, en espérant qu'il prendra goût à l'histoire
Robert Pince

Histoire
de la
FRANCE

Remerciements

*Ce livre est évidemment une aventure collective et beaucoup de personnes ont contribué
à sa réalisation. Nous tenons d'abord à remercier les illustrateurs sans qui cette Histoire de la France
serait terne et sans vie, et tout particulièrement Florent Silloray et Christian Verdun, sans oublier
Anne Eydoux, Rémi Kerfridin, Régis Macioszczyk, Jean-Claude Pertuzé et Richard Roussel.
Merci à Jean-Paul Espaignet, qui a réalisé la conception graphique et a accepté de se plier
aux demandes des auteurs.
Merci à Didier Gatepaille, à Claudine Pitrau-Defeuillet et à Laurent Mouilherat, qui ont eu
la gentillesse de donner un avis autorisé quand les hésitations des auteurs le rendaient nécessaire.
Marie-Jo Pince a réalisé un énorme travail d'édition, tout en faisant aux auteurs de nombreuses et
judicieuses suggestions destinées à rendre ce livre plus accessible aux enfants : qu'elle en soit ici
remerciée.
Merci aussi à Didier Mounié et Claire Debout qui ont relu avec patience les épreuves, pourchassant
avec ténacité la faute résiduelle et cachée.
Enfin, nous adressons nos remerciements au service archéologique de la ville de Toulouse et
du département de la Haute-Garonne, au personnel des archives départementales de la Haute-
Garonne et des archives municipales de la ville de Toulouse, à Colette Antilogus-Cailleux, chargée
des relations publiques du musée Saint-Raymond, à Michel Grandati, à Rose-Anne Vaglienti et
à Ann Faubladier.*

Photogravure : Graphocoop 47 Agen
Conception graphique et montage : Jean-Paul Espaignet
Correction : Claire Debout

Dépôt légal : 2ᵉ trimestre 2005
ISBN : 2.7459.1141.4
Imprimé en Espagne
par Egedsa-Sabadell-Espagne.

LES ENCYCL👁️PES

Histoire de la FRANCE

Henri del Pup - Robert Pince

Illustrations :

Florent Silloray - Christian Verdun

Jean-Paul Espaignet, Anne Eydoux, Gwen Keraval, Rémi Kerfridin,

Régis Macioszczyk, Jean-Claude Pertuzé, Richard Roussel.

MILAN
jeunesse

Sommaire

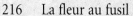

Ce livre raconte un million d'années d'histoire de la France, depuis l'arrivée des chasseurs-cueilleurs en Europe jusqu'au début du IIIᵉ millénaire.

Le lecteur y découvre la mosaïque des peuples dont l'amalgame fait la France, comme les Celtes, à la brillante civilisation, les Romains, les Grecs, les peuples germaniques, qu'ils soient Wisigoths, Francs ou Vikings.

Devant ses yeux se déroulent invasions, batailles, alliances, traîtrises : une véritable saga aux rebondissements surprenants, avec de grands rois à la vision ample et aux réalisations superbes, mais aussi des fous ou de dangereux illuminés.

La vie de personnages d'exception revêt ici un aspect nouveau, comme celle de César, noble désargenté qui décide de conquérir la Gaule pour assurer sa fortune, ou celle de Saint Louis, pétri de charité chrétienne mais imposant le port de la rouelle aux juifs.

À côté d'eux apparaissent des personnages moins prestigieux, mais dont le point de vue éclaire l'histoire : un habitant de Jérusalem relatant les horreurs de la prise de la ville par les croisés, un poète africain décrivant sans complaisance l'arrivée des colons européens, une danseuse américaine créant un réseau de Résistance.

Mais au-delà de la présentation de ces événements et de ces personnages, des pages thématiques s'attachent à montrer la lente maturation des idées qui font évoluer la société française : débuts du christianisme, progrès des sciences et des techniques, grandes découvertes, transformations sociales du XIXᵉ siècle, évolution des arts et de la littérature, apparition du chômage et de la fracture sociale, etc.

Enfin, des « pages à rêver », à la fois précises et poétiques (comme celles consacrées à la vie des chasseurs de rennes ou à la construction des cathédrales), permettent d'immerger totalement le lecteur dans un passé que la précision et la poésie de l'illustration rendent particulièrement vivant.

Des nomades aux agriculteurs

– 400 000	Conquête du feu
– 8000	Apparition de l'agriculture
– 4000	Construction des mégalithes
– 1800	Âge du bronze
– 700	Âge du fer

18

Les chasseurs de rennes

16

Cro-Magnon,
l'artiste

14

L'homme de
Neandertal

12

L'arrivée d'*Homo
erectus*

Il y a plus d'un million d'années, les premiers hommes arrivent en Europe. Ils y subissent un climat changeant, oscillant entre de longues périodes glaciaires et des périodes tempérées analogues à la nôtre. Deux ruptures importantes marquent leur histoire : la conquête du feu et l'invention de l'agriculture.

L'arrivée d'*Homo erectus*

Homo erectus est apparu il y a 1,7 million d'années en Afrique. Grand voyageur, cet humain primitif se déplace jusqu'en Asie et finit par arriver dans le sud de l'Europe en – 900 000. Le climat y est si froid qu'il va devoir découvrir l'usage du feu et perfectionner ses outils.

Un solide gaillard

Le crâne du plus vieux Français est celui de l'homme de Tautavel, trouvé dans la caune de l'Arago, dans les Pyrénées-Orientales. Cet homme est plus robuste que l'homme actuel. Son front est bas, ses orbites surmontées d'un épais bourrelet. Il n'a pas de menton et sa mâchoire porte de grosses incisives, tandis que le volume moyen de son cerveau est de 1 150 cm^3 (le nôtre est de 1 400 cm^3). On pense qu'il a un langage articulé très limité.

Un habitat aéré

Les hommes utilisent des abris naturels : les grottes, dont ils n'occupent que la partie bien éclairée proche de l'entrée, ou encore les abris-sous-roche, surplombs rocheux qui reçoivent beaucoup de rayonnement solaire quand ils sont orientés au sud, mais sont balayés de courants d'air. Ils construisent aussi des protections précaires de branchages dont on peut parfois retrouver les traces.

Visage d'*Homo erectus* : le front est bas et le menton fuyant.

DES NOMADES AVENTUREUX

Venus de la lointaine Afrique il y a environ 1 million d'années, les premiers humains pénètrent dans les régions du sud de l'Europe. Ils ne vont vraiment coloniser l'ensemble de l'Europe qu'il y a 600 000 ans. Ils y découvrent un climat changeant. Les périodes glaciaires sont marquées par des températures très basses, les périodes interglaciaires par des températures plus douces.

GROUPE D'*HOMO ERECTUS* PRÈS D'UN ABRI-SOUS-ROCHE.

À la conquête du feu

C'est en Europe que
la conquête du feu a eu lieu
en premier. Sa présence
certaine date de 400 000 ans.
Le feu permet aux hommes
de se réchauffer, de chasser,
de durcir la pointe des javelots et de fumer la viande pour la conserver.
Les archéologues pensent que deux méthodes de production du feu ont
été utilisées : la percussion et la friction.

Friction : on fait tourner une baguette
dure contre du bois tendre, au moyen
d'une cordelette.

Percussion : un silex est
frappé contre un morceau
de pyrite de fer.

Une nourriture variée

Les hommes se nourrissent de fruits sauvages,
de coquillages sur les côtes,
et disputent
les charognes
aux hyènes
et aux rapaces.
Jusqu'au jour où,
s'armant de pierres
et de javelots,
ils deviennent
chasseurs. Ils chassent
alors en groupe,
s'attaquant aux rennes,
daims, rhinocéros
laineux, mammouths
et ours des cavernes.

DES OUTILS PRIMITIFS

Les premiers outils
sont des pierres faciles
à casser, pour obtenir
des outils coupants
taillés d'un seul côté :
quartz et surtout silex.
Le tranchant sert à
couper ou à racler. Puis
les bifaces apparaissent,
de plus en plus plats.

AMATEURS DE VIANDE FAISANDÉE !

La consommation
de charognes semble
ne pas affecter
Homo erectus : c'est
que le climat froid
ralentit le démarrage
de la putréfaction.
Les scientifiques ont
d'ailleurs pu démontrer
que, même après
le début de cette
putréfaction, la plupart
des chairs comestibles
restent enveloppées
dans une peau qui
les protège des insectes
et autres vecteurs
de maladies.

L'homme de Neandertal

Le premier *Homo sapiens,* « homme sage », a été découvert en 1856 en Allemagne, dans la vallée de Neander (en allemand *Neandertal*). Descendants des premiers habitants de l'Europe, les Néandertaliens ont régné sur ce continent de – 100 000 à – 40 000 ans.

Un chasseur solide

Un peu plus petit que l'homme moderne, l'homme de Neandertal possède des os massifs et une silhouette trapue. Le menton est presque absent, les orbites saillantes et le front fuyant. La capacité crânienne est plus importante que celle de l'homme moderne : 1 500 cm^3 au lieu de 1 400 actuellement. Son physique est bien adapté aux climats froids de l'Europe des âges glaciaires.

Une vie saine au grand air

L'homme de Neandertal, comme son prédécesseur, vit de chasse, de pêche et de cueillette. Au menu, beaucoup de viande, comme du renne, du cheval, du bison et du mammouth. Il pratique une chasse organisée en rabattant le gros gibier vers des précipices ou en le faisant tomber dans des pièges. Il achève ensuite ses proies à coups de massues et de lances.

Couple néandertalien vêtu de peaux de bêtes. L'arme de chasse : un épieu à la pointe durcie par le feu.

NEANDERTAL MUSICIEN

Dans une grotte de Slovénie, ont été découverts, au même niveau que des outils néandertaliens, un morceau de fémur d'ours des cavernes perforé de 4 trous. Datée de 43 000 ans, cette flûte est le plus ancien instrument de musique connu !

Chasse organisée : des Néandertaliens viennent de faire tomber leur gibier dans un précipice.

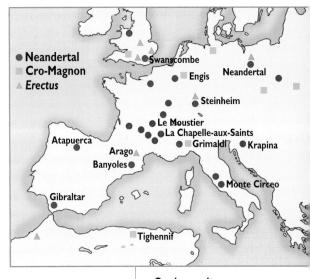

Tragique disparition

Il y a 40 000 ans, pendant une phase de climat tempéré, un nouveau groupe humain provenant d'Afrique fait son apparition en Europe : l'homme de Cro-Magnon. Les deux populations coexistent environ 10 000 ans, mais il y a 30 000 ans, à la veille d'une nouvelle glaciation, le climat devient plus rude et la compétition pour l'utilisation des territoires plus vive. C'est le moment où les Néandertaliens disparaissent de leurs derniers refuges. Les hommes de Cro-Magnon, porteurs de nombreuses innovations techniques, en ont peut-être été responsables en occupant la quasi-totalité des zones habitables.

Quelques sites représentatifs des découvertes d'hommes préhistoriques.

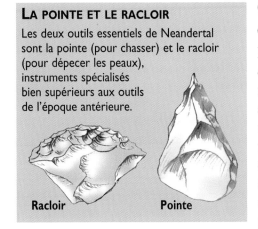

LA POINTE ET LE RACLOIR

Les deux outils essentiels de Neandertal sont la pointe (pour chasser) et le racloir (pour dépecer les peaux), instruments spécialisés bien supérieurs aux outils de l'époque antérieure.

Racloir   **Pointe**

Cro-Dertal ou Nean-Magnon ?

La découverte du squelette d'un enfant de 4 ans exhumé récemment de la vallée de Lapedo, au nord de Lisbonne, a montré un enfant hybride, présentant un menton d'homme de cro-magnon et des os d'un type néandertalien accusé (os robustes et raccourcissement de la jambe par rapport à la cuisse).

UNE VIE PAISIBLE

D'après des études récentes, les chasseurs-cueilleurs passent en moyenne deux heures par jour à produire de la nourriture. Pas de quoi être stressé !

S'agit-il d'un métis caractéristique permettant d'imaginer un mélange des deux populations ? Certains préhistoriens le pensent, d'autres en doutent. La question reste donc posée.

Mise en terre accompagnée d'offrandes : la mort est considérée comme le passage vers une autre vie.

Rites funéraires

C'est sans doute le premier humain à avoir enterré ses morts. Les mises en terre étaient accompagnées d'offrandes (outils, armes de parade, nourriture, trophées de chasse) et peut-être de véritables cérémonies. Certains corps, souvent orientés est-ouest, ont même été recouverts de fleurs.
Ces funérailles témoignent d'une croyance en une autre vie après la mort.

Cro-Magnon, l'artiste

En 1868, dans l'abri Cro-Magnon, en Dordogne, on découvre les squelettes de plusieurs *Homo sapiens sapiens* (l'homme deux fois sage). C'est le premier homme moderne, qui invente la sagaie, le harpon, l'aiguille, mais se distingue surtout par sa pratique de l'art.

Longilignes et bronzés

Plutôt élancés, semblables aux Européens d'aujourd'hui, quoique plus robustes, les hommes de Cro-Magnon avaient sans doute le teint sombre et des proportions corporelles comparables à celles des Africains de l'Ouest actuels. Le volume de leur cerveau est un peu inférieur à celui de l'homme de Neandertal.

Famille Cro-Magnon : des humains au physique actuel.

Abris en os

Des habitats trouvés en Europe orientale sont fabriqués avec des os de mammouths : les défenses, plantées dans des crânes enterrés, forment la charpente, tandis que les mandibules empilées et une haie d'os longs les calent et supportent des peaux qui recouvrent l'ensemble. Le tout permet de bien résister au vent et au froid.

Abri en os et défenses de mammouths.

LA SAGAIE ET LE HARPON

Formée d'une longue pointe en os, pierre, bois de cervidé ou ivoire, emmanchée dans une hampe de bois et fixée par une ligature, la sagaie est l'arme de chasse par excellence. Le propulseur apparaît il y a 20 000 ans. Ce bâton est muni d'un crochet qui se place dans un trou percé à l'arrière de la sagaie. Il permet d'expédier celle-ci avec force et de lui faire atteindre la vitesse de 50 m/s. Enfin, le harpon en bois de renne, arme de chasse et de pêche, est l'arme typique des hommes de cette époque.

Peinture et gravure

Dans les grottes, peintures et gravures ne représentent pratiquement que de grands mammifères : cheval, bison, cerf, renne ou mammouth. Pas de décor, ni de soleil ou de lune, et des représentations humaines très rares. L'art rupestre a sans doute des buts religieux et magiques : aller dans la profondeur des grottes, là où aucune lumière ne parvient jamais, c'est pénétrer dans le monde sombre de la mort, où règnent les esprits.

LES VÉNUS DE LA PRÉHISTOIRE

Des statuettes représentant des femmes se rencontrent en plusieurs régions de l'Europe Il peut s'agir de femmes asexuées (Vénus de Brassempouy, Landes) mais, le plus souvent, ce sont des femmes aux formes épanouies.

Vénus de Grimaldi.

PROGRÈS DANS LA TAILLE DU SILEX

À partir de 1 kg de silex, la longueur de tranchant utile obtenue varie avec l'évolution de l'homme :

Erectus : 10 cm   Neandertal : 2 m   Cro-Magnon : 20 m.

De la musique...

Les hommes s'intéressent déjà à la musique : ils utilisent des sifflets, des flûtes et des sons naturels. La phalange de renne sifflante est un des plus anciens instruments sonores connus (30 000 av. notre ère). Puis apparaît la flûte en os de vautour, d'une longueur de 20 cm, percée de quatre trous. Enfin, les draperies de calcite de certaines grottes résonnent mélodieusement quand on sait les mettre en vibration. Ainsi, dans la grotte du Portel, en Ariège, les draperies sont marquées par les coups portés par nos ancêtres jouant des mélodies.

MINUSCULE MAIS VITALE

Inventée il y a environ 16 000 ans, l'aiguille va transformer la vie des hommes : ils vont pouvoir coudre des peaux et donc fabriquer des habits, des outres, des tentes, des kayaks, etc. Sa fabrication est délicate, puisqu'elle nécessite la taille et le polissage d'un os long, puis la perforation d'une extrémité.

Les chasseurs de rennes

En Europe occidentale, 10 000 ans avant notre ère, les hommes taillent le silex et chassent le renne. Dans le Bassin parisien, à Pincevent en particulier, ils établissent leurs campements à proximité de la Seine, entre le début de l'été et la fin de l'automne.

CAMPEMENT DE CHASSEURS DE RENNES EN BORD DE SEINE.

ÉTIOLLES, ATELIER DE TAILLE

En dehors des périodes de chasse, les hommes s'installent à proximité de gisements de silex pour préparer les outils de la saison suivante. Le site d'Étiolles, placé près d'un très beau gisement, en est un parfait exemple : les tentes sont organisées de manière à faciliter le travail des tailleurs. Au centre, les plus habiles utilisent la chaleur du feu pour certaines de leurs opérations de taille. Un peu plus loin, les tailleurs occasionnels réparent le tranchant de leurs outils. Enfin, près de la zone de couchage, les jeunes s'entraînent sur des rognons (gros morceaux de silex arrondis) déjà utilisés.

DES CRUES BIEN UTILES

Installés à proximité de la Seine, les sites d'Étiolles (Essonne) et de Pincevent (Seine-et-Marne) ont été régulièrement inondés par des crues dont les limons recouvraient les vestiges, les conservant presque intacts. On a ainsi pu obtenir des renseignements très précis sur l'habitat et les modes de vie des chasseurs du Paléolithique.

Naissance des villages

Lames de haches
de pierre polie du
Néolithique ancien.

Au Néolithique, l'« âge de la nouvelle pierre »,
les habitats se regroupent en villages.
Aux alentours de – 8000, les hommes
cessent d'être des chasseurs-
cueilleurs nomades pour devenir
des agriculteurs-éleveurs
sédentaires.

LE VILLAGE NÉOLITHIQUE
DE CHARAVINES.

DES OUTILS-MONNAIE

Le Néolithique est l'âge
de la pierre polie,
car les hommes savent
maintenant utiliser une
plaque de grès, du sable
et de l'eau pour polir
leurs outils. Il n'est
donc plus nécessaire
de frapper un rognon
de silex pour en
détacher des éclats.
La fabrication des outils
peut alors se faire
à partir de roches plus
courantes, comme
le grès ou le granit.
Ces outils polis sont
si beaux qu'ils sont
souvent détournés
de leur usage premier
pour être utilisés
comme monnaie.

Changement de climat

Depuis que les hommes peuplent l'Europe, les phases
glaciaires et interglaciaires se succèdent régulièrement.
Vers – 12 000, une nouvelle déglaciation s'amorce partout.
Une couverture forestière dense s'installe, permettant
la formation de sols cultivables. Les animaux des temps
glaciaires disparaissent ou migrent vers le nord, tandis
que la faune des forêts tempérées, comme les cerfs ou
les sangliers, se multiplie.

Des villages paysans

Le village traditionnel du Néolithique est un petit hameau vivant de l'élevage et de la culture. Les maisons sont faites de bois et d'argile. Sur une armature de poteaux et de branches entrecroisées, est appliqué un mélange de paille et de terre appelé torchis. Les fouilles faites à Charavines, village néolithique des Alpes, montrent des maisons basses et rectangulaires de dimensions réduites. Le plan est très simple, avec seulement deux pièces : une cuisine et une pièce à vivre.

L'avoine, le seigle et le millet

Dans la forêt, le paysan dégage un espace de culture en y mettant le feu : ainsi, les cendres fertiliseront le sol de la parcelle. Puis il gratte la terre avec une simple branche ou creuse un trou pour les semailles. Il cultive l'avoine, le seigle, le millet, le pavot. La récolte se fait à la faucille, en laissant la paille sur pied, le chaume servant pour la pâture des animaux.

Maison néolithique à la structure de bois et aux murs de torchis.

L'OUTIL DU DÉFRICHEMENT

La hache à manche de bois et lame de pierre polie démontable est l'outil favori du paysan au Néolithique. Sa gaine en bois de cerf permet d'amortir les chocs et d'éviter que le manche en bois n'éclate à l'usage.. Lorsque la lame se casse, on peut la changer sans toucher au manche et à la gaine. On économise ainsi les matériaux et le temps de travail !

CONSERVER ET CONSOMMER

On conserve le grain dans de grands vases en terre cuite et dans des paniers en vannerie. L'alimentation diffère énormément de celle des chasseurs-cueilleurs de l'époque précédente. Les hommes mangent des soupes de légumes, des bouillies et des galettes de céréales.

La vie des agriculteurs

Les habitants des villages utilisent la force
de travail des animaux domestiques et consomment
leur viande. Les activités des hommes se diversifient
avec l'apparition de la poterie et du tissage.
Les richesses vont pouvoir s'accumuler, source
d'inégalités entre les hommes.

La domestication et l'élevage

Le chien, issu du loup, a été domestiqué sans doute à la fin
du Paléolithique. La chèvre et le mouton, progressivement
élevés au Proche-Orient, ont été ensuite importés en Europe.
Enfin, deux espèces de bœufs sont utilisées : l'aurochs et
un petit bœuf dit « des tourbières ». Les animaux domestiques,
d'abord exploités pour fournir de la viande, vont aussi permettre
la consommation de lait, l'emploi de la laine et le recours à la traction animale.

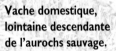

Vache domestique,
lointaine descendante
de l'aurochs sauvage.

Céramique et tissage

La céramique permet de stocker des réserves
et de cuire facilement les aliments liquides.
Elle apparaît en Europe vers – 6000. Comme
le four n'arrivera que plus tard, la cuisson
des poteries se fait directement dans le sol :
déposés dans des creux, les vases de terre sont
enfouis sous des branchages auxquels on met
le feu. Lorsque la flambée est finie, il suffit
de recouvrir le tout de terre pour éviter
la casse due à un refroidissement trop rapide.
Le tissage de la laine et du lin apparaît avec l'agriculture. Il est pratiqué sur
des métiers très simples. Les archéologues n'en ont retrouvé que les poids destinés
à tendre les fils verticaux formant la chaîne.

Tissage du lin ou de la laine sur
un métier à tisser rudimentaire.

CUISSON DES POTERIES
DIRECTEMENT
DANS LE SOL.

Les vases sont
recouverts
de branchages.

On met le feu.

On recueille
les poteries
après cuisson.

Trépanation crânienne

Dans la région des Grands Causses (Massif central), les archéologues ont découvert 210 crânes portant des marques de trépanation (ouverture de la boîte crânienne). Or la cicatrisation des bords de l'ouverture montre que plus de neuf patients sur dix ont survécu à cette opération ! Pourquoi effectuait-on à cette époque une opération aussi risquée ? Sans doute pour des raisons rituelles à moins qu'il ne s'agisse des débuts d'une véritable médecine préhistorique.

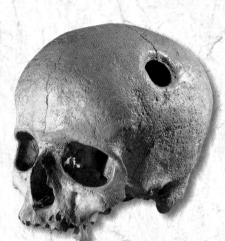

Crâne trépané provenant d'une tombe collective de la Marne.

Les vivants et les morts

En même temps que la sédentarisation des hommes dans les villages paysans, apparaissent de véritables cimetières. Presque partout, les tombes se trouvent au sein des villages ou à leur proximité immédiate. Les défunts sont inhumés dans des fosses individuelles creusées, les corps étant protégés du contact de la terre par des sacs. Ils sont accompagnés d'offrandes (les parures ou les outils du défunt). Plus tard, on en vient à regrouper les corps dans un même caveau : il peut s'agir de sépultures multiples, qui servent à ensevelir plusieurs corps en même temps, ou de sépultures collectives, utilisées plusieurs fois sur de longues périodes, à la manière d'un caveau de famille.

Colliers de pierres, coquillages, cuivres et dents du Néolithique.

DE LA BIÈRE !

Les agriculteurs qui cultivent l'orge savent la chauffer et la faire fermenter pour obtenir de la bière. En effet, les scientifiques ont retrouvé des traces de bière à l'intérieur de certaines poteries de l'époque.

Invention de la roue

En faisant glisser un poids sur des troncs d'arbres, on diminue le frottement. Le passage du tronc d'arbre à la roue se fait en Eurasie en 3500 av. J.-C. (comme le prouvent les découvertes archéologiques d'Ur) tandis que la roue reste totalement inconnue des Incas, qui ne la découvrent que 5 000 ans plus tard, lorsqu'ils entrent en contact avec les Occidentaux. La roue comporte un moyeu, organe fixe, solidaire de l'objet à déplacer et une partie mobile circulaire. Les premières roues sont pleines et composées le plus souvent d'un assemblage de planches. Elles sont même parfois taillées dans un tronc d'un seul tenant. Le graissage du moyeu permet une rotation plus facile de la roue.

DES MINES PRODUCTIVES

Extraire du silex en quantité suffisante n'est possible qu'en creusant. C'est ainsi qu'en Europe, des milliers de puits ont été forés dans la craie, pour atteindre les filons de silex. Ces puits ont jusqu'à 20 m de profondeur et servent de points de départ à de nombreuses galeries.

Les alignements de **Carnac**.

Pierres dressées d'Occident

Pour bâtir des monuments aussi importants, il faut être nombreux et disciplinés, ce qui suppose une société très organisée, dirigée par des chefs respectés. Les mégalithes ne sont d'ailleurs pas la tombe de tous. Une dizaine d'élus au maximum y repose. Dans le tumulus de Newgrange, en Irlande, qui mesure pourtant près de 90 m de diamètre, on a relevé les vestiges de quatre ou cinq corps seulement !

Principales implantations des mégalithes d'Europe.

Impressionnantes et mystérieuses, les architectures mégalithiques d'Occident sont les plus anciens monuments du monde.

Une création de l'Europe

Du sud de la Scandinavie à la pointe de l'Espagne, c'est l'Europe tout entière qui a bâti des mégalithes. Leur construction s'étage de − 4000 à − 2000 pour les monuments les plus récents, soit avant les pyramides d'Égypte ou les tombes royales de Mycènes. Il peut s'agir d'un amoncellement très soigneusement agencé de pierres, le cairn, ou encore de terre mêlée de pierraille, le tumulus.

Des pierres dressées

Parfois associés à des sépultures mégalithiques, les menhirs sont isolés ou groupés en alignements ou en cercles : la Bretagne est riche en alignements, les îles Britanniques en cercles de pierres qui atteignent parfois 500 mètres de diamètre. Il s'agit peut-être d'observatoires astronomiques puisque l'orientation des pierres dressées tient compte des levers du soleil aux solstices d'été et d'hiver ainsi qu'aux équinoxes.

Statues-menhirs

Certains des plus anciens menhirs ont une forme grossièrement humaine. On parle alors de statues-menhirs. En Bretagne, ces représentations sont féminines. Parfois, des seins, agrémentés d'un collier, sont simplement sculptés sur les parois des monuments funéraires. Dans le Midi – Provence, Languedoc ou Rouergue –, des hommes et des femmes sont représentés : petits visages provençaux stylisés, ou hautes et lourdes statues en grès du Rouergue.

Statue-menhir en grès de la seconde moitié du IIIe millénaire av. J.-C. (Aveyron).

MÉGALITHES, DOLMENS, MENHIRS

Mégalithe, mot d'origine grecque, signifie « grosse pierre ». Il désigne le plus souvent des constructions réalisées au moyen de dalles de pierre lourdes et imposantes. Certains de ces monuments peuvent être nommés dolmens (mot breton signifiant « table de pierre »). Le menhir, du breton « pierre longue », est un monument constitué d'un seul bloc vertical.

Secrets de fabrication

Pour élever les blocs les plus lourds, les hommes du Néolithique ont eu recours à des rampes de terre, des cordes et des leviers. Ils ont tiré des pierres colossales sur des kilomètres, en les faisant glisser sur des rondins en bois. Ces techniques de construction nécessitaient le travail coordonné et la discipline de centaines de participants. Mais quelle fierté quand on était arrivé à construire un de ces monuments colossaux ! Le groupe des constructeurs devait s'en trouver renforcé.

Chaque bloc vertical est déplacé sur des rondins de bois.

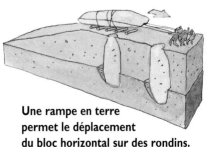

Le bloc est dressé avec des cordes.

Une rampe en terre permet le déplacement du bloc horizontal sur des rondins.

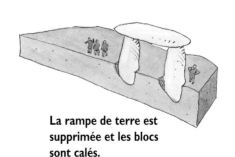

La rampe de terre est supprimée et les blocs sont calés.

BILAN DE SANTÉ

L'étude des squelettes retrouvés dans les sépultures a permis de déterminer les 2 maladies les plus courantes au Néolithique : les caries et l'arthrose vertébrale. Les problèmes osseux s'expliquent par la position courbée des cultivateurs. Leur nourriture, à base de farines non tamisées abrasant les dents et de laitages riches en bactéries, permet de comprendre les problèmes dentaires.

Les maîtres du feu

L'aventure de la métallurgie conduit les hommes à puiser dans l'écorce terrestre des matières premières pour les soumettre aux « arts du feu ». Ils obtiennent ainsi parures, outils et armes.

Un travail complexe

La céramique était produite et utilisée sur place par chaque famille. En revanche, le travail du métal est plus complexe : il faut organiser l'extraction puis la distribution des minerais, qui n'existent pas partout. Le traitement de ces minerais ne peut être réalisé que par des artisans très spécialisés et à l'expérience confirmée. Il faut donc que leur métier s'insère dans une société où le partage des tâches est parfaitement organisé.

Le secret du cuivre

Les premiers objets métalliques sont obtenus en – 3000, à partir de cuivre natif (cuivre à l'état pur) martelé à froid. Mais ce cuivre natif est très rare. Par ailleurs, les potiers utilisent les belles couleurs de la malachite (vert) ou de l'azurite (bleu) pour décorer les céramiques. Or, chauffées dans des fours à réverbère, ces décorations libèrent du cuivre. Les potiers comprennent donc qu'il suffit de chauffer la malachite ou l'azurite pour obtenir du cuivre à volonté.

Cuivre natif.

Guerrier en bronze, au casque finement ciselé.

LA SIDÉRURGIE

Le mot sidérurgie, désignant le travail du fer, vient des mots grecs *sideros*, astre, et *ergon*, travail. Il fait référence aux débuts du travail du fer, qui se pratiquait sur du fer météoritique, donc tombé des astres.

La découverte du bronze

En chauffant des minerais contenant du cuivre et d'autres métaux, les hommes obtiennent des alliages plus durs et plus fluides, donc plus faciles à mouler que le cuivre : ce sont les bronzes, alliages de cuivre et d'étain, par exemple. On coule alors des objets dans des moules simples (poignards ou haches plates) puis doubles. Les premiers moules sont en céramique, mais par la suite apparaissent des moules métalliques. Enfin, on invente le moulage à la cire perdue, qui permet la réalisation de décors en relief d'une grande finesse, et qui servira aussi pour d'autres métaux comme l'or.

Torque du Iᵉʳ siècle av. J.-C. (Aube).

L'arrivée du fer

Bien que le fer soit très courant dans l'écorce terrestre, il n'est utilisé que très tardivement par les hommes. En effet, les affleurements de ce métal sont de couleur ocre (couleur de la rouille), donc peu visibles. Par ailleurs, il est peu évident d'extraire le fer de son minerai puisqu'il ne fond qu'à 1 536°C, température difficile à atteindre. Pour obtenir du fer en quantité, les hommes ont utilisé une alternance de couches de minerai de fer et de charbon de bois disposées dans un foyer recouvert d'argile. Un soufflet disposé à la base permet d'accélérer le tirage. La pâte visqueuse obtenue après chauffage est ensuite travaillée au marteau par le forgeron, pour en enlever les impuretés. Les plus anciens objets retrouvés en Europe occidentale datent de – 700. Ces objets de fer ne sont pas coulés, mais mis en forme, à chaud, dans une forge.

L'égal des dieux

Dans l'imaginaire des hommes, le forgeron est celui qui est capable de transformer les substances nées au sein de la Terre : il perfectionne la nature en l'enrichissant. La forge est donc un lieu magique où s'opèrent toutes les métamorphoses, la transmutation des métaux s'accompagnant de la transformation intérieure du forgeron lui-même : forger devient ainsi un art de la sagesse.

Anse du cratère de Vix, un vase en bronze trouvé dans la tombe d'une princesse celte et réalisé grâce à la technique du moulage à la cire perdue.

LE MOULAGE À LA CIRE PERDUE

Le moulage à la cire perdue laisse une grande liberté de conception à l'artiste, tout en lui permettant une extrême précision dans les détails.

❶ - L'artiste ébauche la forme dans de l'argile : c'est le cœur.

❷ - Après séchage, il recouvre le cœur d'une couche de cire d'abeille. Il modèle alors tous les détails de l'œuvre définitive dans la cire. Pour assurer la cohésion de l'ensemble, il y pique de fines tiges de métal qui restent en saillie.

❸ - Il enveloppe ce modèle dans de l'argile assez fluide pour en prendre une empreinte fidèle. Des canaux sont ménagés entre la couche de cire et l'extérieur. Une chauffe douce fait fondre la cire qui s'échappe par les canaux.

❹ - Par les mêmes orifices, on verse l'alliage en fusion, qui vient prendre la place de la cire.

❺ - Une fois l'alliage refroidi, on casse la gangue d'argile extérieure.

Celtes, Gaulois, Gallo-Romains

– 600	Fondation de Marseille
– 390	Prise de Rome par les Celtes
– 58	Début de la guerre des Gaules
– 52	Fin de la guerre des Gaules
– 4	Naissance de Jésus
30	Procès et mort de Jésus

36
César, conquérant de la Gaule

34
Des Grecs en Gaule

32
Les Gaulois de Bibracte

30
L'épopée des Celtes

– 600	– 500	– 400	– 300	– 200	– 100	0	100	200	300	400	500

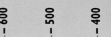

PRÉHISTOIRE	ANTIQUITÉ

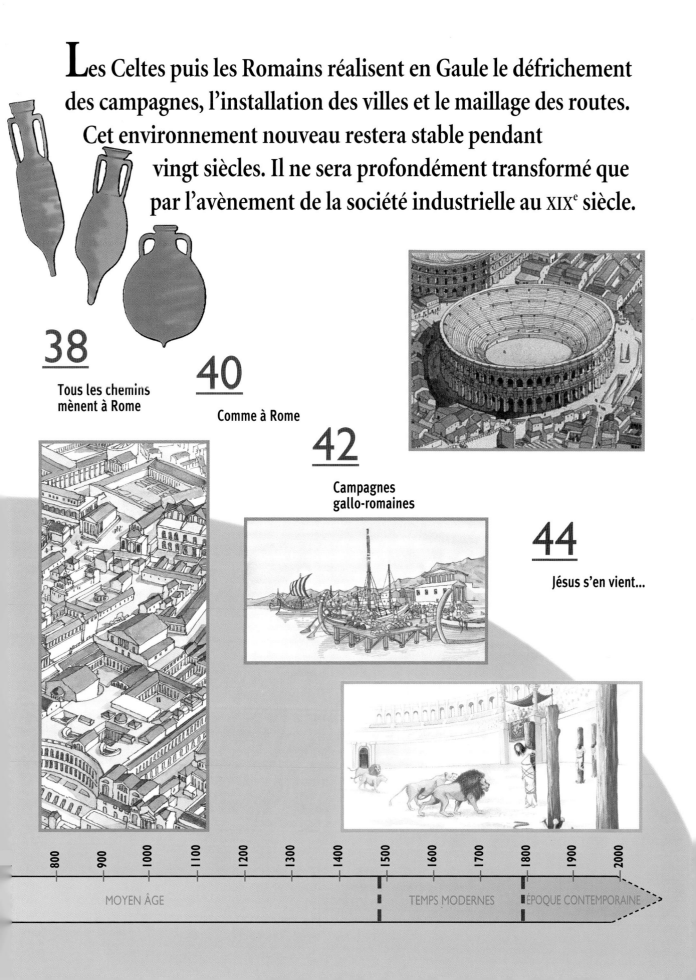

Les Celtes puis les Romains réalisent en Gaule le défrichement des campagnes, l'installation des villes et le maillage des routes. Cet environnement nouveau restera stable pendant vingt siècles. Il ne sera profondément transformé que par l'avènement de la société industrielle au XIXe siècle.

38

Tous les chemins
mènent à Rome

40

Comme à Rome

42

Campagnes
gallo-romaines

44

Jésus s'en vient...

800   900   1000   1100   1200   1300   1400   1500   1600   1700   1800   1900   2000

MOYEN ÂGE   TEMPS MODERNES   ÉPOQUE CONTEMPORAINE

L'épopée des Celtes

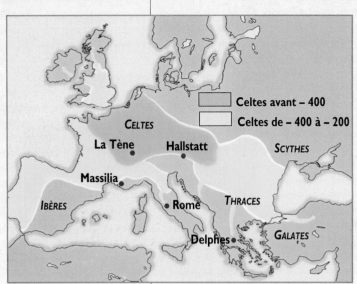

Celtes avant – 400
Celtes de – 400 à – 200

CELTES
La Tène • Hallstatt
SCYTHES
Massilia
IBÈRES • Rome THRACES
Delphes • GALATES

L'expansion des Celtes.

Les Celtes sont originaires de la région du Danube. Au cours du premier millénaire av. J.-C., ils envahissent le centre et l'ouest de l'Europe et s'installent jusqu'en Asie Mineure.

Des princes aux esclaves

À la tête de la société celte, on trouve des princes, qui sont de grands propriétaires et des chefs de guerre, entourés d'une cour de guerriers qui les accompagnent au combat. Au-dessous, le peuple, formé d'hommes libres, comprend les paysans, les artisans et les commerçants. Il constitue le gros des troupes en cas de conflit. Puis viennent les esclaves, victimes de dettes impayées, pour le plus grand nombre, de prise de guerre ou de leur naissance. Ils vivent dans l'entourage de leur maître. Les druides sont à la fois des « prêtres » et des astrologues, des juges et des ambassadeurs, des « médecins » et des poètes. Ce sont les conseillers des princes.

CONNAÎTRE LES CELTES

Les Celtes ignoraient l'écriture. On dit que ce sont des peuples protohistoriques (presque historiques, *proto* veut dire « primitif »). Nous les connaissons uniquement par les écrits d'auteurs grecs ou romains. Or ces auteurs sont victimes de préjugés : pour eux, le Gaulois est un barbare crédule, violent mais courageux. Heureusement, des sources archéologiques récentes nous ont permis d'enrichir et de renouveler notre connaissance de la civilisation celte.

La société celte comprend des guerriers, des producteurs (artisans et cultivateurs), des druides, à la fois religieux et savants, et enfin des esclaves.

Éleveurs et agriculteurs

Le travail de la terre est l'activité dominante. On trouve de nombreuses petites fermes dotées d'un équipement complet. C'est à cette époque qu'ont été mis au point la plupart des instruments de fer qui allaient former jusqu'au XIXᵉ siècle l'outillage du paysan européen, depuis la faux jusqu'aux forces, grands ciseaux permettant de tondre les moutons. L'araire (ancêtre de la charrue) a également été amélioré par l'ajout d'un soc qui permet de travailler des terres « lourdes ». Déjà ces Gaulois ont des spécialités qui mettent en appétit leurs voisins de la Méditerranée : fromages et charcuterie. C'est qu'ils mangent du porc et peu de sangliers !

Des métallurgistes exceptionnels

On mesure à travers leurs redoutables épées la maîtrise de leurs forgerons. Ce sont aussi des mineurs remarquables, capables d'extraire l'or du moindre filon. Les Volques de Toulouse frappent une monnaie d'excellente qualité, tant par son poids que par la pureté du métal venu des Corbières, des montagnes du Tarn et de l'Aveyron. Ils font rêver avec leurs bijoux en or, en argent mais aussi en pâte de verre ou encore en bronze, voire en émail.

CELTES OU GAULOIS ?

Les auteurs antiques nomment Gaule les régions comprises entre Rhin, Atlantique et Méditerranée occupées par les Celtes. De ce fait, les Gaulois sont bien des Celtes !

Casque en fer recouvert d'une feuille de bronze.

L'ERREUR DE JULES CÉSAR

Il distingue les Celtes (qu'il nomme Gaulois) des Germains et fait du Rhin la limite entre ces deux peuples. Les Germains sont décrits comme des « sauvages » semi-nomades constamment en guerre avec leurs voisins. En réalité, Gaulois et Germains appartiennent à la même culture. Malheureusement, les écrits de César sont diffusés dans tout l'Occident. Son « erreur » va propager, tout au long des siècles, l'image du Germain brutal, sanguinaire et sauvage. Elle alimentera ainsi un nationalisme qui aboutira à trois guerres entre la France et l'Allemagne.

Les Gaulois de Bibracte

Construite de 200 à 150 av. J.-C., la ville de Bibracte est
une des plus grandes villes d'Occident. Après la conquête
romaine, elle est délaissée au profit de la ville d'Autun.
Aujourd'hui, le site de Bibracte comporte un centre
de recherche archéologique européen et un musée.

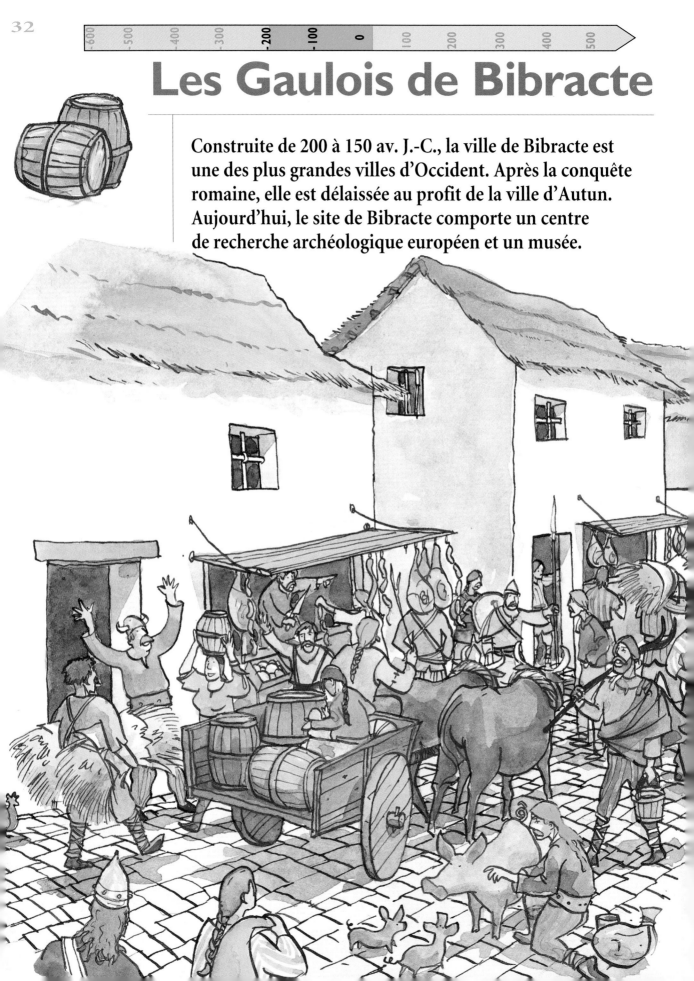

Une ville impressionnante

Bibracte est une ville aux dimensions exceptionnelles : entourée de deux lignes de fortifications (deux heures de marche pour en faire le tour !), elle occupe 200 hectares, en haut du mont Beuvray, au cœur du Morvan. Les rues organisent la ville en quartiers. Une avenue de près de 14 mètres de large traverse la ville du nord au sud ; un bassin monumental en granit rose marque le centre-ville. Les autres artères, toutes empierrées, ont entre 6 et 8 mètres de large, comme nos belles rues d'aujourd'hui.

Commerçants et artisans

Certains quartiers sont plutôt résidentiels. À côté de demeures modestes, s'élèvent des maisons bordées par une cour, voire des habitations spacieuses et bien construites, recouvertes d'enduits à la chaux peints et de mosaïques. Certaines ont même un système de chauffage central et un patio. D'autres quartiers sont plus commerçants. On y trouve de vastes caves où sont stockées des céréales, des barriques et des amphores. Ailleurs travaillent les artisans : potiers, forgerons, bronziers, fondeurs… Plus loin, on rencontre un *fanum*, c'est-à-dire un temple et son enceinte sacrée, et un autre grand bassin destiné aux rituels.

Le visiteur pénètre dans Bibracte par une porte de 19 m de large.

Une rue empierrée d'un quartier commerçant de Bibracte. Les Gaulois sont de grands utilisateurs de tonneaux, plus pratiques et moins fragiles que les amphores.

UNE GRANDE VILLE D'OCCIDENT

En période de paix, Bibracte compte 10 000 habitants, mais elle peut abriter jusqu'à 40 000 personnes. Ces chiffres sont ceux des plus grandes villes de l'Occident romain puis chrétien. Tout autour de la ville, la butte est fortement défrichée, piquetée d'exploitations agricoles.

DES ARTISANS DE QUALITÉ

Le travail du bois est pratiqué avec bonheur par les Gaulois. Ils inventent le tonneau, un assemblage de planches étanche, qui permet de conserver les liquides. Ils pratiquent aussi la science du charpentier, qui leur permet de construire des maisons solides et de réaliser le *murus gallicus* qui oblige César à recourir à de longs sièges pour prendre les *oppida*.

Des Grecs en Gaule

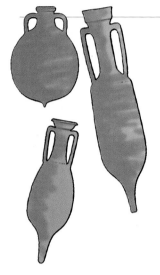

Du VIIIᵉ au VIᵉ siècle av. J.-C., les Grecs s'installent sur les rivages méditerranéens de la Gaule. Ils fondent Nice, Marseille, Antibes, Agde. Ce faisant, ils participent, avec les Phéniciens, à un vaste mouvement d'explorations, d'échanges et de rencontres des peuples riverains de la Méditerranée.

LIGURES
ÉTRUSQUES
Marseille
IBÈRES
Ampurias
Carthage

LES VOYAGES D'EXPLORATION DES GRECS ET DES PHÉNICIENS.

Expansion grecque

Expansion phénicienne

DES GÊNEURS ?

Les colons grecs s'exilent souvent à cause du manque de terres, attirés par l'aventure ou l'appât du gain. La colonisation est aussi un moyen pour les gouvernants de rester au pouvoir en éloignant les gêneurs. Platon écrira plus tard : « Pour s'en débarrasser sous un beau nom, on crée ce qu'on appelle une colonie. C'est la forme la plus bénigne d'expulsion. »

Les puissances de la mer

La Méditerranée, à la veille de l'expansion romaine, est partagée en deux ensembles concurrents et complémentaires : celui des Phéniciens, appelés aussi Puniques, et celui des Grecs. Les uns et les autres essaient de créer des « thalassocraties », c'est-à-dire des « puissances de la mer ». En Phénicie (aujourd'hui, le Liban), ce sont d'abord les ports de Tyr, Sidon et Byblos qui sont les plus actifs, suivis par leur comptoir de Carthage. Ensuite, c'est au tour des villes grecques de Phocée, Milet, ou Athènes de se montrer conquérantes.

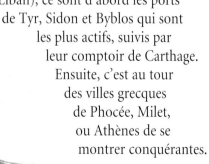

Un navire grec de 48 rameurs. Les deux timoniers tiennent les deux rames accouplées par une barre.

Les grenouilles et leur mare

À partir du VIIIe siècle av. J.-C., les Grecs se répandent autour de la Méditerranée « comme les grenouilles autour d'une mare » (Platon). On trouve les Grecs en Italie du Sud et en Sicile, puis en Sardaigne et en Corse. Les Phocéens, très entreprenants, fondent des colonies en Adriatique et dans les deltas du Pô et du Rhône. Ils sont les bâtisseurs de Marseille, d'Ampurias, etc. En deux siècles, plus de 20 cités sont érigées, surtout en Italie du Sud et en Sicile : ces régions s'appellent désormais la « Grande Grèce ».

ILLYRIENS

THRACES

MACÉDOINE

Byzance

GRANDE GRÈCE

GRÈCE

Athènes

GRÈCE D'ASIE

PERSES

PHÉNICIE

Mer Méditerranée

Marseille, cité phocéenne

Fondée en 600 par des Grecs de Phocée, la cité est un port dominé par une acropole. Bien qu'implanté dans une zone marécageuse, le port est bien organisé avec ses quais, ses docks et ses embarcadères. Les habitants de Marseille défrichent la terre, plantent des vignes et des oliveraies, faisant ainsi de leur ville une plaque tournante du commerce en Méditerranée. Installée au débouché du Rhône, la colonie est bien située, sur les routes de l'étain, puis sur celles des produits des Gaules, dont elle assurera l'exportation vers le monde grec et romain. C'est ainsi que, au IVe siècle av. J.-C., chaque année 10 000 hectolitres de vin sont exportés grâce à l'intense activité des potiers qui fabriquent les amphores.

Le port et les quais de Marseille, plaque tournante du commerce vers le monde grec et romain.

-600 -500 -400 -300 -200 -100 0 100 200 300 400 500

César, conquérant de la Gaule

En 58 av. J.-C., César commence la conquête des périphéries de la Gaule transalpine, avec l'appui des peuples du Centre. Son attitude provoque une révolte des Gaulois, groupés derrière Vercingétorix. La conquête s'achève en 52 av. J.-C.

Les troupes romaines sont protégées par une double ligne de défense formée de pieux acérés, d'un fossé, d'une butte de terre et d'une palissade.

Fossé empli d'eau

Pieux acérés

VERCINGÉTORIX

C'est un Arverne (aujourd'hui un Auvergnat). César le décrit comme le chef de la révolte de 52 et l'inventeur de la tactique de « la terre brûlée », visant à empêcher le ravitaillement des légions. Vainqueur à Gergovie, en juin 52, il est nommé chef suprême par toutes les tribus gauloises. Mais il ne peut empêcher la défaite de sa cavalerie près de Dijon, en août 52. Encerclé dans Alésia, il est contraint de se rendre. Enfermé dans une prison romaine, il meurt étranglé le soir du « triomphe » de César, en 46 av. J.-C.

Des frères d'un même sang

Les Éduens, peuple du centre de la Gaule, sont alliés à Rome depuis le milieu du IIe siècle : ils ont été reconnus par le sénat romain comme *fratres consanguineique*, « frères d'un même sang ». Une légende attribue aux Romains et aux Éduens une même origine remontant à la guerre de Troie ! Une collaboration politique et économique étroite unit Rome et les grands peuples du centre de la Gaule.

L'appel à César

En 58, les Éduens, menacés par les Helvètes, appellent César à leur secours. Après avoir vaincu les Helvètes, César décide, dans la foulée, de continuer la conquête de la Gaule. En 57, il défait les Belges puis les Vénètes du Morbihan et enfin les Aquitains. En 55, il ravage les bords du Rhin et mène campagne contre les Bretons d'outre-Manche. En 54 et 53, les légions mènent de nouvelles actions victorieuses le long du Rhin. Toutes ces campagnes s'effectuent avec l'appui des Éduens et des autres peuples du centre de la Gaule, qui fournissent ravitaillement, guides et cavaliers à l'armée romaine.

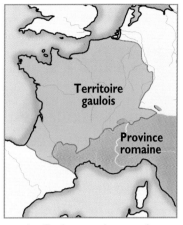

La Gaule avant la conquête.

La Gaule romaine.

La rupture avec les Éduens

En 52, à l'appel de Vercingétorix, les Gaules se soulèvent et battent les Romains à Gergovie. Mais cette fois, les plus fidèles alliés de César, les Éduens, ont rejoint la révolte, ce qui rend la situation des Romains critique : César doit se replier vers le sud. Il réussit pourtant à reprendre l'initiative en bloquant Vercingétorix et ses troupes dans Alésia. L'armée de secours gauloise est repoussée par les Romains, et Vercingétorix doit capituler. En 51, les dernières poches de résistance sont réduites. La Gaule est devenue romaine.

LE SIÈGE D'ALÉSIA.

CÉSAR, AMBITIEUX ET DÉSARGENTÉ

Jules César naît vers 100 av. J.-C. dans une famille romaine peu connue. Il commence sa carrière à une époque où la crise de la République permet toutes les aventures. Allié à Pompée et à Crassus, il se fait donner un premier commandement en Espagne (61/60). Il est ensuite consul puis proconsul en Illyrie, en Cisalpine et Narbonnaise (59). En 58, il a 42 ans, de nombreuses dettes, et le désir d'assurer sa gloire et sa fortune. Quel meilleur moyen qu'une campagne militaire pour y parvenir ?

Tous les chemins mènent à Rome

Désormais, la Gaule n'est qu'une province de l'Empire romain. Rome est le cœur de cet empire. Sa taille, plus d'un million d'habitants au IIe siècle apr. J.-C., et la beauté de ses monuments en font le modèle de la Ville. De nombreuses cités de Gaule seront bâties à son image.

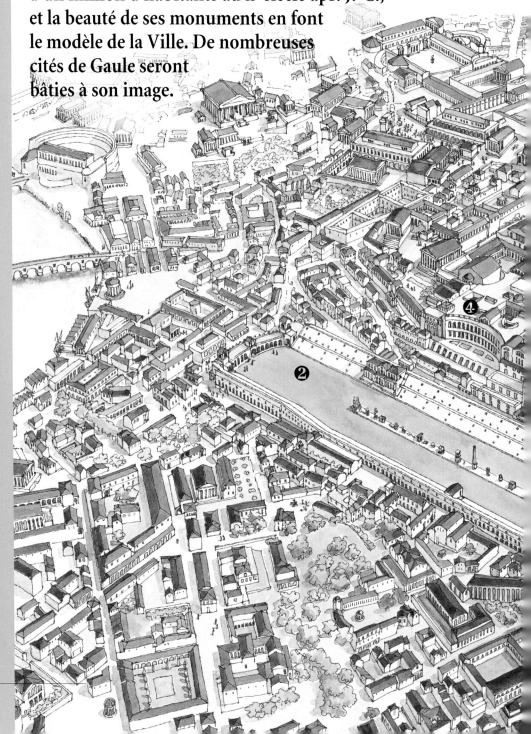

Temple de Vesta.

❶ Colisée

❷ Circus Maximus (250 000 places)

❸ Temple du Divin Claude

❹ Palais de Domitien

❺ Aqueduc Aqua Claudia

LES ORIGINES

Rome est construite sur sept collines au centre de la plaine du Latium, au bord du Tibre, à 30 km de la mer. Selon la légende, elle a été fondée en 753 av. J.-C. par Remus et Romulus. En 509 av. J.-C., Rome devient « une cité », c'est-à-dire un véritable État, encore modeste et fragile. C'est au cours du IIIe siècle av. J.-C. que commence le développement de Rome, quand, après presque 100 ans de combats, elle conquiert toute l'Italie du Sud.

Des monuments majestueux

Grâce aux tributs que les généraux vainqueurs lèvent sur les peuples vaincus
et aux pillages que font les légions, des monuments sans cesse plus nombreux
et plus beaux sont édifiés. Autour du forum, devenue place centrale dallée
et bordée de boutiques, s'élèvent les bâtiments publics : le Capitole ou temple de
Jupiter, la curie, siège du sénat, et les basiliques qui abritent les tribunaux,
mais servent aussi de lieux de réunion aux citoyens.

Des lieux de plaisir gigantesques

Des thermes alimentés par de nombreux aqueducs (jusqu'à 13 fournissant
un million de mètres cubes d'eau par jour !), des théâtres, des amphithéâtres,
des arènes sont ajoutés pour les plaisirs des Romains. Au fil des conquêtes,
de nouveaux édifices voient le jour : les thermes de l'empereur Dioclétien,
le gigantesque Circus Maximus pouvant contenir 250 000 spectateurs, l'énorme
Colisée de 50 000 places, un théâtre de 13 000 places, des forums, des stades, etc.

Comme à Rome

Thermes de Vaison-la-Romaine.

Arles gallo-romaine : une cité bâtie à l'image de Rome.

Protégés par l'armée romaine et la ligne de défense du *limes*, les Gaulois connaissent une période de paix de plusieurs siècles, entraînant un essor économique et démographique important. Cette Gaule pacifiée défriche et construit villes et villages. Une première esquisse des paysages se met en place, anticipant sur le futur paysage français.

Des villes florissantes

Le réseau urbain se développe avec la construction de villes nouvelles (Toulouse, Lyon, etc.) et avec l'agrandissement de villes existantes, sur le modèle de Rome. Les villes sont traversées par deux grands axes perpendiculaires, le *cardo* et le *decumanus*. Des rues parallèles y dessinent des quartiers. Au cœur de la ville, sur le forum, place centrale où se discutent les affaires, se tient le marché et se rencontrent les gens. Une basilique et une curie sont les indispensables bâtiments publics. Les temples permettent l'exercice de la religion. Thermes, fontaines (et aqueducs pour les alimenter), cirques, théâtres, voire amphithéâtres, sont les autres constructions qui font le prestige de la cité et la fierté de ses habitants.

Le pont du Gard, aqueduc de plus de 48 m de haut, amenait l'eau jusqu'à Nîmes.

Des territoires prospères

Ces villes sont les chefs-lieux de « cités », c'est-à-dire de territoires occupés par un même peuple. Le latin des soldats et des marchands progresse dans la population qui le mêle au vocabulaire celte, favorisant le commerce et les échanges. Ces cités acquièrent une réputation de richesse. Le savoir-faire agricole de leurs habitants en fait des exportateurs de céréales, d'huile, de laines et de cuirs, et surtout de vin. La qualité des vignobles gaulois élimine les vins italiens de la table des riches Romains.

Organisation de la Gaule

Le découpage administratif est réalisé par l'empereur romain Auguste, en 27 av. J.-C. Au sud, se trouve la Narbonnaise, anciennement *Provincia* ; à l'ouest, l'Aquitaine, entre Atlantique et Loire ; au centre, la Lyonnaise, des pays de Saône à la Bretagne et la Normandie ; au nord, la Belgique, de la Seine au Rhin et à la mer du Nord. L'ensemble est protégé par un système fortifié de fossés, de murs et de casernements : le *limes*. Pour neutraliser le sentiment d'indépendance des populations, Rome permet aux Gaulois d'accéder à la citoyenneté romaine, couvre le sud de la Gaule d'un maillage de routes, favorise l'implantation de colons et parsème le pays de monuments magnifiques. C'est ainsi que la connaissance de la même langue, l'usage d'un même droit, la pratique des mêmes institutions complètent la romanisation.

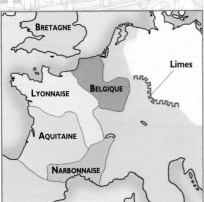

LE LIMES

C'est l'ensemble de la ligne de défense qui sépare Rome du monde barbare. Sur les 9 000 km de frontière, les Romains utilisent les obstacles naturels (fleuves, déserts) aussi bien que les constructions (villes fortifiées, murs de pierre garnis de tours, palissades, fossés, etc.) pour protéger l'empire. Ainsi, le *limes* de Bretagne comprend un fossé large de 8 m, un mur muni de tours et de fortins tous les 1 500 m, une route, puis un fossé entre deux banquettes de terre. Des soldats occupent en permanence le *limes*, mais le gros des troupes se tient en réserve à l'arrière, dans des camps permanents.

Campagnes gallo-romaines

Pendant la paix romaine, les campagnes de la Gaule sont prospères. De nouvelles forêts sont défrichées et d'importantes surfaces mises en culture. De nombreux domaines répartis dans tout le pays permettent à leurs propriétaires fortunés de mener une vie particulièrement confortable.

Les *villae*

À la campagne, se trouvent les *villae*. Ce sont des fermes. Certaines, qui sont le centre de grands domaines, appartiennent à de riches propriétaires et sont luxueuses. Comme elles rassemblent les commodités de la ville (et en particulier des thermes privés) on les nomme *villae urbanae*. Celles des paysans, plus modestes, sont des *villae rusticae*.

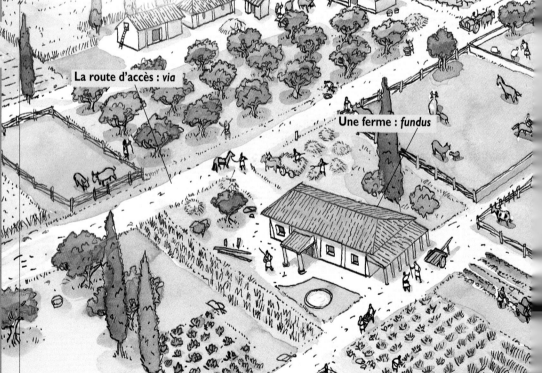

La route d'accès : *via*

Une ferme : *fundus*

VILLA D'UN RICHE PROPRIÉTAIRE.

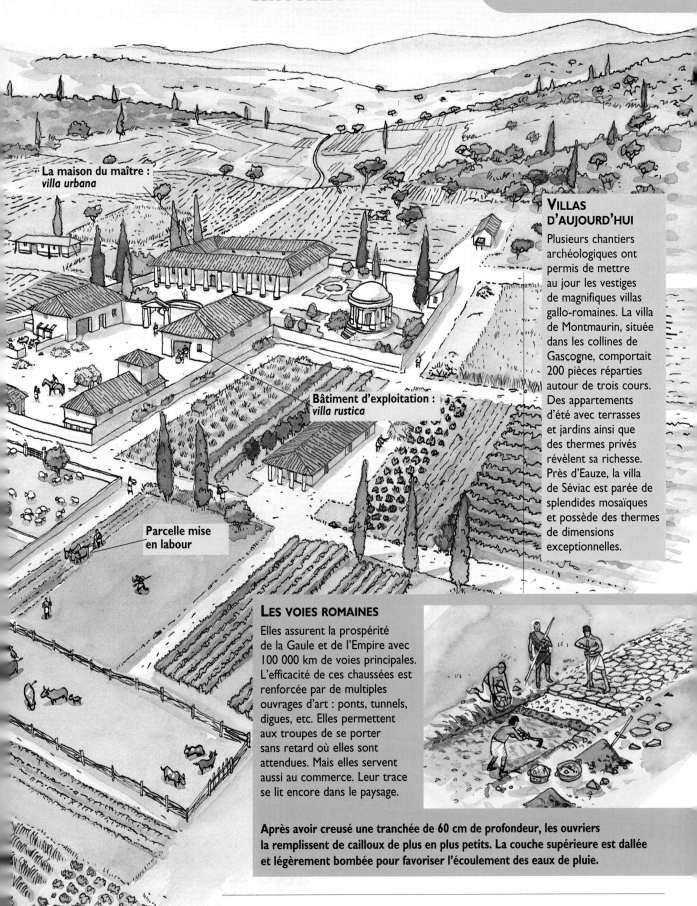

La maison du maître : *villa urbana*

Bâtiment d'exploitation : *villa rustica*

Parcelle mise en labour

VILLAS D'AUJOURD'HUI

Plusieurs chantiers archéologiques ont permis de mettre au jour les vestiges de magnifiques villas gallo-romaines. La villa de Montmaurin, située dans les collines de Gascogne, comportait 200 pièces réparties autour de trois cours. Des appartements d'été avec terrasses et jardins ainsi que des thermes privés révèlent sa richesse. Près d'Eauze, la villa de Séviac est parée de splendides mosaïques et possède des thermes de dimensions exceptionnelles.

LES VOIES ROMAINES

Elles assurent la prospérité de la Gaule et de l'Empire avec 100 000 km de voies principales. L'efficacité de ces chaussées est renforcée par de multiples ouvrages d'art : ponts, tunnels, digues, etc. Elles permettent aux troupes de se porter sans retard où elles sont attendues. Mais elles servent aussi au commerce. Leur trace se lit encore dans le paysage.

Après avoir creusé une tranchée de 60 cm de profondeur, les ouvriers la remplissent de cailloux de plus en plus petits. La couche supérieure est dallée et légèrement bombée pour favoriser l'écoulement des eaux de pluie.

-600 -500 -400 -300 -200 -100 0 100 200 300 400 500

Jésus s'en vient...

Incarné par Jésus-Christ, le christianisme est une religion monothéiste venue de Palestine. Née d'une séparation avec le judaïsme, elle puise ses croyances dans la Bible. Cette religion va se diffuser rapidement dans tout l'Empire romain et bouleverser profondément et durablement tout l'Occident.

Agneau entouré des quatre symboles évangéliques : le lion, l'aigle, le taureau et l'ange.

LE NOUVEAU TESTAMENT

Considérée comme une des nombreuses sectes juives de son temps, la nouvelle foi enseignée par Jésus de Nazareth est passée presque inaperçue. La doctrine est exposée oralement et les événements n'ont été rapportés que plus tard, entre 70 et 95 de notre ère, sous la forme de quatre récits appelés Évangiles. À ces textes ont été ajoutées les lettres écrites par Paul de Tarse, connues sous le nom d'Épîtres, et la narration des premiers moments de la jeune Église, les Actes des Apôtres. L'ensemble constitue le Nouveau Testament, l'Ancien Testament étant pratiquement la Thora juive. La Bible est formée de l'Ancien et du Nouveau Testament.

Jésus en Judée

La Judée est devenue province romaine en 6-7 de notre ère. Mais la plupart des Juifs attendent un « Messie » pour rétablir leur indépendance. Jésus de Nazareth naît en – 4 de notre ère, à Bethléem, en Judée, sous le règne de l'empereur Auguste. Vers l'âge de 30 ans, il prêche la « Bonne Nouvelle » (Évangile en grec) entouré de quelques fidèles (les Apôtres). Il délivre un message d'amour, de fraternité, de charité envers les plus démunis. Ses disciples affirment qu'il accomplit de nombreux miracles.

Jésus pendant le sermon sur la montagne (extrait du film *Ben Hur*).

Un prédicateur gênant

Mais Jésus se dit le fils de Dieu, ce que la plupart des Juifs considèrent comme un blasphème, et le Messie annoncé par les prophètes. Il n'hésite pas à critiquer les autorités religieuses juives. Cette situation inquiète les prêtres du Temple, les autorités juives et l'occupant romain. Accusé de troubler l'ordre public et de ne pas respecter la loi juive, Jésus est arrêté et condamné à mort. Il meurt sur la croix, le vendredi de la Pâque juive.

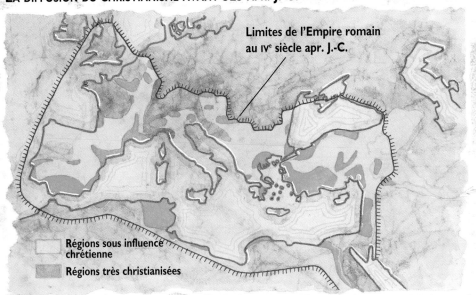

L'Église primitive

Les premiers fidèles de Jésus parcourent la Palestine pour y répandre la doctrine nouvelle. L'action de Paul, un des apôtres, est décisive, car il comprend que le message chrétien s'adresse non seulement aux Juifs mais à tous les hommes. À travers l'Empire, de petits groupes se constituent pour prier et mettre en pratique les préceptes évangéliques. En dehors des persécutions menées sous Néron, ils sont peu inquiétés au Ier siècle. C'est surtout au IIe et au IIIe siècle qu'ils sont poursuivis par les autorités romaines, car ils refusent d'honorer les dieux officiels, de faire des sacrifices à l'empereur et de porter les armes. Ce n'est qu'en 313 que le christianisme est toléré. En 394, il devient religion d'État et seule religion autorisée. Après avoir été persécutée, l'Église va pouvoir assurer pleinement sa domination.

Blandine, jeune esclave chrétienne, martyrisée à Lyon en 177.

LA DIFFUSION DU CHRISTIANISME AVANT 325 APR. J.-C.

Limites de l'Empire romain au IVe siècle apr. J.-C.

☐ Régions sous influence chrétienne

▨ Régions très christianisées

CONDAMNATION DES HÉRÉTIQUES

Dès 325, à Nicée, en Asie Mineure, les évêques précisent la doctrine de la Trinité (le Père, le Fils et le Saint-Esprit) en affirmant que Jésus-Christ est de même substance que Dieu le Père. Ils s'opposent ainsi à l'arianisme, qui affirme pour sa part que Dieu le Père est supérieur au Fils, le Christ qu'il a engendré. Les évêques condamnent donc l'arianisme, doctrine jugée hérétique.

Grandes migrations

PRÉHISTOIRE — 600 — 500 — 400 — 300 — 200 — 100 — 0 — 100 — 200 — 300 — 400 — 500 — 600

ANTIQUITÉ

Après l'effondrement de l'Empire romain d'Occident, cinq siècles de bouleversements précèdent la mise en place de l'ordre féodal. Tout au long de cette période troublée, le souvenir mythique des siècles de stabilité de l'Empire romain reste toujours présent.

64

La paix des
monastères

66

Querelles
de famille

62

L'Europe déjà...

68

Débarquement
en Normandie

70

Travailler ou combattre

72

Chevaliers
et châteaux

700 800 900 1000 1100 1200 1300 1400 1500 1600 1700 1800 1900 2000

MOYEN ÂGE   TEMPS MODERNES   ÉPOQUE CONTEMPORAINE

Les Barbares traversent le Rhin gelé pour pénétrer en Gaule.

Gaule, terre de migrations

ROMAINS OU BARBARES ?

Les qualités guerrières des Germains sont utilisées par Rome : l'armée impériale comprend de plus en plus de mercenaires barbares recrutés parmi les peuples fédérés à l'empire. En 409, elle compte 10 000 mercenaires hunniques. Ainsi, pendant la seconde moitié du IVᵉ et la première moitié du Vᵉ siècle, les Barbares constituent une grande partie de l'armée romaine, même dans le haut commandement.

Au Vᵉ siècle, divers peuples venus d'Europe centrale pénètrent dans l'Empire romain. Alors que la partie orientale de cet empire leur résiste efficacement, la partie occidentale se scinde en de multiples royaumes.

Le « billard des peuples »

Chassées par les Huns (des cavaliers nomades venus d'Asie), les tribus germaniques essayent de pénétrer à l'intérieur de l'Empire romain, non pour le détruire, mais pour s'y réfugier et profiter de ses richesses. En 376, les Goths, sédentaires depuis trois siècles, entrent dans l'est de l'empire. Pendant l'hiver 406, divers peuples nomades (les Alains, les Vandales et les Suèves) traversent le Rhin et s'introduisent en Gaule. Ils ravagent le pays avant de passer en Espagne et en Afrique du Nord. En 410-420, Burgondes et Wisigoths pénètrent en Gaule pour s'y installer, avec l'autorisation de Rome. Finalement, c'est tout l'Empire romain d'Occident qui tombe aux mains des chefs barbares.

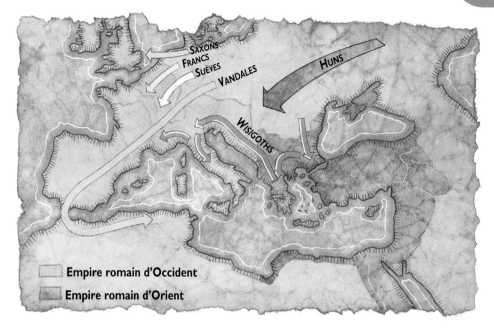

Empire romain d'Occident

Empire romain d'Orient

Poussés par les Huns, les peuples germaniques pénètrent dans l'Empire romain.

DÉCADENCE DE L'EMPIRE

Les « envahisseurs » barbares sont relativement peu nombreux (20 000 guerriers vandales, 30 000 wisigoths) et ils ne disposent ni d'armement de siège, ni de cavalerie lourde bien entraînée. Leur seule supériorité réside dans l'armement individuel, leurs épées étant l'œuvre de métallurgistes renommés. Mais l'Empire romain d'Occident est rongé par une grave crise intérieure : paysans appauvris, villes désertées, rivalités de chefs, crise morale et querelles religieuses l'empêchent de réagir vigoureusement.

L'aventure des Goths

Installés en Ukraine depuis le début de notre ère, les Goths se divisent en deux rameaux (Ostrogoths et Wisigoths) unis par la même culture et le sentiment d'une même origine. Une soudaine attaque des Huns les pousse, en 376, à pénétrer dans la partie orientale de l'Empire romain. En 378, ils entrent en conflit avec l'empereur Valens, qu'ils tuent à la bataille d'Andrinople. Sur leur lancée, ils pillent les Balkans. Installés en Mésie (la Bulgarie actuelle), ils se heurtent de nouveau aux autorités romaines et prennent Rome en 410. Puis ils vont s'installer en Aquitaine et en Espagne pour fonder un royaume dont la capitale est Toulouse.

Rome est prise et mise à sac par les Wisigoths en 410.

LA CHUTE DE ROME

« On nous rapporte d'Occident une nouvelle épouvantable... Ma langue s'attache à mon palais et mes paroles sont entrecoupées par des sanglots : cette ville qui avait conquis le monde est conquise à son tour, ou pour mieux dire, elle meurt de faim avant que de périr ; il n'y reste quasi plus personne à réduire en esclavage. » Saint Jérôme

Le déferlement des Huns

Les mouvements de migration des peuples germaniques sont en grande partie provoqués par la poussée des Huns. Sous la conduite d'Attila, ceux-ci finissent d'ébranler l'Empire romain.

Montés sur leurs petits chevaux, les Huns, guerriers nomades venus des steppes d'Asie, sèment la terreur.

RÉSISTANCES

Vouée à Dieu depuis sa plus tendre enfance, Geneviève est une habitante de Lutèce (l'ancien nom de Paris) au caractère bien trempé : en 451, à l'âge de 28 ans, elle parvient à convaincre les habitants de ne pas fuir devant les Huns et organise la résistance contre Attila. Lutèce sera sauvée et Geneviève deviendra la sainte patronne de Paris.

Les Huns et leur empire

Originaires des steppes du sud de la Sibérie, les Huns pénètrent en Europe et en Asie occidentale à la fin du IVᵉ siècle. Peuple de nomades cavaliers, tirant à l'arc, maniant le fouet et le lasso, ils ont la réputation d'être de féroces guerriers qui se nourrissent de viande crue et ne mettent jamais pied à terre. En 374-375, les Huns attaquent l'Ukraine. Trente ans plus tard, ils s'installent dans la plaine hongroise. L'« empire » des Huns est un assemblage de tribus indisciplinées menées par des chefs insoumis qui ne convoitent pas de nouvelles terres mais veulent piller d'importants butins.

L'épopée d'Attila

En 445, Attila devient roi de tous les Huns après avoir éliminé son frère. Sa politique de conquête est d'abord dirigée contre l'empire d'Orient : il veut lui imposer sa souveraineté et l'obliger à lui verser de lourds tributs. Il menace Constantinople en 443, puis envahit les Balkans et s'enfonce en Grèce. Il se tourne ensuite vers l'Empire romain d'Occident et entre en Gaule en 451, où il pille Metz et assiège Orléans. Cette invasion éclair provoque la mise en défense des villes, mais aussi une réaction collective, une sorte d'union sacrée de la plupart des habitants de la Gaule, qu'ils soient barbares ou gallo-romains.

La bataille des champs Catalauniques

La bataille décisive a lieu en 451 et oppose le Romain
Aetius et le Wisigoth Théodoric, renforcés de contingents
francs, burgondes et alains, aux Huns d'Attila secondés
par des Ostrogoths et des Francs qui ont choisi l'autre camp.
Aetius, ancien otage des Huns, connaît parfaitement leur tactique.
Après une mêlée confuse, la bataille tourne à l'avantage des armées
« romaines ». Attila peut cependant faire replier ses troupes en bon ordre,
sans être poursuivi. Il envahit ensuite l'Italie en 452. Après avoir dévasté Aquilée,
Milan et Padoue, il épargne Rome moyennant le versement
d'un tribut par le pape. Attila se retire alors, et meurt peu après.
Son empire disparaît avec lui.

La fin de l'Empire romain d'Occident

La victoire sur Attila n'a pu être obtenue que grâce à l'union
des Barbares et des Romains. Les Alamans et les Francs en profitent
pour progresser à l'ouest du Rhin, tandis que les Wisigoths
et les Burgondes étendent leur domaine. Rome est pillée par
les Vandales en 455. L'Empire romain d'Occident agonise :
l'empereur n'est plus obéi. En 476, le chef ostrogoth Odoacre
détrône Romulus Augustule, un enfant de 10 ans qui était
et restera le dernier empereur romain d'Occident.

UNE RÉPUTATION INJUSTIFIÉE ?

Attila, le « destructeur
venu des steppes »
ou le « fléau de Dieu »,
aimait répéter :
« L'herbe ne repousse
pas sous les pas de mon
cheval. » Le souvenir
de ses raids fulgurants
a été magnifié dans
la littérature romaine
de son temps comme
dans la littérature
germanique du Moyen
Âge. Pourtant, ce n'est
pas sa sauvagerie qui
explique ses succès
militaires mais
sa personnalité
exceptionnelle et son
excellente connaissance
des faiblesses
de l'Empire romain.
Attila résidait
habituellement dans
un palais confortable
muni de thermes à la
romaine situé au sud de
la Hongrie. Il laisse chez
les Turcs le souvenir
d'un souverain très bon
dont la personnalité
domine l'histoire.

**Attila dans les thermes
de sa villa hongroise.**

Des Wisigoths à Toulouse

Fantassin wisigoth.

En 418, l'empereur Honorius doit céder l'Aquitaine aux Wisigoths. Toulouse devient alors la capitale d'un royaume qui s'étend de la Loire au centre de l'Espagne. La défaite des Wisigoths face aux Francs met fin à ce royaume qui a duré près d'un siècle.

Les Wisigoths et le monde romain

Dès que les Wisigoths sont installés dans leur royaume de Toulouse, ils se révèlent de solides défenseurs du monde romain. Ils refoulent les Suèves, les Alains et les Vandales, peuplades qui ravageaient l'Espagne. Ils aident à battre les Huns d'Attila aux champs Catalauniques (451). Ils restaurent les lois et codes et remettent en usage les institutions romaines. C'est en grande partie grâce à eux que la culture et la langue latines se perpétuent en Aquitaine.

DES WISIGOTHS CIVILISÉS

Au cours du IVe siècle, les Wisigoths se convertissent au christianisme. Ces valeureux guerriers développent une littérature de qualité, passent pour de solides paysans et d'actifs commerçants. Autant dire que ce ne sont pas des « barbares », au sens actuel du terme.

TOULOUSE, CAPITALE DE L'EMPIRE WISIGOTH.

Toulouse et les Wisigoths

Toulouse conserve l'aspect d'une grande ville romaine : elle en a gardé tous ses monuments et surtout sa solide enceinte. Les Wisigoths en font leur capitale et y ajoutent un ensemble de palais que les archéologues viennent de retrouver en ruines dans le quartier de Saint-Pierre-les-Cuisines. Ils offrent aussi une parure de mosaïques dorées à l'église qui se nommera désormais « la Daurade ». Pourtant, ces Wisigoths ne s'intègrent pas à la population locale. Ils portent des cheveux longs, des tuniques collantes de laine, de lin ou de fourrure alors que les Toulousains s'habillent de vêtements amples. Mais surtout ce sont des chrétiens ariens, et donc, pour les Toulousains, des hérétiques. Clovis saura exploiter cette faiblesse pour détruire le dernier royaume romain de Gaule.

❶ Le palais wisigoth
❷ Le port
❸ La Daurade
❹ L'aqueduc

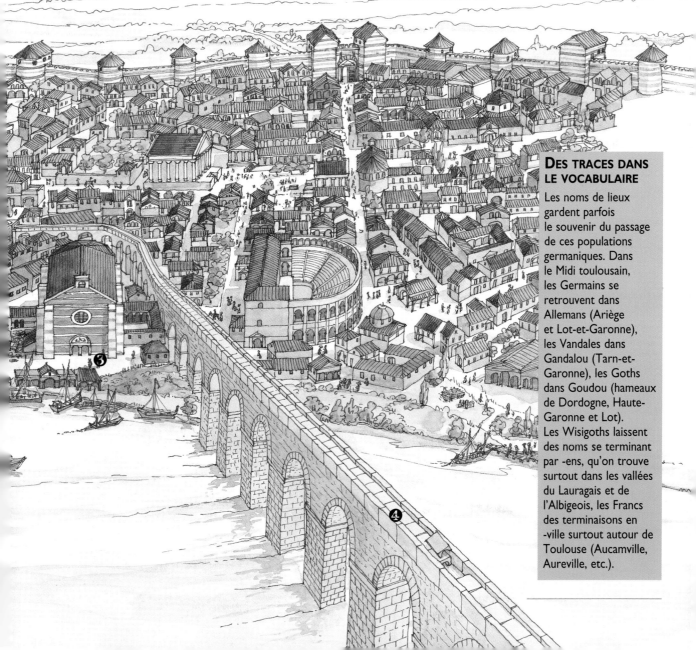

DES TRACES DANS LE VOCABULAIRE

Les noms de lieux gardent parfois le souvenir du passage de ces populations germaniques. Dans le Midi toulousain, les Germains se retrouvent dans Allemans (Ariège et Lot-et-Garonne), les Vandales dans Gandalou (Tarn-et-Garonne), les Goths dans Goudou (hameaux de Dordogne, Haute-Garonne et Lot). Les Wisigoths laissent des noms se terminant par -ens, qu'on trouve surtout dans les vallées du Lauragais et de l'Albigeois, les Francs des terminaisons en -ville surtout autour de Toulouse (Aucamville, Aureville, etc.).

Clovis, la croix et l'épée

Clovis conduit son peuple à la conquête de la Gaule. Il étend son pouvoir du Rhin aux Pyrénées grâce à ses talents militaires et à sa conversion au catholicisme, qui va lui apporter le soutien des évêques et celui des Gallo-Romains.

L'avancée des Francs

Le peuple franc semble être une confédération de tribus se donnant le nom de « hardi », « courageux », du mot *frekkr*, franc. Les Saliens étaient primitivement cantonnés entre Meuse et Escaut et les Rhénans le long du Rhin, de Cologne à l'embouchure. Au cours du Ve siècle, les Francs Rhénans profitent des difficultés de l'empire pour occuper la Sarre et la Lorraine actuelles en s'installant dans les villes de Trèves, Toul et Metz. Les Francs Saliens s'installent autour de Tournai et Cambrai, tout en servant Rome. Childéric Ier, père de Clovis, combat les Wisigoths d'Aquitaine sur la Loire, puis les pirates saxons remontant le fleuve.

Clovis roi

En 481, Clovis succède à son père comme chef des Saliens, et fonde la dynastie mérovingienne (du nom de Mérovée, son grand-père). En 486, près de Soissons, il bat le général romain Syagrius, s'empare de ce qui reste de l'Empire romain en Gaule (le Bassin parisien) et fait de Paris sa capitale. Syagrius, vaincu, a l'imprudence de se réfugier auprès du Wisigoth Alaric : celui-ci le livre à Clovis qui s'empresse de le mettre à mort.

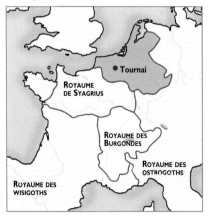

Le royaume franc en 481.

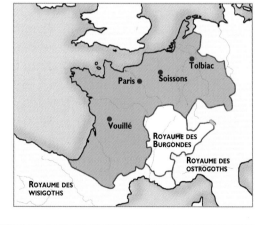

Le royaume franc à la mort de Clovis.

Plusieurs batailles ont opposé les Francs et les Alamans. La plus célèbre a lieu à Tolbiac en 496.

LE VASE DE SOISSONS

Après le pillage par les guerriers francs de son église, un évêque avait réclamé au roi un vase qui avait été dérobé. Clovis, qui voulait ménager l'évêque, demanda au soldat qui l'avait pris de le rendre. Le guerrier refusa et brisa le vase. Clovis ne réagit pas à cette grave insulte. Mais, un an plus tard, inspectant ses troupes, il s'arrêta devant le fautif dont la hache était mal tenue et la jeta à terre. Alors que le guerrier se penchait pour la ramasser, Clovis lui fendit le crâne en disant : « Souviens-toi du vase de Soissons. »

La bataille de Tolbiac

La plus grande bataille qu'affronte Clovis est celle qui l'oppose en 496, près de Mayence, aux Alamans : la bataille de Tolbiac. Un chroniqueur chrétien, Grégoire de Tours, raconte que Clovis aurait dit, au plus fort de la bataille : « Ô Jésus-Christ, si tu m'accordes la victoire, je croirai en toi et me ferai baptiser en ton nom. » Et comme il disait ces mots, ajoute le chroniqueur, « les Alamans, tournant le dos, commencèrent à prendre la fuite ».

Le baptême de Clovis

Clovis a compris que la seule autorité encore effective en Gaule est l'Église, représentée par ses évêques. Il a épousé Clothilde, une princesse catholique. À Reims, vers 496, Clovis décide d'aller plus loin en recevant le baptême, avec 3 000 de ses soldats. L'évêque Rémi lui dit alors : « Dépose humblement tes colliers, fier Sicambre. Adore ce que tu as brûlé, et brûle ce que tu as adoré. » Les Francs deviennent ainsi les « champions » de la religion catholique, ce qui rassure ceux qu'inquiétait leur pouvoir grandissant. La victoire de Vouillé sur les Wisigoths (507) permet ensuite à Clovis la conquête de l'Aquitaine. À sa mort, la quasi-totalité de la Gaule est devenue franque.

Le monde romain recule

L'impératrice Théodora
(mosaïque byzantine
de Ravenne).

❶ Hippodrome
❷ Palais impériaux
❸ Sainte-Sophie
❹ Sénat
❺ Mer de Marmara

La Gaule est située au carrefour des influences germaniques et gréco-latines. La destruction de l'Empire romain d'Occident par les Germains en 476 n'entraîne pas la disparition de la culture romaine. Celle-ci se maintient dans l'Empire byzantin, avant de revenir influencer profondément la Renaissance française par l'intermédiaire de l'Italie.

LE FEU GRÉGEOIS

Dès le VIIᵉ siècle, la puissante marine de l'Empire byzantin dispose d'une arme redoutable : le feu grégeois, mélange de soufre, salpêtre et huile de naphte qui brûle même sur l'eau. On le projette à l'aide de tubes pour détruire à distance les vaisseaux ennemis.

De l'Empire romain à l'Empire byzantin

En 330, l'empereur Constantin quitte Rome pour s'installer à Byzance, sur le Bosphore. Il transforme cette cité en une nouvelle Rome, et lui donne son nom : Constantinople. Après la chute de l'empire d'Occident, les empereurs d'Orient rêvent de reconstituer le grand Empire romain. C'est pourquoi Justinien, entre 527 et 567, attaque les royaumes barbares et reprend Rome et Ravenne. Mais, au VIIᵉ siècle, l'empire est menacé par les Arabes et les Lombards. Il se replie alors sur un État plus petit, de langue grecque, situé entre l'Europe et l'Asie. Vers 630, les empereurs prennent le titre grec de basileus : l'empire est devenu l'Empire byzantin, grand centre d'études où la science des anciens Grecs se combine aux enseignements chrétiens.

Constantinople impériale

Pendant presque 1 000 ans, Constantinople est la plus grande ville du monde chrétien. Elle compte environ 400 000 habitants au XIIᵉ siècle, et étonne les voyageurs par la splendeur de ses monuments et son activité commerciale intense. Les palais impériaux, le forum, l'hippodrome, le sénat sont calqués sur ceux de Rome. La basilique Sainte-Sophie, construite par Justinien, et consacrée à la Sagesse divine, a été pendant tout le Moyen Âge la plus grande église du monde chrétien.

La fin de l'Empire byzantin

Jusqu'aux environs de 1050, l'empire résiste victorieusement aux Slaves et aux Bulgares. Mais il est ensuite attaqué par les Turcs musulmans et les chrétiens d'Occident qui pillent Constantinople en 1204. L'empire connaît alors le déclin, pour être finalement détruit par les Turcs, qui s'emparent de la ville en 1453. Les lettrés de l'Empire byzantin émigrent en Italie, contribuant ainsi à la Renaissance italienne.

CONSTANTINOPLE
AU XIIᵉ SIÈCLE.

CRÉATION DE L'ÉGLISE ORTHODOXE

Avec le temps, les Byzantins et les chrétiens d'Occident cessent de se comprendre et pratiquent une religion différente. Le conflit entre l'Église d'Occident et celle d'Orient porte, entres-autres, sur la place du Fils dans la Trinité, l'autorité du pape, le divorce, le mariage des prêtres (en Orient, un homme peut se marier avant de devenir prêtre). La rupture est consommée en 1054, lorsque les Byzantins fondent l'Église orthodoxe et reconnaissent pour chef le patriarche de Constantinople.

La basilique Sainte-Sophie à Constantinople. L'édifice a été converti en mosquée par les Turcs en 1453.

Un art religieux

L'empire est parsemé d'une multitude d'églises dont le plan en forme de croix grecque, la coupole et les murs décorés d'images saintes fournissent aux fidèles une représentation du paradis. Les icônes, ces dessins d'art sacré peints ou sculptés sur des panneaux de bois, jouent un grand rôle dans la vie spirituelle : elles font l'objet d'une véritable vénération, car les Byzantins les croient capables de réaliser des miracles.

La gloire de Charles Martel

En un siècle, les premiers musulmans sortis d'Arabie constituent un immense empire, à cheval sur l'Asie, l'Afrique et l'Europe. Leur défaite à Poitiers en 732 marque la fin de l'expansion musulmane en Europe occidentale.

Le combat de Charles Martel et Abd er-Rahman, roi des Sarrasins.

L'ISLAM

Mahomet fonde l'islam au début du VIIᵉ siècle, au cœur de l'Arabie. L'islam est une religion monothéiste qui prêche la soumission à Allah. Le musulman doit suivre les règles prescrites par le Coran, le livre saint dont les croyants disent qu'il a été donné par l'archange Gabriel. Elles tiennent en cinq obligations : réciter la chahada (profession de foi) « il n'y a d'autre divinité qu'Allah et Mahomet est son prophète » ; prier cinq fois par jour ; pratiquer l'aumône ; jeûner au cours du mois de ramadan ; effectuer une fois dans sa vie le pèlerinage à La Mecque.

La conquête musulmane

Au début du VIIᵉ siècle, une nouvelle religion monothéiste apparue en Arabie fait des adeptes de plus en plus nombreux. À la mort du prophète Mahomet, ses successeurs, les califes, lancent leurs armées à l'assaut des empires voisins. En quelques années, la Syrie, la Mésopotamie, la Perse et l'Égypte sont prises. Après une pause, la conquête reprend : le Maghreb et la plus grande partie de l'Espagne (nommée « Al Andalus ») sont occupés. Cependant, en 750, l'empire se divise en plusieurs califats, dont celui de Cordoue. L'unité de ce vaste ensemble est assurée par la religion et ses lieux de culte, ainsi que par la langue et l'écriture arabes.

LE MONDE MUSULMAN AU VIIIᵉ SIÈCLE

Empire byzantin

Empire musulman

Une civilisation d'échanges

Cet empire musulman permet des échanges multiples entre l'Orient et l'Occident : échange de marchandises, mais aussi de connaissances techniques, scientifiques ou culturelles. Au contact de l'Empire byzantin, les Arabes étudient les textes de l'Antiquité, font progresser la médecine, l'astronomie et les mathématiques. Une partie de ces connaissances nouvelles est transmise à l'Occident chrétien par l'intermédiaire de l'Espagne.

Cavalier arabe.

Le bon roi Dagobert.

Les rois fainéants

Depuis la mort de Clovis, la monarchie des Mérovingiens s'affaiblit en raison de querelles de succession. Les rois et reines se combattent, à l'image des deux ennemies mortelles que sont Brunehaut et Frédégonde. Ce n'est qu'au temps de Dagobert (622-639) que le royaume franc retrouve son calme. Après son règne, le pays sombre de nouveau dans le désordre. Les derniers Mérovingiens sont si affaiblis que les historiens du XIXe siècle les surnomment rois fainéants.
Le pouvoir est désormais entre les mains des « maires du palais », sortes de régisseurs du domaine royal.

La bataille de Poitiers

L'émir Abd er-Rahman, gouverneur d'Espagne, lance en 732 un raid à travers l'Aquitaine, dans le but d'amasser des butins. Après avoir pillé églises et monastères, il s'apprête à marcher sur Tours, réputée pour ses richesses, quand il rencontre l'armée franque. Les Sarrasins, montés sur leurs chevaux fougueux, font face aux fantassins et à la lourde cavalerie franque. Le chef des Francs manie si bien la masse d'armes que ses guerriers l'ont surnommé « Martel ». L'affrontement a lieu le 17 octobre 732. Après une terrible journée de combats, les Arabes sont défaits et leur chef est tué.

La gloire du vainqueur

Après cette bataille, les Arabes ne pénétreront plus dans le sud-ouest du royaume, même s'ils continuent à razzier les bords de la Méditerranée. Désormais, toute la Gaule franque admire Charles Martel. Le chef de l'armée n'est pourtant que l'administrateur du royaume, mais sa victoire lui a conféré un immense prestige : il est désormais considéré comme le sauveur de la chrétienté et de l'Europe. Le pape n'hésite pas à lui demander sa protection contre le royaume lombard en Italie. Il va profiter de cette autorité nouvelle pour occuper tout le pays jusqu'à la Garonne et se comporter en véritable souverain.

BRUNEHAUT ET FRÉDÉGONDE

Les petits-fils de Clovis, Sigebert et Chilpéric, ont épousé deux sœurs, Brunehaut et Galswinthe, toutes deux filles du roi des Wisigoths. C'est alors que la maîtresse de Chilpéric, Frédégonde, fait assassiner Galswinthe pour prendre sa place. Brunehaut ne pardonnera jamais à Frédégonde l'assassinat de sa sœur : la haine entre les deux femmes provoquera une série de luttes fratricides et un nombre impressionnant d'assassinats. Après 40 ans de lutte ininterrompue, Frédégonde mourra pourtant dans son lit, tandis que sa rivale finira ses jours attachée à la queue d'un cheval au galop.

La bataille de Poitiers.

Le conquérant de la foi

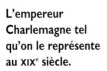

Les derniers Mérovingiens ne peuvent empêcher le pouvoir de passer aux mains des Carolingiens. Charlemagne rétablit l'unité impériale en Occident, ce qui n'était plus le cas depuis 476, mais en choisissant une nouvelle capitale : Aix-la-Chapelle.

La fin des Mérovingiens

À la mort du roi, la coutume franque est de partager le royaume entre tous ses fils. Cette pratique entraîne bien souvent des querelles sans fin. Les rois mérovingiens perdent ainsi peu à peu leur pouvoir au profit des maires du palais, grands seigneurs chargés de l'administration du royaume. Charles Martel, maire du palais victorieux des Arabes en 732, se comporte en véritable roi, mais sans en prendre le titre. Son fils Pépin le Bref n'hésite pas à chasser le dernier Mérovingien Childéric III, en 751, pour se faire couronner et sacrer par le pape.

C'est donc grâce à un coup d'État que la dynastie des Carolingiens s'installe.

L'empereur Charlemagne tel qu'on le représente au XIXe siècle.

LE ROI ET LE MAIRE DU PALAIS

« Le roi n'avait plus, en dehors de son titre, que la satisfaction de siéger sur le trône avec sa longue chevelure et sa barbe pendante (...) L'administration et toutes les décisions à prendre, tant à l'intérieur qu'au-dehors, étaient du ressort exclusif du maire du palais. Cette charge, à l'époque où Chilpéric fut déposé, était remplie par Pépin, père du roi Charles. » Eginhard, IXe siècle.

Charlemagne, empereur d'Occident

Le plus prestigieux des souverains du haut Moyen Âge, fils aîné de Pépin le Bref et de Berthe « au Grand Pied », voit le jour en 742. C'est un solide gaillard, athlétique et capable d'une grande activité. Il aura quatre épouses qui lui donneront une dizaine d'enfants dont un seul lui survivra. Si son instruction fut négligée (on n'est pas sûr qu'il savait lire), il est formé par son père

Pépin le Bref fait tondre Childéric III après l'avoir aveuglé.

à l'art de gouverner. Sacré roi par le pape en 754, il hérite de toute la Francie à la disparition de son frère Carloman, en 771. Dès 772, Charlemagne engage une série de campagnes militaires quasi ininterrompues jusqu'à sa mort : le résultat en est la création d'un empire.

Couronnement de Charlemagne par le pape Léon III, le jour de Noël de l'an 800.

Un conquérant redoutable

L'armée de fantassins des premiers rois francs est devenue, au cours du VIIIe siècle, une armée de cavaliers lourdement équipés. Chaque printemps, Charlemagne la lance dans une série de campagnes : vers l'Italie en 774, où il conquiert Pavie, capitale des Lombards, ce qui lui permet de prendre le titre de « roi des Francs et des Lombards » ; vers l'ouest des Pyrénées, où la défaite de Roncevaux en 776 lui coûte l'arrière-garde de son armée ; vers l'est des Pyrénées, où il reprend la marche d'Espagne (la Catalogne) aux armées musulmanes ; vers la Germanie, enfin, où il soumet sans ménagement les Saxons et atteint l'Elbe.

Au service de la foi

Toutes ces conquêtes sont réalisées pour agrandir la zone d'influence de la chrétienté romaine. Charlemagne n'hésite pourtant pas à employer des méthodes peu conformes au message d'amour de l'Évangile : il fait mettre à mort ceux qui poursuivent leurs rites païens ou qui se disent chrétiens sans avoir reçu le baptême. « C'est toi qui te consacres à la défense de la chrétienté tout entière », lui dit Alcuin, un de ses compagnons. C'est pourquoi le pape le couronne empereur à Rome, le jour de Noël 800.

UN GUERRIER IMPITOYABLE

Charlemagne est un grand chef de guerre, mais un homme cruel et sans pitié. En 782, il fait passer par les armes 4 500 Saxons et décrète que la peine de mort sera appliquée à ceux qui refusent la domination franque et la religion chrétienne. Quand les opposants sont trop nombreux, il n'hésite pas à organiser la première déportation de masse de l'ère chrétienne.

Charlemagne à cheval.

LA LÉGENDE DE CHARLEMAGNE

La légende de Charlemagne fut en partie inventée puis diffusée par des gens d'Église : c'est ainsi qu'un moine de Saint-Gall, 70 ans après la mort de l'empereur, invente la scène où Charlemagne visite une école comme le ferait un inspecteur d'aujourd'hui. Aux XIe, XIIe et XIIIe siècles, les chansons de geste, composées par des poètes avec la collaboration des gens d'Église, évoquent les exploits de Charlemagne et de Roland. À l'époque romantique, où l'on revalorise le Moyen Âge, Alfred de Vigny reprend l'histoire de Roland dans son poème « Le cor ». Enfin, pendant la guerre de 1939-1945, les nazis nomment « Charlemagne » la légion qui combat sur le front de l'Est, incarnant la lutte de l'Europe contre le bolchevisme.

L'Europe déjà...

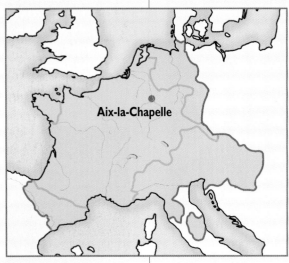

L'Empire carolingien.

L'Europe, après trois siècles de troubles, retrouve sous Charlemagne un équilibre et une période de tranquillité qui va durer trois quarts de siècle. L'Empire carolingien est la tentative d'une synthèse originale des traditions germaniques, romaines et chrétiennes.

L'expansion vers l'est

L'expansion du territoire est surtout dirigée vers l'est. Les expéditions contre les Saxons et les Slaves permettent de porter la frontière sur l'Elbe et les bords de la mer Baltique et au sud d'atteindre la vallée moyenne du Danube. Vers les Pyrénées, les limites sont l'Èbre, et vers l'Italie le Garigliano et le Sangro. L'empire n'est plus méditerranéen : son centre de gravité se situe dans la vallée du Rhin, où se trouve la capitale, Aix-la-Chapelle.

Une organisation rigoureuse

L'empire est divisé en 300 comtés, dirigés par des représentants de l'empereur nommés par lui. Sur les frontières, le système de la marche, district militaire sous le commandement unique d'un marquis, permet une défense efficace. Ces comtes et marquis doivent jurer fidélité à l'empereur, et deviennent ses vassaux. Ils appliquent les capitulaires, décisions et lois de l'empereur. Chaque année, ils se rassemblent au palais impérial pour rendre compte de leur gestion et conseiller l'empereur sur les mesures à prendre. Des *missi dominici* (envoyés du maître) les inspectent régulièrement.

EMPEREUR

MISSI DOMINICI

COMTES MARQUIS | ÉVÊQUES

VASSAUX HOMMES LIBRES

ESCLAVES

ROLAND À RONCEVAUX

Le 15 août 778, Charlemagne et son armée, après avoir rasé Pampelune, repartent vers le nord. Ils débouchent dans les plaines gasconnes, alors que l'arrière-garde atteint à peine le col de Roncevaux. Soudain, des montagnards basques attaquent : l'arrière-garde tout entière périra, y compris Roland, comte de la marche de Bretagne. Deux siècles plus tard, la *Chanson de Roland* racontera sa fin : Roland refuse d'abord de demander de l'aide, puis souffle du cor pour appeler au secours et, voyant qu'il va succomber, brise son épée Durandal pour qu'elle ne tombe pas aux mains de l'ennemi. Écrite en vers français, la *Chanson* rendra Roland immortel.

La « renaissance carolingienne »

C'est une restauration de la langue, de l'éducation et de la culture accompagnée d'une normalisation de l'écriture : dans les monastères, on multiplie la copie des manuscrits grâce à une nouvelle lettre, élégante et plus lisible, la minuscule caroline. Charlemagne fait appel à tous les lettrés qui avaient conservé le souvenir ou la pratique de la tradition antique comme Pierre de Pise, Paul Diacre, Théodulfe ou Alcuin. Les arts s'épanouissent, puisqu'on construit de nouveau beaucoup d'églises, embellies de mosaïques ou de fresques. L'abbaye de Saint-Riquier, le palais d'Aix-la-Chapelle, ou l'abbaye de Fulda annoncent déjà l'art roman.

LA CHAPELLE DE CHARLEMAGNE

Le palais d'Aix-la-Chapelle est la résidence principale de Charlemagne. La chapelle, construite par l'architecte Eudes de Metz, possède un plan octogonal. La tribune, au premier étage, abrite le trône de Charlemagne. La coupole ornée de riches mosaïques culmine à 36 mètres de hauteur.

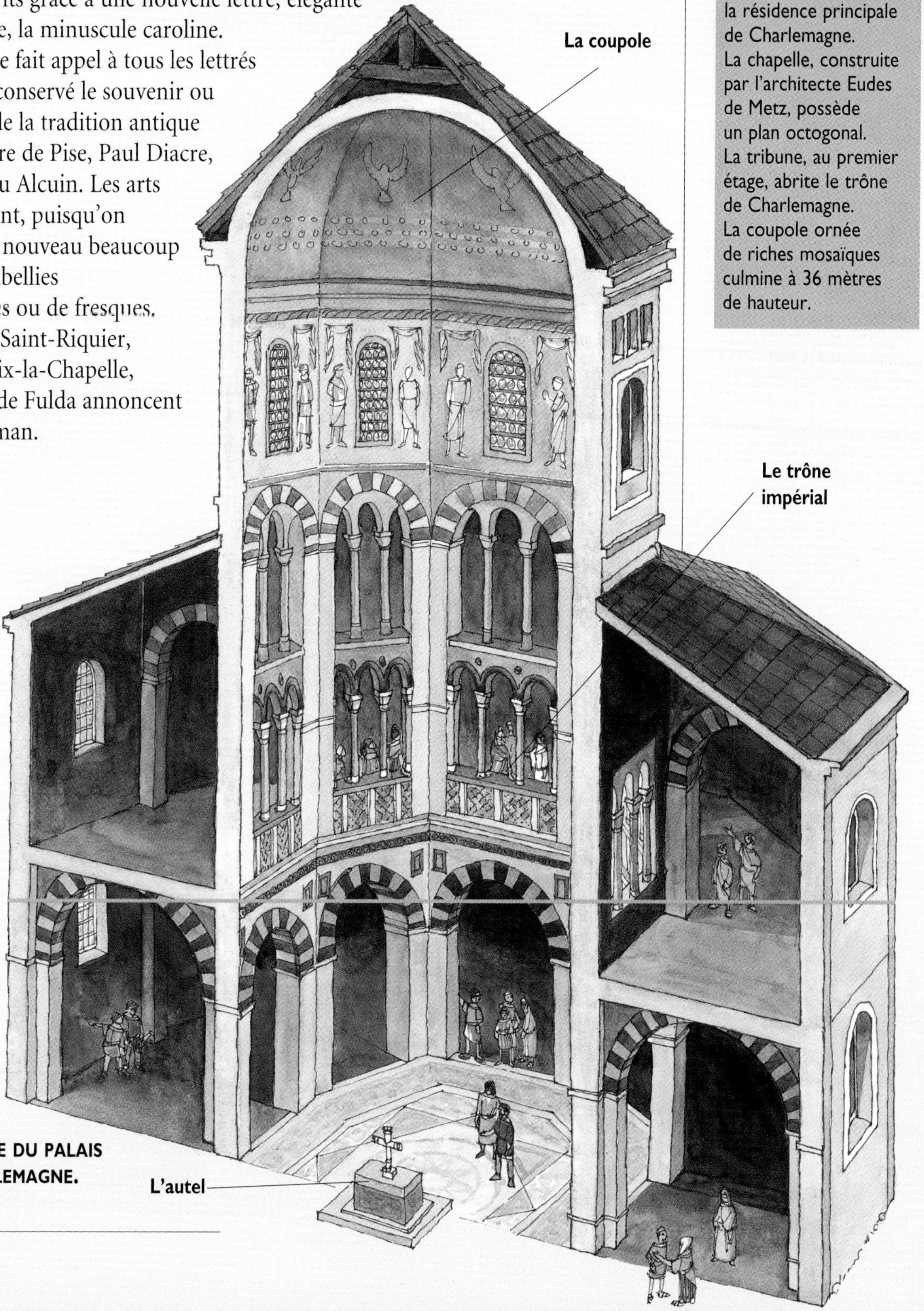

La coupole

Le trône impérial

LA CHAPELLE DU PALAIS DE CHARLEMAGNE.

L'autel

La paix des monastères

B

Vers 529, Benoît fonde le monastère du Mont-Cassin, en Italie. Il propose aux moines de partager leur temps entre la prière, l'étude et le travail manuel. Les monastères qui adoptent la règle de Benoît fleurissent dans l'Europe entière. Ces oasis de paix auront une grande influence intellectuelle et économique.

UN RÔLE IMPORTANT

Dans une Europe ravagée par la guerre, les moines soignent les malades, protègent les pauvres, hébergent les voyageurs et les pèlerins, cultivent les terres incultes. Pendant des siècles, ils seront les seuls à savoir lire ou écrire couramment. Ils assurent la survie de la culture antique, tout en créant de véritables ateliers où peintres, écrivains, sculpteurs, musiciens préparent des temps nouveaux.

Le potager permet au monastère de se suffire : certains moines cultivent des céréales et des légumes, d'autres élèvent des animaux, d'autres encore se font maçons, charpentiers ou verriers pour construire ou réparer les bâtiments monastiques.

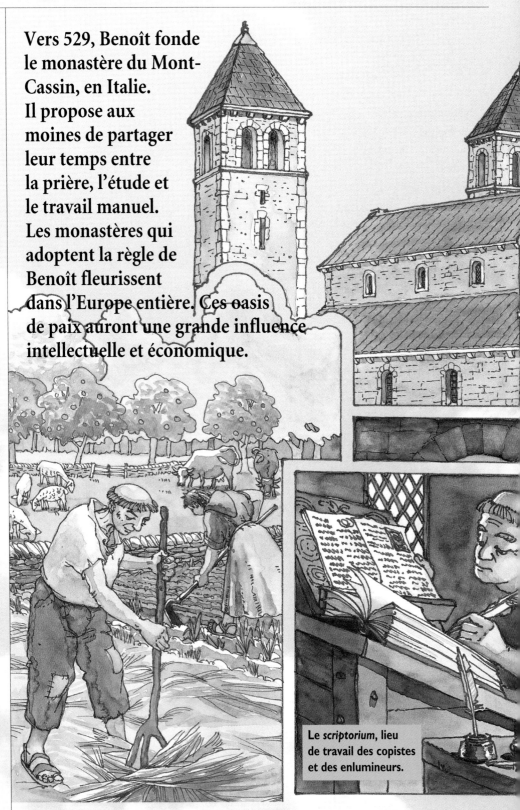

Le *scriptorium*, lieu de travail des copistes et des enlumineurs.

L'église est au centre de la vie du moine. L'office divin comporte liturgies diurnes ou nocturnes ; le chant y occupe une grande place.

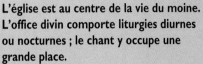

RÉHABILITATION DU TRAVAIL

L'héritage gréco-romain s'enorgueillit de l'oisiveté dans une société qui vit du travail des esclaves, tandis que l'héritage barbare privilégie le mode de vie militaire. Les bénédictins, eux, exigent la pratique du travail manuel, qui est une forme de pénitence. Mais ce faisant, les moines qui s'humilient dans le travail élèvent le prestige de celui-ci.

Une cellule destinée au repos. La lecture et la méditation solitaire dans le silence de la cellule assurent au moine nourriture spirituelle et réflexion sur sa foi.

La promenade dans la cour du cloître permet aux moines de pratiquer la lecture, la méditation ou de profiter du soleil quand il fait beau.

Querelles de famille

L'apocalypse, représentation de la fin du monde, réalisée par les moines de Saint-Sever (Landes).

L'Empire carolingien ne survivra pas longtemps à la mort de son fondateur. Le partage par les petits-fils de Charlemagne entraîne son affaiblissement. Attaqué par les Vikings, les Sarrasins et les Hongrois, il est remplacé par l'ordre féodal.

Louis le Pieux et ses fils

À la mort de Charlemagne, un seul de ses fils vit encore et lui succède : Louis, si croyant qu'on le nomme Louis le Pieux. Mais il n'a pas la force de caractère de son père, et ne peut éviter des rivalités entre ses fils pour le contrôle de son héritage. À sa mort, en 840, un de ses fils, Lothaire, se déclare seul maître de tout l'empire et s'oppose à ses deux frères Louis le Germanique et Charles le Chauve.

SERMENTS DE STRASBOURG

« Pour l'amour de Dieu et pour le salut du peuple chrétien et notre salut commun, à partir d'aujourd'hui, autant que Dieu m'en donnera savoir et pouvoir, je secourrai ce mien frère en toute occasion, comme on doit secourir son frère, à condition qu'il en fasse autant pour moi. Et je ne conclurai aucun pacte avec Lothaire qui pourrait nuire à mon frère Charles. » Serment de Louis le Germanique en 842.

Un héritage disputé

Les deux frères, dépouillés par Lothaire, décident de s'allier et prêtent serment à Strasbourg, en 842. Ces serments de Strasbourg sont les premiers textes connus rédigés en vieil allemand et en langue romane, ancêtre du français. L'année suivante, Louis le Germanique et Charles le Chauve battent Lothaire et lui imposent le partage de l'empire, par le traité de Verdun : Charles devient roi de la Francie occidentale, Louis de la Francie orientale, tandis que Lothaire, qui reste empereur, ne conserve qu'une longue bande de terre coincée entre les deux : la Francie moyenne ou Lotharingie.

Attaques multiples

Cet empire divisé va être attaqué de toutes parts, retrouvant
une insécurité qui rappelle celle des grandes invasions : au nord
et à l'ouest par les Vikings, venus de Scandinavie sur leurs drakkars, et
qui remontent les fleuves jusqu'au cœur du pays ; au sud par
les Sarrasins musulmans venus d'Afrique du Nord ; à l'est enfin
par les cavaliers hongrois
qui sèment la terreur.

L'empire divisé est
attaqué de toutes parts.

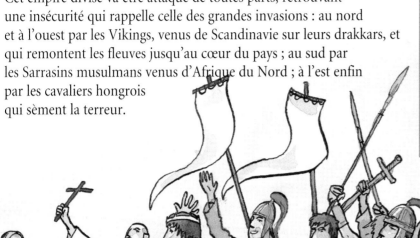

Les serments
de Strasbourg,
alliance de Louis
le Germanique
et Charles le Chauve.

TERREUR VIKING

Un nombre incalculable
de navires normands
remonte la Seine.
La cité de Rouen est
envahie, pillée et
incendiée. Celles
de Paris, Beauvais et
Meaux sont prises.
La place forte
de Melun est dévastée.
Chartres est occupée.
Évreux est pillée ainsi
que Bayeux. Il n'y a
presque pas de localité,
de monastère qui soit
respecté. Tous
les habitants prennent
la fuite et rares sont
ceux qui osent dire :
« Restez, luttez pour
votre pays, vos enfants
et votre famille. »
Ermentaire, *Miracles de
saint Philibert*, vers 857.

Vers le régime féodal

Les Carolingiens, affaiblis par leurs divisions, sont désormais incapables de faire
face à ces dangers. Les paysans, les habitants des villes et les moines vivent
une époque de désolation. Les comtes et leurs vassaux prennent donc l'habitude
de se défendre seuls : ils font construire des châteaux sur des terres qu'ils
s'adjugent et imposent leur pouvoir sur les paysans qui deviennent leurs serfs.
L'Empire carolingien se défait et est remplacé par l'ordre féodal.

Débarquement en Normandie

Les Vikings, appelés aussi Normands par les Carolingiens, sont la puissance maritime dominante de l'Europe entre le IXe et le XIIe siècle. Ces guerriers, qui sont aussi des marchands et des colons, vont s'installer à demeure en Normandie.

Des guerriers mobiles

Poussés par la surpopulation et attirés par les mirages de butins faciles ou le goût de l'aventure, les Vikings (Norvégiens, Danois ou Suédois) montés sur des vaisseaux maniables commencent à attaquer les monastères isolés, puis les villes. Ils remontent le Rhin, la Seine ou la Loire, pour assaillir des cités éloignées des côtes comme Paris ou Cologne. Ils sèment partout la terreur, faisant croire qu'ils sont à la fois innombrables et invincibles. Pourtant leurs attaques ne furent le fait que de quelques centaines d'hommes, parfois beaucoup moins.

ODIN, DIEU VIKING

Odin, encore appelé Wotan, est un des principaux dieux des peuples germaniques. On le représente comme un homme vieux, grand et barbu, drapé dans une cape. Il jette sur le monde un regard farouche de son œil unique, car il a donné un de ses yeux au géant Mimir, pour acquérir la sagesse. Son cheval, Sleipnir, possède huit pattes qui symbolisent la vitesse de la course et le vent. Odin est à la fois dieu de la guerre, inspirateur des poètes et magicien. Il reçoit les guerriers morts au combat dans sa demeure céleste, le Walhalla.

Les *langskip*, ornés d'une proue en forme de dragon, sont des vaisseaux longs et étroits. Avec leur faible tirant d'eau, leur quille et leur bordage souple, ce sont des navires de raid parfaits : rapides, ils permettent un échouage aisé et peuvent remonter n'importe quel cours d'eau.

Marchands et colons

Tous les Vikings ne sont pas des pillards : beaucoup sont des agriculteurs qui s'installent dans les îles Britanniques ou le royaume franc. Ils fondent ainsi le duché de Normandie dont le pays est cédé à leur chef Rollon par Charles III, en 911. Les Vikings suédois traversent la mer Baltique, puis pénètrent en Russie, pour atteindre la mer Noire et Constantinople. Ils y découvrent les peuples et les produits de l'Orient.

UNE VOILE TARDIVE

Le mât et la voile ne sont apparus que tardivement sur les vaisseaux vikings (vers 815), soit huit siècles après leur utilisation par les Celtes. C'est que, pour les Vikings, les vrais hommes rament. Les anciens n'avaient donc que mépris pour les jeunes désireux de traverser la mer en se laissant pousser par le vent.

UN *LANGSKIP.*

DRAKKAR OU *LANGSKIP* ?

Le terme « drakkar » désigne un bateau dont la proue représente un dragon. *Langskip* veut dire « bateau long ». C'est donc un drakkar particulier.

De l'Islande à l'Amérique

Les Vikings débarquent en Islande au IXe siècle. Ils en chassent les moines irlandais installés là depuis un siècle. Vers 982, Erik le Rouge, un Viking islandais banni pour meurtre, part vers l'ouest et découvre une nouvelle terre, qu'il baptise Groenland, le « pays vert ». Leif Eriksson, fils d'Erik le Rouge, découvre encore plus à l'ouest des régions qu'il nomme Helluland, « pays des pierres », Markland, « pays des forêts », et Vinland, « pays des vignes ». Il s'agissait du Labrador ou de Terre-Neuve. Une poignée de colons tentent de s'y installer, sans succès durable.

Travailler ou combattre

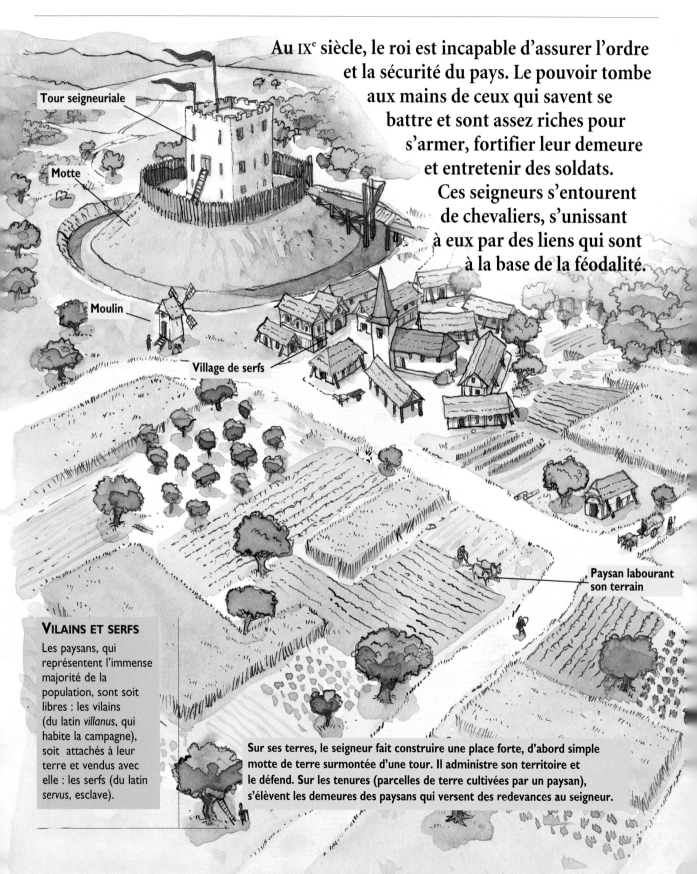

Au IXe siècle, le roi est incapable d'assurer l'ordre et la sécurité du pays. Le pouvoir tombe aux mains de ceux qui savent se battre et sont assez riches pour s'armer, fortifier leur demeure et entretenir des soldats.

Ces seigneurs s'entourent de chevaliers, s'unissant à eux par des liens qui sont à la base de la féodalité.

Tour seigneuriale

Motte

Moulin

Village de serfs

Paysan labourant son terrain

VILAINS ET SERFS

Les paysans, qui représentent l'immense majorité de la population, sont soit libres : les vilains (du latin *villanus*, qui habite la campagne), soit attachés à leur terre et vendus avec elle : les serfs (du latin *servus*, esclave).

Sur ses terres, le seigneur fait construire une place forte, d'abord simple motte de terre surmontée d'une tour. Il administre son territoire et le défend. Sur les tenures (parcelles de terre cultivées par un paysan), s'élèvent les demeures des paysans qui versent des redevances au seigneur.

Seigneur, paysans et chevaliers

En échange de sa protection, le seigneur (ou suzerain) exige des paysans qu'ils travaillent pour lui, et des chevaliers qu'ils lui jurent fidélité. Engagés devant Dieu par serment lors de la cérémonie de l'hommage, les chevaliers deviennent des vassaux, qui ne peuvent rompre ce contrat avec leur suzerain sous peine de félonie. Comme un père avec ses enfants, le seigneur doit entretenir ses vassaux et leur offrir les revenus d'une de ses terres : le fief.

LA NOUVELLE ORGANISATION DES CAMPAGNES

L'économie féodale

Le propriétaire du fief exerce une autorité absolue sur ses terres. Ces domaines comprennent la partie du seigneur (ou réserve) qu'il administre sans intermédiaires, et l'essentiel des terres divisées en tenures louées aux paysans contre des redevances en argent (le cens) ou en nature (le champart). Au centre de la réserve se trouvent l'habitation du maître, les logements des serfs, les étables, les ateliers, le moulin et le pressoir. Les paysans, munis d'un outillage sommaire, le plus souvent en bois, cultivent des céréales, des pois, des fèves, élèvent des porcs, des moutons, des vaches et des volailles.

Défrichement

LA PYRAMIDE VASSALIQUE

Dans la société féodale, influencée par les coutumes germaniques, chaque homme est lié à un autre : le vassal à son suzerain, lui-même étant le vassal d'un suzerain plus puissant que lui. Au sommet de la pyramide, se trouve le suzerain suprême, le roi en personne. Le seul qui soit sacré, et donc représentant de Dieu sur Terre. Le roi n'est le vassal de personne.

LE CONTRAT VASSALIQUE

Le vassal doit à son seigneur :
- aide militaire,
- conseil pour rendre la justice,
- aide financière (paiement de la rançon, départ en croisade, mariage de la fille aînée, chevalerie du fils aîné).
Le seigneur doit à son vassal :
- protection,
- défense en justice,
- entretien, sous la forme du don d'une terre, le fief, possédant ou non un château.

Chevaliers et châteaux

D'abord constitués de tours de bois sur des buttes artificielles, les châteaux sont ensuite perfectionnés. Ces forteresses imposantes, résidences du seigneur, servent de bases aux chevaliers, aristocratie militaire chargée de dominer les paysans et de veiller aux intérêts du seigneur.

Un chevalier des marches de l'Est.

Une forteresse imprenable

Souvent perché sur un rocher, le château est entouré d'un fossé, son entrée protégée par un pont-levis et une herse. Les défenseurs lancent des projectiles par les étroites archières ou les trous des hourds. La forteresse est ainsi presque imprenable : seuls la trahison ou un long siège peuvent en venir à bout.

DEVENIR CHEVALIER

Vers 7 ans, l'enfant destiné au métier des armes quitte ses parents pour le château du seigneur dont il devient le page, puis l'écuyer. Il y retrouve d'autres jeunes à qui l'on enseigne les techniques du combat, et quelquefois la lecture et l'écriture. Vers 18 ans, lors de la cérémonie d'adoubement, le jeune reçoit ses armes des mains de son parrain. Il est enfin chevalier.

Donjon

Créneaux

Palissade

UN CHÂTEAU FORT.

Échauguette

Refuge et domination

En cas de danger, les habitants des villages viennent se réfugier, accompagnés de leur bétail, dans la basse-cour du château. Ce rôle protecteur se paie très cher par les taxes et corvées imposées aux vilains. Visible de loin, le donjon est aussi le symbole du pouvoir brutal que le seigneur et ses chevaliers font régner sur les paysans en temps de paix.

L'ESPRIT CHEVALERESQUE

La caste des chevaliers, sous l'influence des femmes nobles, prône la courtoisie, la solidarité envers les autres chevaliers, la protection et la défense de l'Église, du pauvre et de l'orphelin.

Archière

Pont-levis et herse

Pèlerins et croisés

PRÉHISTOIRE   ANTIQUITÉ

- 600   - 500   - 400   - 300   - 200   - 100   0   100   200   300   400   500

Après cinq siècles de bouleversements, l'Europe entre dans une nouvelle phase de son histoire. L'essor de la population, le renouveau des villes, le défrichement des campagnes et l'organisation des croisades sont les signes tangibles du « réveil » de l'Occident.

88
L'apogée
des Capétiens

90
Les chemins
de l'âme

92
Les bâtisseurs
de cathédrales

94
Le printemps
des villes

96
Vive les étudiants...

98
Les bastides,
villes nouvelles

800 900 1000 1100 1200 1300 1400 1500 1600 1700 1800 1900 2000

MOYEN ÂGE   TEMPS MODERNES   ÉPOQUE CONTEMPORAINE

L'ascension des Capétiens

À son élection, en 987, Hugues Capet n'est que duc de France, c'est-à-dire seigneur d'Île-de-France. Deux siècles plus tard, Philippe Auguste, roi de France, est devenu un personnage puissant : son domaine, agrandi et réorganisé, en fait un des grands souverains d'Occident.

Hugues, premier Capétien

À la mort du dernier Carolingien (Louis V), Hugues Capet est élu roi par les grands seigneurs et les évêques. Il n'est donc que « le premier d'entre eux ». Son pouvoir effectif ne s'exerce que sur quelques seigneuries disséminées entre Seine et Loire, avec l'Île-de-France et Paris comme centre. Le duc d'Aquitaine, le comte de Toulouse ou celui de Flandres sont beaucoup plus puissants que lui. Pour assurer sa succession, il doit associer son fils au trône, en le faisant élire de son vivant.

Hugues Capet vu par un artiste du XIXᵉ siècle.

Un roi sacré

Mais Hugues Capet reçoit le sacre. Par cette cérémonie qui ordinairement a lieu à Reims, le roi devient « l'oint du Seigneur » à l'image des rois de la Bible. Il est investi d'une mission : défendre l'Église, protéger les faibles, assurer la paix et rendre « bonne et miséricordieuse justice ». Ce qui correspond aux insignes qu'on lui remet ce jour-là : le sceptre, la main de justice, l'épée et les éperons. Il a le pouvoir surnaturel de guérir (on dit qu'il est « thaumaturge »). Il gagne même les guerres quand les moines de Saint-Denis sortent leur étendard à la tête de ses troupes. Ainsi tous, petits et grands, lui doivent obéissance. Il est le seigneur suprême : le « suzerain ».

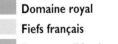

- Domaine royal
- Fiefs français
- Royaume d'Angleterre
- Possessions anglaises

La France à l'élection d'Hugues Capet en 987.

Possessions des Capétiens et des Plantagenêts en 1180.

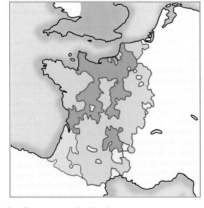

La France après le règne de Philippe le Bel en 1314.

Aliénor d'Aquitaine et Louis VII

Un siècle après le règne d'Hugues Capet, Louis VI puis Louis VII s'appuient sur l'Église pour étendre leur pouvoir : le mariage de Louis VII avec la jeune Aliénor d'Aquitaine en 1137 permet d'annexer à la Couronne des possessions qui couvrent le sud de la France. Mais leur union ne durera pas : Aliénor est coquette, peu croyante, cultivée, heureuse parmi les troubadours. Louis VII est doux et passionné, jaloux, pieux, « un moine plus qu'un roi » selon sa femme.

Une rupture catastrophique

Aliénor accompagne le roi à la croisade, mais en profite pour vivre une aventure avec Raimond d'Aquitaine. À leur retour, les époux se séparent et Aliénor épouse aussitôt Henri Plantagenêt, duc de Normandie, qui va hériter de la couronne d'Angleterre en 1154 : l'empire Plantagenêt s'étend alors de la frontière de l'Écosse aux Pyrénées, et Louis VII doit faire face à un vassal qui possède presque la moitié du royaume de France !

Aliénor d'Aquitaine et son entourage de troubadours.

Philippe II dit « Auguste »

C'est le premier roi dont le pouvoir est tel qu'il n'a plus à être élu : il règne « par la grâce de Dieu ». Il améliore l'administration en créant les baillis et les sénéchaux. Ceux-ci sont payés par le roi pour surveiller les prévôts, ces administrateurs du domaine royal. Les moyens financiers sont augmentés : la croisade est prétexte à lever la « dîme saladine » et des décimes sur les biens de l'Église. L'aide féodale est transformée en taxe en argent. Cette puissance nouvelle est utilisée pour reconquérir les possessions perdues par Louis VII.

Philippe Auguste.

Philippe Auguste à la bataille de Bouvines.

LA LUTTE CONTRE LES PLANTAGENÊTS

La puissance nouvelle de la royauté est essentiellement dirigée contre les Plantagenêts : Henri II et ses fils Richard Cœur de Lion et Jean sans Terre. La prise de Château-Gaillard a lieu en 1204, après un siège de huit mois. Quelques années plus tard, Philippe Auguste triomphe d'une coalition suscitée par Jean sans Terre à Bouvines le 27 juillet 1214.

Un blanc manteau d'églises

À la fin du Xe siècle, l'Occident se couvre d'une floraison d'églises romanes, conséquence éclatante de la prospérité retrouvée.

Une offrande à Dieu

Au XIe siècle, les églises sont les principales réalisations artistiques. Ces constructions, financées par les dons des fidèles, se proposent d'égaler et même de surpasser la splendeur des monuments de l'Antiquité païenne. Puissantes, sombres et massives, elles sont destinées à impressionner et à instruire des chrétiens souvent analphabètes.

Une croix massive et sombre

Généralement construites selon un plan en forme de croix latine, les églises romanes orientent leur chœur vers Jérusalem. Maçons et architectes utilisent des blocs de pierre ajustés pour élever des murs solides. La voûte de pierre qui repose dessus a un poids considérable. C'est pourquoi des contreforts consolident les murs, et le petit nombre de fenêtres permet de ne pas altérer la solidité de l'ensemble.

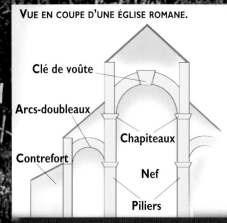

VUE EN COUPE D'UNE ÉGLISE ROMANE.

Clé de voûte
Arcs-doubleaux
Chapiteaux
Contrefort
Nef
Piliers

DES MURS PLUS SOLIDES

Avant le Xe siècle, les murs étaient en pierres de tailles différentes noyées dans du mortier. La technique des tailleurs de pierre du Xe siècle permet d'édifier des murs en blocs taillés très précisément et ajustés. Les parois sont ainsi plus solides et peuvent s'élever plus haut pour soutenir la voûte, caractéristique de l'architecture romane.

Au premier plan, la basilique Saint-Just de Valcabrère, un édifice roman. Sur la colline, au second plan, la cathédrale forteresse de Saint-Bertrand-de-Comminges.

Tous à Jérusalem

Un croisé en armes.

Les croisades sont des expéditions militaires que l'Église catholique organise vers les Lieux saints de Palestine, Jérusalem en particulier. Leur nom provient de la croix que les pèlerins en armes font coudre sur leurs vêtements. Les croisades, qui ne sont qu'un des aspects du « réveil » de l'Occident, provoquent près de trois siècles de confrontation avec l'Orient.

APPEL D'URBAIN II

« Je vous exhorte et vous supplie, vous, les hérauts du Christ, à persuader à tous, chevaliers ou piétons, riches ou pauvres, de se rendre à temps au secours des chrétiens et de repousser ce peuple néfaste (les Turcs) loin de nos territoires… À tous ceux qui y partiront et qui mourront, la rémission de leurs péchés sera accordée… »

Le trajet de la première croisade.

La prédication d'Urbain II

Le 27 novembre 1095, le pape Urbain II lance depuis Clermont l'appel à la croisade. Les chroniques prétendent que c'est par compassion pour les pèlerins, maltraités et empêchés par les Turcs de se rendre sur les Lieux saints, que le pape a appelé à délivrer le « tombeau du Christ ». La réalité est moins généreuse.

Cette expédition vers Jérusalem semble motivée par le souci du pape de renforcer son pouvoir.

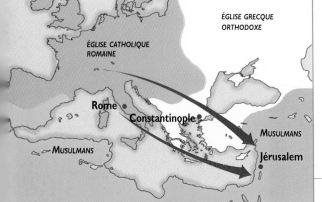

ÉGLISE GRECQUE ORTHODOXE

ÉGLISE CATHOLIQUE ROMAINE

Rome

Constantinople

MUSULMANS

MUSULMANS

Jérusalem

Le départ des gens simples

La croisade « populaire », conduite par des prédicateurs comme Pierre l'Ermite ou Gautier sans Avoir, jette sur les routes des foules de gens simples, humbles paysans et modestes artisans avec leur famille. Mal encadrés, faiblement armés, insuffisamment équipés, ils parviennent péniblement en Asie Mineure. Les Turcs les massacrent sur la route de Nicée (21 octobre 1096).

L'expédition des chevaliers

La croisade des chevaliers comprend trois armées. Il y a celle des « Méridionaux », conduite par le comte de Toulouse Raymond de Saint-Gilles et Adhémar de Monteil, légat du pape. C'est l'armée « officielle ». Mais l'écho de l'appel suscite une autre armée, formée surtout de chevaliers d'oïl derrière Godefroi de Bouillon et son frère Baudouin de Boulogne et aussi Hugues de Vermandois, frère du roi de France. Enfin, une troisième armée se met en route, celle des « Normands » d'Italie du Sud.

Le krak des Chevaliers, une place forte construite par les croisés en Syrie.

La prise de Jérusalem

Ces armées convergent vers Constantinople. La guerre commence en Asie Mineure : les Turcs sont d'abord battus à Nicée (juin 1097), puis à Dorylée et à Héraclée. Les victoires d'Édesse (mars 1098) et d'Antioche (juin 1098) rapprochent encore les croisés de Jérusalem. Le 7 juin 1099, les chrétiens sont enfin sous les murs de la ville, qui sera conquise le 15 juillet 1099.

LA CROISADE DES « PAUVRES GENS ».

Le royaume latin de Jérusalem

Godefroi de Bouillon est élu chef du nouvel État par le conseil des croisés. Son successeur Baudouin Ier (1100-1118) en fait un royaume qu'il organise selon les règles de la féodalité occidentale. De ce royaume dépendent les comtés d'Édesse et de Tripoli, les principautés d'Antioche et de Tibériade. Trois grands ordres militaires sont chargés d'aider à la défense des frontières : les Templiers, les Hospitaliers et les chevaliers Teutoniques. La constitution de ces « États francs » de Terre sainte va provoquer près de trois siècles de confrontation entre chrétiens et musulmans, entre Occident et Orient. Ce royaume latin est repris par Saladin, sultan d'Égypte, le 2 octobre 1187. Les dernières places fortes chrétiennes en Terre sainte tombent en 1291.

DÉSESPOIR DES VAINCUS

« Les personnes qui avaient quitté la Syrie arrivèrent à Bagdad au mois de ramadan et y firent un récit qui arracha les larmes de tous les yeux… Elles racontèrent les malheurs qui avaient frappé les musulmans de nobles et vastes contrées, le massacre des hommes, l'enlèvement des femmes et des enfants, le pillage des propriétés. Telle était la douleur générale qu'on ne pensa plus à observer le jeûne… » Ibn al-Athir (1150-1233).

CROISADE

Par la difficulté de l'opération, l'importance des moyens et des hommes, la distance parcourue, la première croisade peut se comparer au débarquement de 1944 en Normandie.

La révolution des campagnes

L'accroissement de la population entre le Xe et le XIIIe siècle pousse les hommes à étendre les surfaces cultivables et à améliorer les rendements. Les paysages s'en trouvent profondément modifiés : les campagnes d'aujourd'hui voient alors le jour.

Un paysage campagnard au XIIIe siècle.

La population augmente

Du Xe à la fin du XIIIe siècle, la population de l'Occident double, voire triple, pour atteindre près de 60 millions d'habitants. Le climat plus doux et plus sec diminue les risques de mauvaises récoltes. De ce fait, la population, mieux nourrie, devient plus résistante aux maladies et s'accroît. Dans les chroniques, de plus en plus nombreuses, les mentions d'épidémies et de famines se raréfient. L'Occident devient un monde plein.

Les défrichements

La multiplication des hommes implique des défrichements. Les terres incultes reculent. Les bûcherons abattent les forêts. La Beauce devient ainsi une vaste campagne dépourvue d'arbres. Dans le Midi toulousain, l'immense forêt de Bouconne est pratiquement anéantie. Les marais sont drainés et les friches mises en culture. Des villages nouveaux apparaissent. Leurs noms évoquent leur naissance récente : ce sont les « bastides » du Sud-Ouest, les sauvetés (*salvetat* en occitan) d'initiative religieuse, les castelnau d'origine seigneuriale, etc.

NOUVELLES TECHNIQUES

Des techniques agricoles se diffusent. Le fer, devenu moins cher, est de plus en plus utilisé dans l'outillage sous la forme de soc, de lames. Les terres « lourdes » deviennent ainsi accessibles à l'agriculteur qui peut en faire des terres à céréales. Le bœuf et le cheval, mieux attelés grâce au collier d'épaule, et dont les sabots sont ferrés, peuvent tirer des charges plus lourdes, plus longtemps. Ils travaillent mieux et améliorent les rendements.

Collier de cou.

Collier d'épaule.

Araire.

Serfs et vilains

Les progrès matériels s'accompagnent d'une évolution de la condition de vie des paysans. L'esclavage a pratiquement disparu. Cependant, les serfs, ces paysans attachés à une terre, ne peuvent la quitter. Quand celle-ci est vendue, il est vendu avec elle. Le vilain, lui, est un paysan libre. Il loue son exploitation à un seigneur, et paie son loyer en nature (« champarts » et « corvées », journées de travail gratuitement données au maître) et en espèces (la taille). L'ensemble forme les droits seigneuriaux. Il s'y ajoute des droits féodaux (usage du moulin, du pressoir, du four, péages sur les ponts, routes, droits de justice, etc.). Mais ce paysan peut quitter la terre qu'il travaille. Il n'est donc plus « taillable et corvéable à merci ».

Un paysan du Moyen Âge.

84

Moulins à vent et moulins à eau

Un des progrès les plus significatifs
du Moyen Âge est l'emploi des moulins
actionnés par l'énergie du vent ou de l'eau.
Ceux-ci permettent aux hommes
de se libérer des tâches pénibles
et répétitives, et aux moines
de se consacrer plus
longuement à la prière.

MOULIN À EAU.

Grain

Meule

Farine

Axe de la meule

Engrenage

Axe de la roue à aube

**MÉCANISME
DU MOULIN À EAU.**

L'eau et les moulins

Le moulin à eau est né dans
le bassin méditerranéen, aux
alentours du Iᵉʳ siècle apr. J.-C.,
mais il n'est que très rarement utilisé
pendant la période de l'Empire romain.
Il commence à se répandre au VIᵉ siècle, dans la Gaule
des Mérovingiens, pour être finalement en activité
dans toute l'Europe du XIVᵉ siècle. Établis au milieu
des rivières ou sur le bord des fossés, les moulins
hydrauliques utilisent la force du courant
pour faire tourner une roue. Ils peuvent
actionner des scies pour couper bois
ou pierres, ou encore soulever
des marteaux utilisés
en métallurgie.

Le moulin et la prière

La règle de saint Benoît, comme celle des Cisterciens, précise que le monastère est un lieu de prière habité par une communauté subvenant à ses propres besoins. Mais le manque de personnel conduit les moines cisterciens à mécaniser les tâches utiles à leur monastère. Les moines jouèrent donc un grand rôle dans l'expansion des machines en utilisant l'énergie hydraulique.

Moulins à vent

Le moulin à vent a été inventé en Perse, vers le VIe siècle. Il diffuse dans le monde arabe et, à travers les Pyrénées ou en suivant les croisés de retour de Terre sainte, il arrive en Occident. Là, il est modifié et perfectionné : les ailes passent d'un plan horizontal à un plan vertical, puis une base pivotante est créée ; celle-ci permet au moulin d'utiliser les vents soufflant de n'importe quelle direction.

MOULIN À VENT À BASE PIVOTANTE.

LA RIVIÈRE DE L'ABBAYE DE CLAIRVAUX

« La rivière passait au travers du moulin à grain où ses eaux servaient à la mouture grâce au poids des meules, et à manœuvrer le fin tamis qui séparait la farine du son... Mais la rivière n'avait pas encore rempli toute sa tâche, car elle passait ensuite dans les machines de foulage qui faisaient suite au moulin à grain : elle élevait et abaissait alternativement les machines de foulage, puis se divisait en nombre de petits ruisseaux afin de cuisiner et laver, offrant toujours des services de qualité... »

ÉNERGIE MARÉMOTRICE

Des moulins de marée existent dès le XIIe siècle, sur l'Adour, près de Bayonne. On construit des barrages pour créer des étangs artificiels qu'un système d'écluses permet de remplir à marée montante. À la marée descendante, il suffit au meunier d'ouvrir les vannes pour que la chute de l'eau fasse tourner les meules du moulin.

Depuis le milieu du XIIᵉ siècle, le catharisme se répand dans la chrétienté. En 1208, le pape Innocent III appelle à la croisade contre les cathares du midi de la France, encore appelés albigeois.

Colombe cathare
au château de Minerve.

Le catharisme

Le catharisme est un mouvement de contestation contre l'Église et contre un clergé avide d'honneurs et d'argent. Jésus est pour les cathares un ange envoyé par le Dieu bon pour éclairer les hommes, mais ils ne croient pas en sa vie humaine et matérielle. Vivre en cathare, c'est pratiquer l'Évangile : ne rien posséder, tout partager, mener une vie d'absolue rigueur (dormir peu, jeûner souvent, parler modérément, prier beaucoup) et refuser le mariage. Seuls quelques hommes et femmes peuvent être ces « parfaits », les « bons hommes » et les « bonnes femmes ». Ils ont le pouvoir de distribuer le seul sacrement qui sauve : le *consolamentum*.

TUEZ-LES TOUS...

« Tuez-les tous, Dieu reconnaîtra les siens. » Cette phrase est prononcée par Arnaud Amaury, légat du pape et véritable chef de la croisade, à Béziers en 1209. Étrange phrase dans la bouche d'un représentant de la religion chrétienne où chaque fidèle doit aimer son prochain !

LE CHÂTEAU DE PEYREPERTUSE,
CITADELLE DU PAYS CATHARE.

LES DEUX ÉGLISES

« Il y a deux Églises : l'une fuit la persécution et pardonne, l'autre possède et écorche ; c'est celle qui fuit et pardonne qui tient la droite voie des apôtres ; elle ne ment ni ne trompe. Et cette Église qui possède et écorche, c'est l'Église romaine. » Extrait d'une prédication du bon homme Pierre Authié.

L'Église cathare

Ces cathares s'organisent en Église. Leurs évêques tiennent des conciles, comme celui qui eut lieu à Saint-Félix-de-Caraman en Haute-Garonne, en 1167. Les « croyants » suivent les « parfaits » dont ils reçoivent les sacrements. L'Église catholique s'inquiète de la présence de cette Contre-Église qui mine son autorité matérielle et ruine son influence morale. Elle qualifie donc d'hérétiques ceux qui suivent cette foi.

Les premières opérations militaires

Elles sont précédées par des tentatives de conversion des cathares, menées sans succès par des prédicateurs comme saint Bernard et saint Dominique. L'assassinat de Pierre de Castelnau, légat du pape, en janvier 1208 fournit un prétexte idéal à ceux qui veulent recourir à la force : le comte de Toulouse Raymond VI, protecteur des cathares, est accusé de l'assassinat sans preuve. La croisade va durer 40 ans. Une première phase « féodale » voit des troupes venues de toute l'Europe se battre dans le Midi sous la direction de Simon de Montfort. Béziers est pris et tous ses habitants sont massacrés en juillet 1209. Les Toulousains, pourtant renforcés par les Aragonais, sont battus le 12 septembre 1213 à Muret, mais Simon de Montfort meurt en juin 1218, devant Toulouse. Raymond VI récupère alors ses terres.

La croisade royale

En 1226 débute la seconde phase de cette croisade, dite « royale ». Le roi de France Louis VIII reprend les opérations. En 1228, Raymond VII décide de cesser le combat et signe le traité de Meaux-Paris qui donne une bonne partie de ses terres à la couronne de France. La dernière phase se conclut par la prise de Montségur le 16 mars 1244.

LA FIN DE MONTSÉGUR

Assiégés dans le château de Montségur, en Ariège, un millier de fidèles cathares subissent un siège d'un an avant de capituler ; le jour de la prise de Montségur, 225 cathares qui refusent d'abjurer leur foi sont brûlés vifs au pied du château.

Le bûcher de Montségur.

L'apogée des Capétiens

La période qui va de l'accession de Louis IX au trône (1226) à la mort de Philippe IV le Bel (1314) marque l'apogée de la puissance capétienne. Les rois de France sont alors les souverains les plus puissants d'Occident.

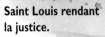

Saint Louis rendant la justice.

Saint Louis, roi aumônier

La vie de Louis IX dit Saint Louis (il a été canonisé par l'Église en 1297) est bien connue grâce aux chroniques de Joinville. Celui-ci en fait le modèle du roi chrétien, soucieux de justice et de charité. Il distribue de nombreuses aumônes aux pauvres et aux moines, léguant par testament d'importants revenus à des ordres mendiants et à ses officiers. Le roi fonde l'hôpital des Quinze-Vingt (réservé aux aveugles), l'Hôtel-Dieu (pour les malades) et la Sainte Chapelle pour abriter les reliques de la Passion.

Un esprit pacifique

En 1242, soutenus par le roi d'Angleterre Henri III Plantagenêt, des seigneurs du Poitou se soulèvent. Ils sont battus à Taillebourg puis à Saintes. Par le traité de Paris de 1259, Henri III renonce alors, définitivement, à la Normandie, au Maine, à l'Anjou, au Poitou. En échange, Louis IX lui permet de conserver le duché d'Aquitaine et lui restitue les droits sur le Limousin, l'Agenais et le Quercy, le roi d'Angleterre reconnaissant les tenir en fief du roi de France. C'est un retour à la paix pour deux générations.

Louis IX dit Saint Louis.

PAIX ET BONNE JUSTICE

Pour assurer la tranquillité de tous ses sujets, Saint Louis fait interdire les guerres privées. À l'intérieur de son domaine, il renforce l'autorité des officiers royaux tout en les faisant contrôler par des enquêteurs royaux chargés de réprimer leurs abus. Hors du domaine, il augmente les possibilités de faire appel à la justice du roi contre la justice du seigneur. Des juristes du Conseil sont réunis pour juger en « Parlement » plusieurs fois par an.

Le roi justicier

Saint Louis rend la justice sous un chêne, à Vincennes. « Il s'asseyait presque continûment par terre sur un tapis pour entendre les causes judiciaires, surtout celles des pauvres. » Cette équité est aussi le moyen de remplacer la justice des féodaux par la justice royale.

Philippe IV le Bel

C'est le souverain qui donne au domaine royal sa plus grande extension et à la monarchie capétienne son plus grand pouvoir. C'est lui qui impose l'adage que « le roi de France est empereur en son domaine ». Sous son règne, les limites du domaine atteignent la Meuse et le Rhône. Dans son entourage, des spécialistes des lois romaines, les « légistes », le poussent à se doter de moyens plus efficaces de gouverner. Un Grand Conseil est chargé des affaires politiques, la Chambre des comptes s'occupe des finances, et le Parlement est un tribunal.

Philippe IV le Bel.

JUIFS ET HÉRÉTIQUES

Saint Louis, défenseur et adepte d'une religion d'amour, n'hésite pourtant pas à combattre violemment les cathares, ces hérétiques qui s'écartent des doctrines de l'Église. Quant aux juifs, il entend réprimer leur « conduite perverse », leur imposant de porter une rouelle, un signe distinctif sur leurs vêtements.

La hiérarchie féodale : le roi, les grands féodaux laïques et ecclésiastiques et la petite noblesse.

L'exaltation du pouvoir royal

Nouveauté importante : le roi charge une assemblée formée de représentants des nobles, du clergé et de la bourgeoisie des villes d'approuver ses décisions : ce sont les « états ». Les états sont convoqués à chaque moment décisif de l'affirmation de l'autorité royale : en 1302 dans sa lutte victorieuse contre le pape puis en 1308 dans celle contre les Templiers.

La fin des Templiers

Avec la chute des dernières places fortes de Terre sainte en 1291, l'ordre du Temple a perdu sa raison d'être militaire. Mais il est devenu une puissance financière, qu'on accuse d'hérésie, d'idolâtrie et de sacrilèges. Alors que le pape hésite à les sanctionner, Philippe le Bel prend la décision d'arrêter tous les Templiers. Leur grand maître, Jacques de Molay, est envoyé au bûcher en 1314.

Les chemins de l'âme

Un pèlerin muni de sa besace et de son bâton.

Pour sauver leur âme, de nombreux chrétiens partent en pèlerinage vers Jérusalem, Rome ou Saint-Jacques-de-Compostelle. Ils participent ainsi à un véritable mouvement européen.

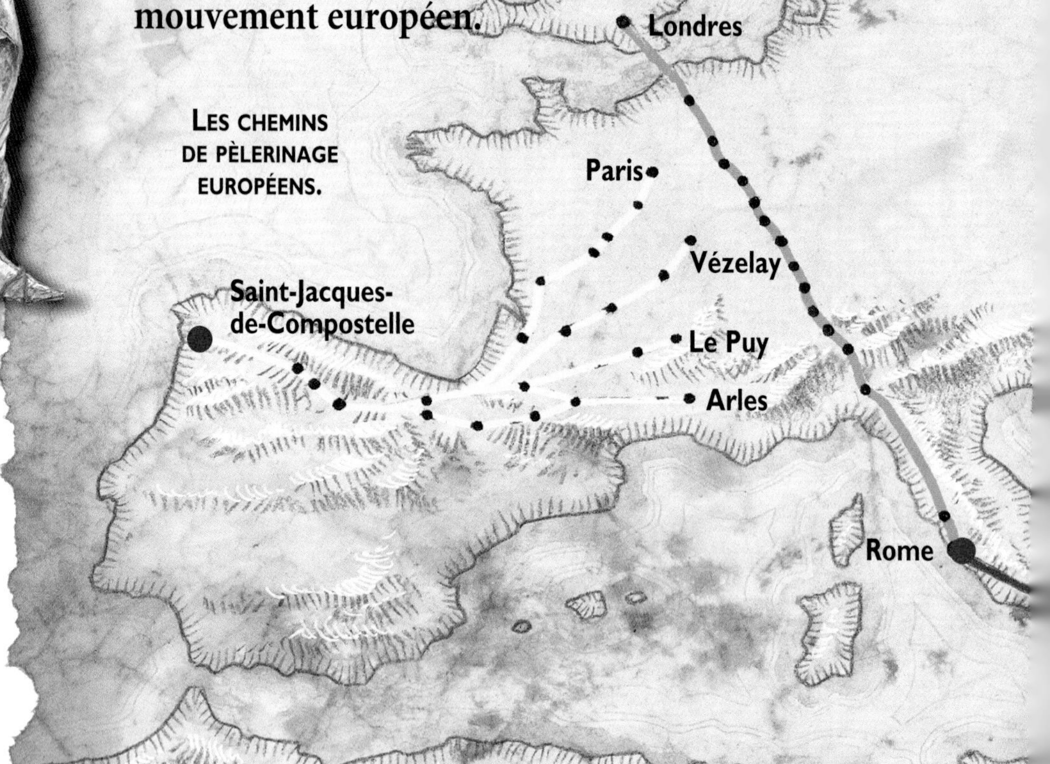

LES CHEMINS DE PÈLERINAGE EUROPÉENS.

Londres

Paris

Vézelay

Saint-Jacques-de-Compostelle

Le Puy

Arles

Rome

PREMIERS AXES EUROPÉENS

En faisant se côtoyer, pendant plus d'un millénaire, sur des routes communes, les pèlerins, leurs coutumes, leurs cultures et leurs savoirs, les pèlerinages ont permis la rencontre d'hommes et de femmes issus de différents pays, unis par leur foi. Architectes et compagnons bâtisseurs, constructeurs et lettrés disséminent techniques et sciences nouvelles, faisant progresser les connaissances et la pensée occidentales.

Le salut par le voyage

L'homme du Moyen Âge est un chrétien attaché aux saints et aux lieux sacrés. Aller toucher des reliques est le moyen d'obtenir une guérison, une faveur, ou encore de se faire pardonner ses péchés. Toutes les classes sociales se mêlent sur les routes : les pauvres à pied, avec leur manteau à capuchon (la pèlerine), la besace et le bâton, les riches à cheval. Les plus prestigieux des lieux saints sont Jérusalem (tombeau du Christ), puis Rome (tombeau de l'apôtre Pierre), et enfin Compostelle (tombeau de l'apôtre Jacques). Viennent ensuite des centaines de lieux plus modestes dont la popularité tient aux miracles que l'on dit y survenir.

Pèlerins se rendant en **Terre sainte** (extrait du *Livre des merveilles*).

La route de Saint-Jacques-de-Compostelle

La légende veut que le corps d'un des douze apôtres, saint Jacques le Majeur, mort à Jérusalem en 44, ait été inhumé par ses disciples en Galice. Huit cents ans plus tard, on dit avoir découvert sa sépulture. Le roi Alphonse II initia le pèlerinage en faisant construire une église sur le lieu de la découverte. Dès le IXe siècle, des itinéraires apparaissent dans toute la France ; ils vont se regrouper en quatre routes principales : Paris, Vézelay, Le Puy et Arles.

Constantinople

Bari

Mer Méditerranée

Jérusalem

LES MIRACLES DE SAINT-JACQUES

« Entre ses murs, en effet, est concédée la santé aux malades, rendue la vue aux aveugles, déliée la langue aux muets, ouvertes les oreilles aux sourds, restituée aux boiteux la démarche agile, obtenue la libération des possédés et, ce qui est bien plus encore, on y écoute les prières des fidèles, accueille leurs vœux, les libère de leurs péchés, ouvre les cieux à ceux qui l'invoquent, offre consolation aux affligés. »
Guide du pèlerin de Saint-Jacques-de-Compostelle, XIIe siècle.

NOMBREUX PÉRILS

Bien que des hospices et hôpitaux soient prévus tout au long des chemins, pour permettre les soins et le repos, le statut de pèlerin n'est pas de tout repos : les bandits de grands chemins, les bêtes sauvages (le loup et l'ours), le froid des montagnes, le mauvais temps transforment souvent l'aventure spirituelle en épreuve physique parfois mortelle, comme l'attestent les nombreux cimetières de pèlerins qui parsèment les chemins.

Les bâtisseurs de cathédrales

L'Ange au sourire (**Reims**).

UN DIEU APAISÉ

Les artistes se libèrent des terreurs ancestrales et de l'univers grouillant de monstres de l'époque romane pour proposer des scènes plus humaines et plus apaisées : la Vierge et la vie quotidienne sont souvent représentées. La sculpture envahit les façades, les animant de figures superbes qui se détachent de leur support de pierre.

Dès la seconde moitié du XIIe siècle, apparaît en Île-de-France un art nouveau, l'art « gothique ». La cathédrale gothique est un hymne à la lumière et l'expression du renouveau urbain.

L'art de la lumière

Un fin squelette de pierre sert d'armature à la construction d'une cathédrale gothique : des croisées d'ogives soutiennent les voûtes et en répartissent le poids sur de sveltes et hautes colonnes et non plus sur les murs. De larges ouvertures peuvent alors être percées, pour laisser passer la lumière au travers de vitraux et de rosaces. Sur les côtés, les contreforts soutiennent des arcs-boutants, permettant de construire des églises plus hautes et plus élégantes.

Arpenteurs

Compagnons

La cathédrale est le signe de la prospérité et de la puissance de la ville. La rivalité avec les autres cités entraîne une course à la hauteur et à la largeur des voûtes.

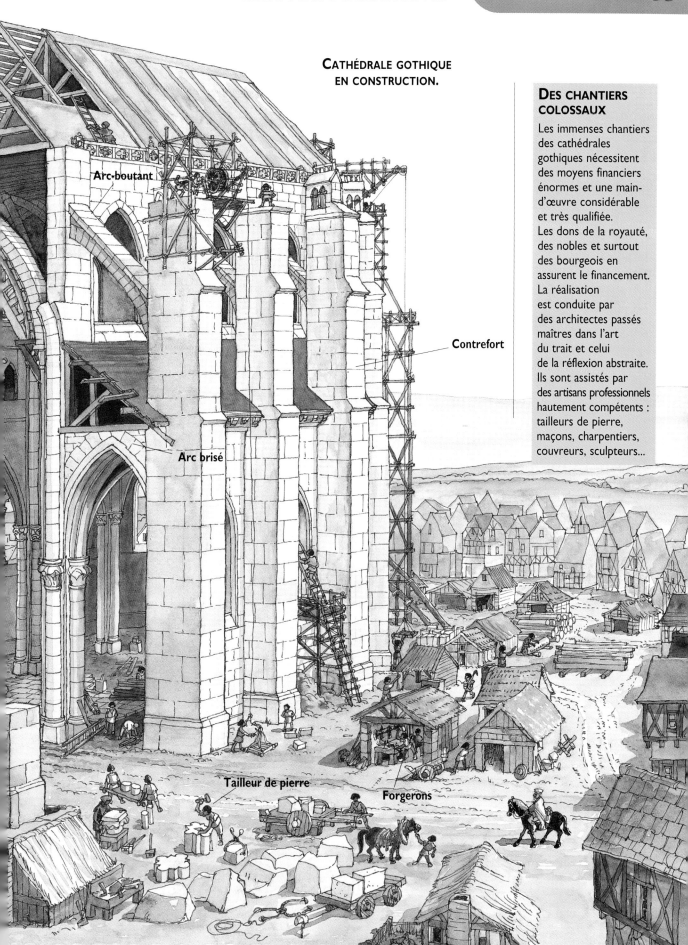

**CATHÉDRALE GOTHIQUE
EN CONSTRUCTION.**

Arc-boutant

Contrefort

Arc brisé

Tailleur de pierre

Forgerons

DES CHANTIERS COLOSSAUX

Les immenses chantiers des cathédrales gothiques nécessitent des moyens financiers énormes et une main-d'œuvre considérable et très qualifiée.
Les dons de la royauté, des nobles et surtout des bourgeois en assurent le financement. La réalisation est conduite par des architectes passés maîtres dans l'art du trait et celui de la réflexion abstraite. Ils sont assistés par des artisans professionnels hautement compétents : tailleurs de pierre, maçons, charpentiers, couvreurs, sculpteurs...

Le printemps des villes

Après les grandes invasions, la civilisation urbaine a failli disparaître de l'Occident. Mais la renaissance agricole, démographique et économique de la fin du Xᵉ siècle favorise le renouveau des villes.

La renaissance du commerce

Depuis la fin du Xᵉ siècle, le commerce reprend. Les routes sont plus sûres, la navigation moins risquée grâce à des bateaux plus solides : les « coques » et les « naves ». Les marchands de toute l'Europe se rencontrent dans des foires, comme celles de Champagne : là, des Vénitiens vendent des produits d'Orient (épices, soieries, etc.), les Flamands des draps, les Allemands des fourrures. Les paysans produisent plus : ils vont donc à la ville, lieu de tous les échanges, pour vendre le surplus de leur production et acheter outils ou vêtements.

Porte-enseigne de la corporation des menuisiers.

LES ORDRES MENDIANTS

Au début du XIIIᵉ siècle apparaissent les ordres mendiants (Franciscains, et Dominicains), spécialisés dans la prédication en milieu urbain.

DES VILLES PEU SÛRES

Le feu peut prendre brusquement et ravager rapidement l'ensemble de la cité. Ainsi, Rouen brûle 6 fois entre 1200 et 1225. La promiscuité et l'insalubrité créent aussi des conditions idéales à la propagation des maladies : les épidémies (la lèpre, puis la peste) frappent souvent les habitants.

Le renouveau des villes

Les villes bénéficient de la reprise du commerce et de l'artisanat. Entourées de remparts, elles développent de nouveaux quartiers, les faubourgs, à proximité d'un château, d'un monastère, près d'un carrefour, d'un gué, d'un pont, etc. Les activités s'organisent autour de la grand-place, du marché, de la cathédrale, des halles, du palais communal. Les rues étroites au tracé irrégulier sont bordées d'habitations à encorbellement. Au XIIIe siècle, certaines commencent à être pavées ; l'évacuation des eaux usées reste un problème.

Les bourgeois

Implantés dans les villes, artisans et commerçants forment peu à peu une nouvelle classe sociale : les bourgeois (habitants du « bourg », la ville). Pour s'assurer contre les risques, les marchands s'associent en formant des compagnies de commerce appelées « hanses » ou « guildes ». Les artisans font de même, et se groupent en « métiers », c'est-à-dire en corporations. Ces hommes vont s'opposer au seigneur qui prélève des taxes et exige d'eux un service militaire.

UNE VILLE AU MOYEN ÂGE.

LIBERTÉS

Pour se libérer de l'emprise du seigneur, les bourgeois s'unissent par serment d'aide mutuelle et forment une commune. Après négociations ou achat, et parfois contraint par la force, le seigneur doit accorder des libertés ou franchises, consignées dans une charte.

Vive les étudiants…

Un étudiant de condition modeste.

Du haut de sa chaire d'université un professeur traite des auteurs grecs, romains ou arabes devant ses étudiants.

LA SCOLASTIQUE

C'est l'étude des textes religieux mais aussi profanes par la méthode de la *lectio*, suivie de la *quaestio* ou de la *disputatio*. La *lectio* est une analyse du texte par le professeur qui le commente et en pose les problèmes. La *quaestio* consiste à mettre en lumière les textes des différents auteurs, afin de trancher le problème posé lors de la *lectio*. La *disputatio* assure la même tâche, avec la participation active des étudiants.

L'enseignement a été dispensé pendant des siècles dans les monastères, puis dans des écoles épiscopales, étroitement contrôlées par l'Église. Mais l'afflux des étudiants et des maîtres dans certaines villes entraîne la création des universités.

Naissance des universités

Le XIIIe siècle est celui de l'éclosion des universités un peu partout en Europe : Paris, Bologne, Oxford, Montpellier… Les siècles suivants vont voir leur diffusion dans toute l'Europe. On entre à 12 ans dans la faculté des arts (l'équivalent de notre cycle d'études secondaires) pour y faire des études de grammaire, rhétorique, dialectique, arithmétique, géométrie, astronomie et musique. À la fin de ce cycle, à 20 ans, l'étudiant devient bachelier. Il peut ensuite se spécialiser dans une des trois autres facultés (droit, théologie ou médecine) afin de devenir licencié, puis docteur. L'enseignement est oral : le professeur dicte son cours en latin et les étudiants prennent des notes en s'initiant aux subtilités d'une nouvelle méthode d'étude et d'enseignement, la scolastique.

Les étudiants

Attirés par la réputation de grands esprits comme Abélard ou Thomas d'Aquin, les étudiants n'hésitent pas à se déplacer de ville en ville. Protégés par leur condition de clerc, ils échappent à l'autorité de l'évêque et du roi. Ils contribuent à diffuser les écrits des philosophes de l'Antiquité, la médecine d'Hippocrate, la physique d'Aristote, l'astronomie de Ptolémée, les mathématiques d'Euclide, mais aussi les traités arabes de géographie, d'alchimie, de botanique, de zoologie, induisant de grands progrès dans les sciences de la nature. Mais les étudiants ne se contentent pas de travailler : turbulents et facétieux, ils aiment le vin et les filles et jouent de mauvais tours aux bourgeois et au guet.

UN MONDE SANS FRONTIÈRES

Maîtres et élèves, venus de pays divers, parlent le latin (d'où le nom du Quartier latin, à Paris), ce qui favorise les échanges entre les pays. À Paris, la théologie est enseignée aussi bien par l'Allemand Albert le Grand que par l'Italien Thomas d'Aquin.

LA VIE DES ÉTUDIANTS BOURSIERS.

La cloche rythme la journée : le premier étudiant réveillé la sonne de son lit. Tous sont vêtus aux frais du collège (deux robes par an et une paire de chaussures par mois).

Chaque semaine, un bibliothécaire répartit les livres entre tous les étudiants. Sortis de cours, les jeunes se promènent dans les rues, boivent dans les tavernes, courtisent les filles ou s'accrochent avec le guet.

Les bastides, villes nouvelles

Nées de la croissance démographique du Xᵉ au XIIIᵉ siècle et de la rivalité entre la couronne d'Angleterre et celle de France, les bastides se multiplient aux XIIIᵉ et XIVᵉ siècles dans le sud-ouest du royaume. Ces villes nouvelles permettent aux seigneurs et aux rois d'asseoir leur pouvoir et de valoriser leurs terres.

La halle de **Cologne** dans le **Gers**.

URBANISME

Assemblage d'îlots identiques, rectangulaires ou carrés, la bastide possède des rues (charretières ou piétonnes) qui se coupent à angle droit. Au centre, sur une place se dresse l'ormeau, symbole de l'unité. L'église toujours présente n'est plus le centre de l'espace bâti, qui s'organise autour de la halle. Conseillers et consuls se réunissent dans la maison commune tandis que l'hôpital, administré par la communauté, est un lieu d'accueil pour les pèlerins.

La vie de la bastide s'organise autour de la place centrale et de sa halle, très animée les jours de marché.

Une vie animée

La bastide est une véritable ruche. De nombreux artisans s'y côtoient : tuiliers, charpentiers, forgerons, charrons, sabotiers, couteliers, savetiers, etc. Les marchés et les foires l'animent. On y vend le poisson, le sel pour conserver les aliments, les produits lointains comme les faux d'Allemagne, les étoffes de Flandre, mais aussi les produits de l'artisanat local et les surplus de l'agriculture. Sous la halle, tavernes et boucheries (possessions de la communauté) font des affaires. De nombreuses hôtelleries permettent aux étrangers de passage de se loger.

UNE BASTIDE UN JOUR DE MARCHÉ.

Des années sombres au renouveau

108

La guerre
est finie

106

Charles V et Du Guesclin

104

La peste noire

102

Le temps des
malheurs

PRÉHISTOIRE   ANTIQUITÉ

-600 -500 -400 -300 -200 -100 0 100 200 300 400 500

Au début du XIVe siècle, des conditions climatiques défavorables provoquent le retour des famines et des épidémies. Pendant plus d'un siècle, la guerre, la peste et les révoltes paysannes ébranlent la société féodale. Ce « temps des malheurs » s'achève dans la seconde moitié du XVe siècle, avec la reprise de la croissance économique et démographique de l'Occident.

110
Sur les routes d'Orient

112
L'« universelle aragne »

114
La médecine au Moyen Âge

116
La Renaissance italienne

800 900 1000 1100 1200 1300 1400 1500 1600 1700 1800 1900 2000

MOYEN ÂGE   TEMPS MODERNES   ÉPOQUE CONTEMPORAINE

Le temps des malheurs

En 1337 commence une guerre qui, par sa longueur – plus de cent ans –, transforme profondément non seulement les royaumes de France et d'Angleterre mais aussi l'Occident.

La fin de l'« exception capétienne »

La dynastie mise en place par Hugues Capet (en 987) a été marquée pendant trois siècles par une chance extraordinaire : la naissance, de roi en roi, d'un prince pour assurer la continuité capétienne. Or, en 1328, le roi de France Charles IV meurt sans héritier direct. Sa sœur, Isabelle, a épousé Édouard II, roi d'Angleterre. Elle a un fils, Édouard III, petit-fils de Philippe le Bel, qui pourrait devenir roi de France. Pourtant, la couronne passe à un neveu de Philippe le Bel, Philippe de Valois.

En 1337, Édouard III, roi d'Angleterre, décide de faire valoir ses droits sur la couronne de France. C'est le début de la guerre de Cent Ans.

Les archers munis de l'arc gallois déciment la chevalerie française lors de la bataille de Poitiers.

La déroute des chevaliers français

En 1346, les troupes anglaises débarquent en Normandie. Les soldats sont peu nombreux, mais disciplinés et aguerris. Les archers surtout sont redoutables, car ils sont munis de l'arc gallois, qui leur permet de tirer quatre flèches pendant que les arbalétriers adverses n'en tirent qu'une. À Crécy (1346), la confrontation tourne au désastre : les chevaliers français sont décimés par les archers tandis que les « coutillers » anglais coupent les jarrets des chevaux et tuent les hommes tombés à terre. Les Français doivent fuir en laissant 3 800 combattants sur le champ de bataille.

La bataille de **Crécy**.

Les bourgeois de Calais

La ville de Calais est ensuite assiégée par Édouard III en 1347. Après de longs mois, les défenseurs de la ville, à bout de résistance, obtiennent d'Édouard que six de leurs bourgeois les plus notables viennent lui apporter les clefs de la ville, pieds nus et la corde au cou. Lorsque les six hommes se retrouvèrent devant le roi d'Angleterre, celui-ci ordonna de leur couper la tête. Mais la reine, bien que « durement enceinte », se jeta à ses pieds et obtint leur grâce. C'est ainsi que les habitants de Calais furent exilés mais sauvèrent leur tête.

Les bourgeois de Calais apportent les clefs de la ville à Édouard III d'Angleterre.

La bataille de Poitiers

Après quelques années de paix, la guerre reprend en 1356 : elle oppose à Poitiers le Prince Noir, fils d'Édouard III, au roi Jean le Bon, fils de Philippe de Valois. Les archers anglais font de nouveau la différence, mais Jean le Bon refuse de fuir comme l'avait fait son père. Il poursuit le combat à pied, entouré de ses fils. La mémoire de la nation a gardé le souvenir de cette lutte courageuse : « Père, gardez-vous à droite, père, gardez-vous à gauche. » Le roi est emmené en captivité à Londres. Il doit payer une rançon de trois millions d'écus d'or, puis signe en 1360 le traité de Brétigny qui cède à l'Angleterre Calais et le sud-ouest de la France.

Le Prince Noir, fils d'Édouard III d'Angleterre.

BATAILLE FÉODALE ET GUERRE « MODERNE »

L'« ost », c'est la guerre féodale : le chevalier fait service pendant 40 jours, accompagné de piétons (page, écuyer, maréchal) qui le secondent avant et après le combat. Il est le seul combattant. La guerre « moderne » fait une part grandissante aux armes à feu (bombarde, couleuvrine, canon) et à des corps de combattants spécialisés (hallebardiers, archers, arbalétriers). Elle a recours à des armées formées de spécialistes (les « gendarmes »), à des troupes professionnelles (les « soldats ») organisées en armées régulières (les « compagnies ») sous le commandement de chefs choisis par le roi pour une durée indéterminée.

La peste noire

Le Triomphe de la mort
par Bruegel (1562).

La peste noire ravage l'Occident entre 1346 et 1353. C'est l'une des plus grandes catastrophes sanitaires du monde. Elle tue environ un Européen sur trois, ce qui provoque une cassure tragique de notre histoire.

Une maladie contagieuse

La peste est une maladie extrêmement contagieuse qui se manifeste tantôt par l'apparition de « bubons » (gonflements) au cou, à l'aine et aux aisselles : c'est la peste bubonique, tantôt par une toux douloureuse : c'est la peste pulmonaire. Dans les deux cas, le malade présente de très fortes fièvres, de violents maux de tête, des vomissements accompagnés de sang. Le corps se couvre de plaques noires, et la mort peut survenir entre un jour et demi et trois jours !

ALEXANDRE YERSIN

Ce n'est qu'en 1894 qu'un médecin français d'origine suisse, Alexandre Yersin, découvre l'origine de la maladie et son mode de transmission. Elle est due à un bacille installé chez le rat, qui n'en meurt pas ; ce sont les piqûres de puces passant du rat à l'homme qui infectent ce dernier. Aujourd'hui, cette maladie, qui n'a pas disparu, est soignée avec des antibiotiques.

Les médecins se protègent de la peste avec un masque, des vêtements de cuir et des verres épais.

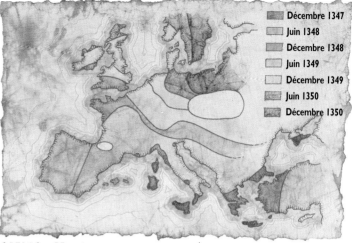

Décembre 1347
Juin 1348
Décembre 1348
Juin 1349
Décembre 1349
Juin 1350
Décembre 1350

Les chemins de la peste

« La veille du 1er janvier 1347, trois navires venus
d'Orient ont abordé au port de Gênes ;
il y avait la peste à bord. Les navires furent
chassés à l'aide de flèches enflammées.
Finalement, l'un des trois navires arriva
à Marseille. Les habitants furent contaminés
et moururent immédiatement. Puis l'épidémie
remonta la vallée du Rhône et atteignit
Avignon… » (Louis de Boeringen, 1348).
Partie du comptoir génois de Caffa, la peste s'étend rapidement
à Constantinople, en Palestine, en Égypte, en Grèce. Au printemps 1348,
ce sont toute l'Italie, l'Espagne et la France méridionale qui souffrent. En 1349,
les pays riverains de la mer du Nord succombent. En 1350, ce sont ceux
des bords de la Baltique. La Russie, enfin, est frappée à partir de 1351.

Diffusion de la peste
en Europe (en blanc
les régions épargnées).

Le bal des Ardents :
Charles VI faillit
y périr brûlé.

Qui craindre : Dieu
ou les hommes ?

Cette maladie, aux effets dévastateurs et aux
manifestations effrayantes, choque profondément
les Européens. La peur s'installe dans leur vie,
et ils cherchent à comprendre les raisons
de son arrivée. Tantôt ils croient Dieu en colère
et ils multiplient les processions, les pèlerinages
et les actes de dévotion. Ils se tournent alors vers Marie
qu'ils représentent maintenant avec le corps supplicié
de son fils, au pied de la croix. Elle souffre, comme eux,
à faire pitié (piétà en italien). Ils prient aussi saint
Sébastien qui aurait sauvé Rome et Pavie déjà ravagées
par la peste, vers 680. Tantôt ils croient
que des vagabonds, des étrangers, des juifs
empoisonnent l'eau des puits. Alors, sans pitié, ils
les pourchassent, et parfois les massacrent.

DES FÊTES POUR OUBLIER

Les Européens cherchent aussi à oublier ce fléau dans
l'étourdissement des fêtes. Les seigneurs inventent
d'extravagants divertissements comme ce bal masqué, le bal
des Ardents où le roi Charles VI déguisé en sauvage, faillit
mourir brûlé. Les gens du peuple s'étourdissent dans les
carnavals.

Charles V et Du Guesclin

Charles V.

La France, dévastée par la peste et la guerre, est dans un état désastreux. En 1364, Charles V, fils de Jean le Bon, accède au trône. Avec l'aide de son chef de guerre Du Guesclin, il réussit la reconquête du royaume.

Des campagnes sinistrées

Après la Grande Peste, qui a tué plus du tiers des habitants, les campagnes et les villes sont pillées par des soldats anglais ou français échappant à tout contrôle et organisés en « Grandes Compagnies ». Il apparaît même des bandes de truands qui rançonnent la population. Partout, le peuple souffre et proteste contre la noblesse qui a laissé envahir le royaume.

La Grande Jacquerie

En 1358, les paysans de Champagne et de Picardie, excédés, se soulèvent contre les seigneurs qui les défendent si mal : c'est la Grande Jacquerie, du nom donné aux paysans, les « jacques ». Les insurgés incendient les châteaux, pillent et tuent les nobles. Une coordination de cette révolte paysanne avec l'agitation urbaine est tentée par Étienne Marcel, maître des états généraux, mais sans résultat durable. La répression du soulèvement par la noblesse, est marquée par des exécutions en masse de paysans.

Répression d'une jacquerie par la noblesse.

LE GRAND SCHISME

Depuis Philippe le Bel, la papauté s'est installée en Avignon et s'y est enrichie. Mais à la mort du pape Grégoire XI, en 1378, une double élection élit Clément VII en Avignon et Urbain VI à Rome. En 1409, un concile se réunit à Pise et destitue les deux papes pour en élire un troisième. Il faut attendre le concile de Constance (1414) pour qu'un seul pape règne de nouveau sur la chrétienté. Ces 39 ans de schisme ont affaibli la papauté et favorisé le développement des églises nationales.

La reconquête du royaume
par la guérilla contre les Anglais.

La reconquête

Charles V a compris la leçon des défaites de Crécy et de Poitiers. Il recrute
de petites troupes permanentes, menées par Du Guesclin. Celui-ci inaugure
une nouvelle stratégie faite de pièges tendus, de coups de main audacieux
et toujours de refus de combats en rase campagne. C'est une guérilla qui épuise
l'ennemi et le contraint à évacuer des territoires dans lesquels il ne se sent plus
en sécurité. Du Guesclin a aussi des talents dans la mise en défense des forteresses
dont il a la charge. Ce qui rend les sièges de l'ennemi encore plus longs,
plus coûteux et sans garantie de réussite. À sa mort en 1380, seul le duché
d'Aquitaine échappe encore à la couronne de France.

HASARDS DE LA GUERRE

Du Guesclin fut fait
prisonnier au moins
à deux reprises.
Une première fois
en 1364, à la bataille
d'Auray. Puis
en Castille où le roi
l'avait envoyé avec
les plus turbulentes
de ses Grandes
Compagnies pour
soutenir un prétendant
au trône et surtout
le débarrasser
de troupes devenues
dangereuses par
leur indocilité : c'est
à la bataille de Najera,
en 1367.

BERTRAND DU GUESCLIN

La tradition le présente comme un modeste chevalier breton, rusé et courageux qui, par fidélité
à la cause de France, réussit, sans véritable bataille, à annuler les effets du traité de Brétigny
et à restaurer l'autorité du roi Charles V. En fait, ce noble appartient aux familles qui comptent
en Bretagne. À partir de 1342, il participe aux combats de succession de Bretagne, le plus souvent
pour son propre compte. Ce n'est qu'à partir de 1357 qu'il se met au service de Charles V.

La guerre est finie

Frappé de folie, Charles VI tombe de son cheval.

Au début du XVe siècle, la France est au plus bas : la folie du roi Charles VI provoque une guerre civile, tandis que la guerre contre l'Angleterre reprend. Assisté de Jeanne d'Arc, Charles VII arrive cependant à rétablir la situation.

Charles VI le fou

Après douze ans de règne sur un royaume redevenu puissant, Charles VI a un premier accès de délire lors d'une expédition en Bretagne. Il paraît ensuite redevenir normal jusqu'au jour tragique du « bal des Ardents », fête déguisée où des participants, le corps enduit de poix et couvert de poils, périssent brûlés : le roi sombre alors définitivement dans la folie.

Un royaume à la dérive

Autour de lui, deux camps se disputent le pouvoir et ne vont pas tarder à s'entretuer : les partisans du duc d'Orléans, frère du roi (les Orléans-Armagnacs), et ceux du duc de Bourgogne, son cousin (les Bourguignons). En 1414, Henri V, nouveau roi d'Angleterre, reprend l'offensive avec des succès foudroyants : il bat la chevalerie française à Azincourt (1415) et impose le traité de Troyes (1420) qui déshérite le dauphin Charles VII. Celui-ci, surnommé, par dérision, le « petit roi de Bourges », est dans une position critique. Depuis le 12 octobre 1428, le siège mis par les Anglais devant Orléans menace ses dernières places fortes.

La France en 1360.

La France en 1429.

La France en 1461.

 France ▮ Angleterre Bourgogne et autres fiefs

L'épopée de Jeanne d'Arc

C'est alors que Jeanne d'Arc rencontre le roi, à Chinon, en février 1429. Une aventure peu commune commence alors. Cette très jeune fille, surnommée « la Pucelle », est mise à la tête d'une armée et se dirige sur Orléans. Là, en quelques jours (29 avril-8 mai), elle délivre une ville assiégée depuis de longs mois. Elle décide ensuite de faire sacrer Charles à Reims, au cœur d'une région totalement contrôlée par les partisans du roi d'Angleterre. Malgré ces difficultés, elle y réussit le 17 juillet 1429, rendant à Charles sa gloire perdue. En septembre 1429, victime des intrigues de la Cour et de la nonchalance royale, elle échoue devant Paris. Le 23 mai 1430, elle est faite prisonnière, condamnée pour hérésie par l'évêque Cauchon à Rouen et brûlée vive le 30 mai 1431. Elle avait à peine 19 ans.

Jeanne d'Arc, interprétée par Ingrid Bergman dans le film de Victor Fleming.

« L'ANGÉLIQUE »

Jeanne d'Arc passe son enfance à Domrémy, dans une région où Anglais, Armagnacs et Bourguignons se font la guerre. Cette fille de laboureur connaît bien les problèmes du royaume. Elle a 13 ans lorsque des voix intérieures, qu'elle attribue à saint Michel, lui demandent de porter secours au dauphin et de « bouter les Anglais hors de France ». Bien qu'elle ne connaisse rien à l'art de la guerre, elle va montrer assez de courage, d'entrain et de caractère pour que des hommes d'expérience comme Gilles de Rais, Jean, duc d'Alençon, ou La Hire la suivent avec enthousiasme. Après la libération d'Orléans, fêtée dans tout le royaume comme un miracle, le peuple l'appelle « l'Angélique ».

Le reflux des Anglais

Charles VII engage une profonde réforme militaire : une armée permanente comportant archers et arbalétriers et dotée de couleuvrines (nouveaux canons plus maniables) permet la reprise des territoires perdus. La Normandie, puis Bordeaux et le Sud-Ouest sont reconquis. Désormais, les Anglais ne tiennent plus que Calais. Et comme l'Angleterre connaît à son tour un conflit dynastique, la guerre des Deux-Roses, elle est désormais impuissante sur le continent. La guerre de Cent Ans se termine en 1453.

Sacre de Charles VII à Reims.

Charles VII par Jean Fouquet.

Sur les routes d'Orient

Marco Polo au cours de son voyage.

Sous la domination mongole, les voyages vers l'Est deviennent possibles. Marco Polo en profite pour accomplir un voyage extraordinaire, relaté en français dans *Le Livre des merveilles*, récit qui va faire rêver l'Occident.

Marco Polo et la découverte de l'Asie

Rentrés en 1269 d'un périple en Orient qui a duré neuf ans, le père et l'oncle de Marco Polo, reprennent la route de l'Asie en 1271, en emmenant le jeune Vénitien âgé de 17 ans. Ils se rendent à Bagdad, puis traversent la Perse et le Pamir, « le Toit du monde ». Ils sillonnent le désert de Gobi et les steppes de Mongolie pour atteindre, après un voyage de trois ans et demi, la cour du grand khan. Koubilaï, empereur mongol à la curiosité insatiable, fait un accueil enthousiaste aux trois voyageurs. Décelant en Marco Polo un jeune esprit de grand talent, il le prend immédiatement à son service et lui confie de nombreuses missions diplomatiques qui attesteront de l'esprit d'observation du jeune homme. « Marco Polo, s'exclamera le khan, est bien le seul qui sache regarder autour de lui. » Le jeune Vénitien reste au service du souverain mongol pendant 17 ans !

Le Livre des merveilles

Le voyage de Marco Polo aurait pu rester ignoré de tous. Mais, en 1298, le capitaine Marco Polo est fait prisonnier par les Génois, et partage sa cellule avec Rustichello, un auteur de récits chevaleresques, à la réputation bien établie. Profitant de ses loisirs forcés, Marco va dicter à l'écrivain ses souvenirs de voyage. *Le Livre des merveilles* paraît en français, et très vite l'ouvrage est traduit dans la plupart des langues européennes. Christophe Colomb en possédait un exemplaire qu'il avait abondamment annoté. Jamais dans toute l'Histoire un livre n'avait autant élargi les perspectives d'un continent tout entier.

Marco Polo à la cour de Koubilaï.

UN RETOUR SPECTACULAIRE

Chargés par le khan d'accompagner une princesse tartare qui devait épouser le souverain de Perse, les trois Vénitiens rentrent à Venise durant l'hiver 1295, après une absence de 23 ans. Depuis longtemps on les croyait morts. À l'apparition de ces misérables qui ressemblaient à des Tartares, les membres de leur noble famille refusèrent de les reconnaître… Mais les vagabonds déchirèrent leurs vêtements, et firent pleuvoir des pierres précieuses. Alors, un festin fut organisé, et les voyageurs fûrent fêtés dignement.

Venise

Pékin

Ormuz

—— Voyage de Marco Polo.

—— Voyage de Zheng He.

Une jonque de mer
des expéditions
de Zheng He.

L'amiral
Zheng He.

Les voyages des Orientaux

Marco Polo n'est pas
le seul voyageur à arpenter
les routes d'Orient. Yung
Lo, troisième empereur
chinois de la dynastie
des Ming, décide,
pour affirmer sa grandeur,
d'organiser des expéditions
navales d'exploration du monde.
De 1403 à 1433, il nomme Zheng He
amiral, à la tête des plus importantes expéditions jamais
vues sur la planète : 37 000 hommes d'équipage,
répartis dans des flottilles comptant jusqu'à 300 unités.
Les navires les plus imposants, de grandes jonques
de mer, possèdent cinq mâts et mesurent
75 mètres de long.

Une marine révolutionnaire

Au cours de sept expéditions, les Chinois explorent
l'océan Indien, le golfe Persique et les côtes
africaines, rapportant en Chine des animaux
exotiques, dont une girafe. Ces voyages
sont facilités par la qualité des vaisseaux chinois,
qui supplante celle de la construction navale
occidentale. Tous les observateurs sont médusés
par la taille des vaisseaux et leur avance technique :
en effet, entre autres nouveautés, un ingénieux système
de cloisons divise la cale en compartiments étanches,
permettant de lutter facilement contre une voie d'eau.

PROVOQUER L'ADMIRATION

Les expéditions
chinoises ne sont
réalisées ni pour
amasser des richesses,
ni pour conquérir
ou amasser
des informations
scientifiques. Ce sont
des voyages destinés
à montrer le pouvoir
et la splendeur
de la nouvelle dynastie,
et à provoquer
l'admiration du
monde entier.

ZHENG HE

Musulman d'origine
mongole, Zheng He
entre comme eunuque
à la cour du prince
de Yan, le futur
empereur Yung Lo.
Zheng He dirige sept
expéditions maritimes
entre 1403 et 1433
et noue des contacts
avec de nombreux pays
de l'océan Indien.
C'est ainsi que
le sultan de Mélinde
(sur la côte de l'actuel
Kenya) offre une girafe
à l'empereur Yung Lo
vers 1419. Installée
dans le zoo impérial,
cette « licorne céleste »
fut considérée par
l'empereur comme
un signe de bon augure.

« L'universelle aragne »

La guerre de Cent Ans laisse derrière elle des provinces ravagées et une autorité royale affaiblie. Charles VII et surtout Louis XI vont parvenir à rétablir la primauté royale, entamée par la pratique des apanages.

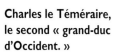

Charles le Téméraire, le second « grand-duc d'Occident. »

Splendeurs de la Bourgogne

Les possessions bourguignonnes comprennent les deux Bourgognes (le duché et la comté) d'une part, Flandre, Artois, Picardie et Luxembourg d'autre part. L'ambition bourguignonne est de réunir en un seul tenant ces domaines en y rattachant la Lorraine et les pays rhénans. Alors que les villes de France sont ruinées par la guerre de Cent Ans, les villes de Bourgogne prospèrent. L'économie profite du vignoble bourguignon, de l'artisanat des Flandres et des voies d'eau qui vont de la Saône à l'embouchure du Rhin. Bruges est, avec Venise, le port le plus actif d'Europe. Les plus grands artistes travaillent pour le duc de Bourgogne, qui possède une cour brillante : Philippe le Bon, duc de Bourgogne et prédécesseur de Charles le Téméraire, se fait appeler grand duc-d'Occident.

LES APANAGES

Ce sont des parties du domaine royal que le roi cède à ses fils cadets ou à ses frères, en compensation de la couronne réservée au fils aîné. Les principales maisons bénéficiaires sont Bourgogne, Orléans, Bourbon et Anjou. De véritables États se créent ainsi, largement affranchis de la tutelle royale. C'est une féodalité nouvelle qui émerge, plus puissante et mieux organisée que l'ancienne.

Le « banquet du faisan » à la cour de Bourgogne.

Louis XI contre Charles le Téméraire

Toute la politique de Louis XI vise à briser
les oppositions et les résistances. En 1465,
son autoritarisme provoque un premier soulèvement
féodal connu sous le nom de « Ligue du bien public ».
Pratiquement tous les princes apanagés s'y trouvent,
y compris le duc de Berry, son propre frère.
Tous prétendent défendre l'intérêt commun. Mais
le chef véritable est déjà Charles le Téméraire, qui entend
devenir roi. Une deuxième ligue permet, en 1468,
au Téméraire de faire prisonnier le roi à Péronne
et de lui imposer des conditions humiliantes.
La troisième ligue échoue devant la résistance
de Beauvais (défendue par Jeanne Hachette),
les manœuvres de Louis XI pour lui enlever l'alliance
du roi d'Angleterre (traité de Picquigny 1475)
et, surtout, la mort du Téméraire sous les murs
de Nancy, le 5 janvier 1477.

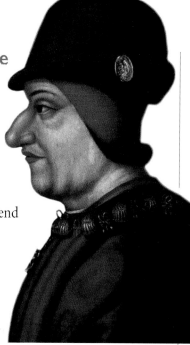

Louis XI, un roi qui étonne
par sa simplicité.

**UN ROI PEU
ORDINAIRE**

Louis XI a le teint
jaune, un long nez,
un gros ventre et
des jambes grêles.
Il porte des vêtements
modestes, refuse
les réceptions
solennelles, étonnant
ses contemporains par
sa simplicité. À l'inverse
de nombreux princes,
il déteste la guerre,
qu'il juge trop
incertaine et trop
coûteuse. Il lui préfère
la discussion,
la diplomatie, la ruse
de ses discours
enjôleurs : on le
surnomme « la Sirène ».
Philippe de Commynes,
son conseiller, le
compare à une araignée
qui tisse sa toile en
l'appelant « l'universelle
aragne ».

Louis XI et la réorganisation du royaume

Après l'échec des diverses ligues, Louis XI confisque les principaux fiefs
des princes apanagés ; des possessions du Téméraire, il retire la Bourgogne,
la Picardie et le Boulonnais. Il poursuit l'agrandissement du domaine par
l'héritage de l'Anjou, du Maine et de la Provence, en 1480-1481. Il rétablit partout
des agents chargés de faire exécuter ses décisions. À côté du parlement de Paris,
il installe d'autres cours souveraines : les parlements de Toulouse, Grenoble,
Dijon et Bordeaux dont les magistrats doivent se plier à la volonté du roi.
Cette même obéissance est exigée des gens d'Église. La Pragmatique Sanction
de 1438, qui limite les interventions de la papauté dans les affaires de l'Église
de France, est utilisée par le roi pour imposer son point de vue.

La résistance de
Beauvais, animée
par Jeanne Hachette.

JEANNE HACHETTE

Au mois de juin 1472, rien ne semble pouvoir arrêter la puissante
armée du duc de Bourgogne. Charles le Téméraire anéantit Nesle,
s'empare de Roye et occupe Montdidier. Puis il fonce sur Beauvais,
poursuivant sa marche victorieuse vers la Normandie. Derrière leurs
murs, les habitants de Beauvais s'organisent et font face à l'assaillant.
Sur les remparts, une jeune fille, Jeanne Laisné, se couvre de gloire
en combattant avec fougue aux côtés des assiégés sur le point
de succomber devant le nombre. Elle galvanise la résistance
en arrachant un étendard aux Bourguignons, brisant l'élan des soldats
de Charles le Téméraire. L'ennemi est finalement repoussé, et Jeanne
Hachette entre dans l'histoire.

La médecine au Moyen Âge

Le médecin examine les urines et le pharmacien prépare ses médicaments.

Les médecins et pharmaciens du Moyen Âge puisent leurs connaissances dans les savoirs de l'Antiquité, les travaux des érudits arabes et les expériences des moines.

Le galiénisme médiéval

La théorie de Galien (v. 120-v. 199) énonce l'idée que le corps humain contient quatre humeurs ou fluides qui doivent être en équilibre : le sang, le phlegme (la lymphe), la bile noire (sécrétion imaginaire de la rate) et la bile jaune (sécrétion du foie). Suivant la proportion de chaque humeur, le médecin sera en présence d'un des quatre tempéraments suivants : le sanguin, le phlegmatique (ou lymphatique), le colérique et le mélancolique.

Guérir en mangeant

L'ensemble du monde visible est froid ou chaud, sec ou humide. Le rhume avec fièvre et le sang sont « chauds-humides », la poule au pot et la « bile noire » sont « froides-sèches », etc. Il suffira, pour guérir, de suivre un régime particulier contraire à celui de la maladie : on soigne un rhume avec fièvre (« chaud-humide ») par un bouillon de poule (« froid-sec »).

Pharmacies médiévales

Les pharmaciens sont d'abord de simples assistants des médecins. Ils préparent les potions et les onguents. Bientôt, ils sont autonomes. Ils ont des traités de pharmacie décrivant des centaines de plantes médicinales dont l'utilisation est le fruit d'une observation raisonnée. On raconte que Charlemagne fut soigné d'un abcès par de la poudre de colchique ; les graines de cette plante très toxique contiennent une substance utilisée jusque dans les années 1990 par la médecine moderne comme anti-inflammatoire, en particulier contre la goutte.

ANTIBIOTIQUE MÉDIÉVAL

Dans les annales de l'abbaye de Lorsch, écrites à l'époque de Charlemagne, on trouve une recette pour guérir les abcès : des moisissures de fromage mélangées à du petit-lait de brebis. Les scientifiques actuels estiment possible que cette formule curieuse produise des substances antibiotiques. Il s'agirait donc d'une sorte d'antibiotique médiéval, décrit plus de 1 000 ans avant la découverte de la pénicilline !

Médecins, chirurgiens et barbiers

Les médecins qui ont étudié dans les universités de Paris ou de Montpellier jouissent d'un grand prestige. Leur tâche est de rétablir, par l'observation, l'« harmonie des humeurs » des malades. Ils pratiquent aussi l'examen des urines et la saignée. En principe, ils ne touchent pas les corps des malades. Ce sont les chirurgiens, moins prestigieux, qui exécutent les soins d'après les indications d'un médecin. Ils réduisent les fractures, font les pansements sur les blessures et surtout opèrent après avoir anesthésié leur malade avec une éponge imprégnée de jus de pavot ou de ciguë.

Les barbiers sont eux aussi autorisés à saigner, donner des clystères (lavements), panser des blessures et arracher les dents cariées.

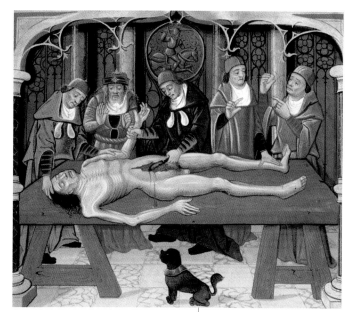

Dissection au Moyen Âge.

Sages-femmes suspectes

Les sages-femmes sont indispensables lors des accouchements. On les appelle les « matrones » ou « ventrières ». Certaines possèdent un savoir empirique précieux sur les diverses manières de faire naître un enfant, les techniques de respiration et les massages. Mais l'habitude qu'ont beaucoup d'entre elles de pratiquer la magie (incantations, utilisation d'amulettes, objets qui protègent du mauvais sort) les rend souvent suspectes de sorcellerie. Ce n'est qu'au début du XVIe siècle que leur savoir sera reconnu par les médecins.

Pavot officinal.

CORRESPONDANCES

Pour les médecins de l'époque, sang, phlegme, bile noire et bile jaune sont en correspondance avec les quatre éléments de l'Univers : le feu, l'air, l'eau et la terre.

Médecins turcs soignant une luxation du genou.

MÉDECINS ARABES

Rhazès (v. 855-v. 930) rassemble les écrits des médecins grecs, arabes et même indiens en une œuvre gigantesque qui va influencer tous les médecins du Moyen Âge. Il découvre la variole et la rougeole, dont il décrit l'éruption de boutons et les divers symptômes. Avicenne (980-1037) est un des plus importants érudits du monde arabe. Ce philosophe-médecin écrit un *Canon de la médecine*, qui, traduit en latin, devient le livre de base de toutes les universités occidentales.

La Renaissance italienne

Né en Italie au XIVᵉ siècle,
l'humanisme s'épanouit
à Florence au XVᵉ siècle,
entraînant une rupture
radicale avec les idées du Moyen Âge.
La Renaissance artistique qui lui
est intimement liée contribue à
une extraordinaire floraison de chefs-d'œuvre.

L'homme au centre de l'univers

Les érudits du XVᵉ siècle sont convaincus que le développement
de la connaissance constitue un progrès pour l'humanité.
Ils étudient donc les textes anciens (grecs et latins)
et redécouvrent la richesse des anciennes cultures.
Pour eux, l'homme est situé au centre de l'univers,
créature privilégiée appelée à réaliser les desseins
de Dieu. Il y parviendra en utilisant sa raison, aidé par
la grâce divine. Pour ces humanistes, l'homme est donc
foncièrement bon, libre et responsable. Profondément
croyants, les humanistes souhaitent réformer
le christianisme et en revenir à la pureté des écritures et du message évangélique.

Pallas par Botticelli.

LA PERSPECTIVE

« Il y a trois sortes de perspectives : la première fait diminuer la taille des objets à mesure qu'ils s'éloignent de l'œil. La seconde est la façon dont les couleurs se modifient en s'éloignant de l'œil. La troisième et dernière consiste à définir comment les objets doivent être achevés avec d'autant moins de minutie qu'ils sont plus éloignés. »
Léonard de Vinci, *Traité de la peinture* (1508).

Le dôme de la cathédrale Sainte-Marie-des-Fleurs à Florence.

Florence, capitale de l'humanisme

Au centre de la riche Toscane, Florence doit sa prospérité au travail des ateliers qui produisent des draps de laine renommés. Les plus riches commerçants de Florence deviennent banquiers et amassent des fortunes colossales. En 1434, Cosme de Médicis, un de ces banquiers, prend le pouvoir, et consacre une partie de sa fortune à encourager les arts et entretenir les artistes. Son petit-fils Laurent n'a que 20 ans quand il accède aux mêmes fonctions en 1469. Son goût des arts et sa vie fastueuse lui valent le surnom de « Laurent le Magnifique ». Sous l'impulsion des Médicis et d'autres puissantes familles de mécènes, Florence devient alors la capitale intellectuelle et artistique de l'Europe.

Saint Jean Baptiste
par Donatello.

L'harmonie et la beauté

La Belle Ferronnière
par Léonard de Vinci.

Les artistes italiens s'inspirent des œuvres de l'art grec et romain pour représenter l'homme dans des espaces où règnent l'harmonie, la symétrie et la beauté. Ils mettent au point des nouvelles techniques comme la perspective. L'architecte Brunelleschi, constructeur du dôme de Sainte -Marie-des-Fleurs, le peintre Masaccio, le sculpteur Donatello, puis, à la fin du siècle, les œuvres des grands peintres Botticelli et Léonard de Vinci caractérisent bien cette renaissance de l'art italien. Dès la fin du XVe siècle, la Renaissance italienne va diffuser dans toute l'Europe.

LAURENT DE MÉDICIS

« Il chérissait et s'attachait tous ceux qui excellaient dans les arts, il protégeait les gens de lettres. Afin que la jeunesse de Florence pût se livrer à l'étude des belles-lettres, il fonda l'université de Pise où il appela les hommes les plus instruits d'Italie. » D'après Machiavel (1525).

PROGRÈS DE L'IMPRIMERIE

À partir de 1434, dans son atelier de Mayence, Gutenberg perfectionne la technique de l'imprimerie : il réalise des caractères en plomb qui, introduits dans un cadre, sont imprimés avec une presse sur une feuille de papier. C'est une révolution par rapport à la copie des textes à la main : à la fin du XVe siècle, on trouve des imprimeries dans 236 villes européennes et 10 millions de livres ont déjà été édités. L'imprimerie permet une diffusion plus large des œuvres des humanistes et favorise l'essor de leurs idées à travers toute l'Europe.

Renaissance et guerres de Religion

PRÉHISTOIRE   ANTIQUITÉ

600   500   400   300   200   100   0   100   200   300   400   500

Les hommes de la Renaissance redécouvrent l'Antiquité classique, privilégient de nouveau la raison. Ce rationalisme s'exerce dans les domaines littéraire, religieux – avec l'apparition du protestantisme – et scientifique. L'époque des grandes découvertes est aussi celle d'une vision profondément transformée du monde.

130
Sanglantes
guerres civiles

132
Une lutte
à mort

134
Le bon roi
Henri

136
Le marché
aux esclaves

138
À la découverte
de l'Univers

| 800 | 900 | 1000 | 1100 | 1200 | 1300 | 1400 | 1500 | 1600 | 1700 | 1800 | 1900 | 2000 |

MOYEN ÂGE   **TEMPS MODERNES** ÉPOQUE CONTEMPORAINE

À la découverte du monde

À partir de 1450, des expéditions portugaises et espagnoles s'efforcent d'atteindre l'Asie par voie maritime : les Portugais contournent l'Afrique, les Espagnols partent vers l'ouest et débarquent en Amérique. Cette découverte provoque des deux côtés de l'Atlantique un bouleversement sans précédent.

Navire des conquérants, la caravelle est « le meilleur navire qui ait jamais navigué sur les mers », selon le navigateur vénitien Alvise Cadamosto.

LE TOUR DU MONDE DE MAGELLAN

En 1521-1522, une expédition lancée par Magellan, marin portugais au service de l'Espagne, contourne par le sud le continent américain, puis traverse le Pacifique. Tué aux Philippines, Magellan ne reviendra pas. L'expédition revient en Europe, par le cap de Bonne-Espérance, démontrant ainsi que la Terre est bien ronde.

Sagres, centre mondial de l'exploration

Pionnier de l'exploration moderne, le prince Henri le Navigateur organise à Sagres, au Portugal, un centre de cartographie, de navigation et de construction navale. Il s'entoure de marins, de voyageurs, de savants, de techniciens, de cartographes, de constructeurs. On y rencontre des Juifs, des Arabes, des Génois, des Vénitiens, des Allemands et des Scandinaves. Il exige de ses marins un journal de bord, ainsi que des croquis précis. Tout doit être noté avec minutie sur des cartes marines, afin de fonder une cartographie scientifique. Henri applique à cette œuvre moderne d'exploration la détermination et l'énergie du croisé.

Henri le Navigateur et ses cartographes.

Les Portugais sur la route des Indes

Le cap Vert est reconnu en 1445, le delta du Niger en 1472, l'équateur en 1475. En 1487, Diaz double le cap de Bonne-Espérance. Enfin, en juillet 1497, Vasco de Gama contourne le continent africain et atteint Calicut sur la côte de l'Inde. Il rentre à Lisbonne l'année suivante, avec deux caravelles chargées d'épices.

La surprise américaine

Convaincu que la Terre est ronde, le Génois Christophe
Colomb, navigateur au service de l'Espagne, décide
d'atteindre les Indes par la route de l'Ouest. Après deux
mois de voyage, il aborde dans une des îles de l'archipel
des Bahamas, persuadé d'avoir accosté aux Indes. Colomb
fait trois autres voyages entre 1493 et 1503, sans comprendre
qu'il a découvert un nouveau continent. C'est le Florentin
Amerigo Vespucci, compagnon de Colomb, qui va réaliser
un peu plus tard qu'il s'agit d'un continent inconnu.
En son honneur, celui-ci sera baptisé « Amérique ».

**Trajet des grandes
découvertes espagnoles
et portugaises.**

—— Christophe Colomb
—— Vasco de Gama
—— Magellan

L'exploitation des richesses coloniales

Des milliers d'Espagnols et de Portugais viennent chercher fortune en Amérique :
les meilleures terres sont confisquées aux Indiens et rassemblées en grands
domaines, les haciendas. Les mines d'or du Mexique et celles d'argent de

L'arrivée des conquistadors en Amérique.

la Bolivie sont
exploitées grâce au
travail des Indiens
réduits en esclavage.
Apportées par
les colons, des maladies
nouvelles, comme
la variole, la grippe et
la rougeole, infectent
la population.
Ces fléaux, associés aux
mauvais traitements,
déciment rapidement
la population indigène.

L'ATTRAIT DE L'OR ET DES ÉPICES

Les explorateurs
portugais et espagnols
partent surtout pour
découvrir de l'or.
La recherche des
épices, plus chères
depuis l'expansion
des Turcs, les attire
aussi. À ces mobiles
économiques s'ajoutent
le désir de conversion
des infidèles, la soif
d'aventures et
la curiosité
scientifique.

Révolution économique

Un commerce intense se met en place avec l'Amérique : les Européens
découvrent ainsi le maïs, la pomme de terre, la tomate, le tabac, le cacao,
le dindon, tandis que le Nouveau Monde reçoit le blé, la vigne, le café, le riz,
la canne à sucre, mais aussi le cheval, le bœuf et le mouton. Venant de l'Empire
espagnol, les flottes chargées d'or et d'argent font affluer vers l'Espagne
métaux précieux et produits du Nouveau Monde. Le pays s'enrichit
ainsi que le reste de l'Europe, qui lui procure main-d'œuvre
et produits manufacturés. Les prix montent alors fortement
dans tous les pays européens.

**C'est aussi pour trouver
des épices que
les conquérants partent à
la découverte du monde.**

Mirages italiens

Jusqu'ici, la politique française s'était surtout préoccupée des frontières du nord et de l'est. Fascinés par les richesses de l'Italie, Charles VIII, Louis XII puis François Ier engagent plusieurs guerres au-delà des Alpes.

Le roi François Ier à cheval.

Un héritage à reconquérir

La couronne de France possède des droits anciens sur le royaume de Naples et le Milanais. Les rois de France vont donc vouloir conquérir les armes à la main un héritage auquel ils estiment avoir droit. Charles VII, puis Louis XII tentent l'aventure, mais échouent. François Ier va faire de l'Italie le lieu privilégié de son affrontement avec Charles Quint.

La bataille de Marignan

Dès le début de son règne, François Ier passe les Alpes avec son armée. Une coalition formée des mercenaires suisses (les meilleurs soldats de l'époque) du pape et du duc de Milan essaie d'empêcher les Français d'occuper la Lombardie. La bataille a lieu à Marignan, les 13 et 14 septembre 1515. Le courage des gendarmes français et l'aide décisive des Vénitiens entraînent la victoire. Le Milanais occupé permet aux Français de découvrir la culture italienne. Léonard de Vinci et le Rosso viennent en France. Une « paix perpétuelle » est signée avec les Suisses. Ces excellents soldats s'engagent à ne plus jamais combattre le roi de France ni à aider ses ennemis. Les Habsbourg viennent ainsi de perdre les seules troupes capables de leur donner la victoire.

FRANÇOIS Ier

C'est le premier des rois de France à être un souverain absolu. Les derniers féodaux qui essaient de lui résister voient leurs terres confisquées. L'Église de France passe sous son contrôle avec le concordat signé à Bologne en 1516. Il fait du français la seule langue de son administration et de sa justice (ordonnance de Villers-Cotterêts, 1539) et construit des châteaux en Val de Loire pour affirmer son pouvoir.

SANS PEUR ET SANS REPROCHE

Le chevalier Bayard commence les guerres d'Italie en accompagnant à 18 ans Charles VIII à Naples. Il y conquiert la célébrité par sa bravoure : le roi le fait chevalier sur le champ de bataille. Ses victoires et les nombreuses rançons qu'il reçoit pourraient le rendre riche, mais il partage le butin entre ses soldats et ne garde rien pour lui-même. Aussi lui donne-t-on le surnom de « chevalier sans peur et sans reproche ». Il sert ensuite avec courage Louis XII, puis François Ier. À Marignan, il se couvre de gloire, si bien que François Ier lui demande de le faire chevalier.

Charles Quint en armure.

La menace de Charles Quint

Devenu maître du Milanais, François Ier va devoir affronter un adversaire redoutable : Charles Quint. Celui-ci a hérité à la fois des possessions bourguignonnes de sa grand-mère (Marie, fille du Téméraire) et autrichiennes de son grand-père Maximilien, des Pays-Bas de son père et de l'Espagne de sa mère. Il est déjà le souverain le plus important d'Europe. Or, en 1519, il devient empereur germanique. « Sur son empire, le soleil ne se couche jamais. » Il est désormais l'adversaire principal de la France. Ses troupes chassent les Français du Milanais.

Quarante ans de guerres

Conscient de la menace d'encerclement que fait peser l'empire de Charles Quint sur le royaume, François Ier tente de récupérer le Milanais. À Pavie en 1525, il commet l'erreur de lancer sa cavalerie devant ses canons, les réduisant ainsi à l'impuissance. Le roi, encerclé, est fait prisonnier. « Tout est perdu, ne demeurent que la vie et l'honneur », écrit-il à sa mère, Louise de Savoie. Par la suite, quatre autres guerres opposeront les deux royaumes avant que la paix du Cateau-Cambrésis, en 1559, ne mette fin aux hostilités.

LE CAMP DU DRAP D'OR

En 1520, François Ier souhaite obtenir l'alliance d'Henri VIII d'Angleterre. Pour éblouir les Anglais, le roi de France fait construire un magnifique camp dont les principales tentes sont faites de drap d'or. Sans succès !

La bataille de Pavie, où François Ier est fait prisonnier. Six à huit mille nobles et hommes de troupe français y trouvent la mort.

Le château de Chambord.

Le temps des humanistes

MARGUERITE DE NAVARRE

Sœur de François Ier, Marguerite de Navarre est très engagée dans les affaires de son époque : elle dirige avec sa mère le royaume lorsque le roi est fait prisonnier à Pavie. Proche des évangélistes, ces réformateurs qui souhaitent faire évoluer l'Église sans rompre avec Rome, elle protège Marot, lit Luther, et écrit régulièrement à Calvin. Enfin, elle est l'auteur de l'*Heptaméron*, série de contes dont certains sont tout à fait coquins.

Marguerite de Navarre, sœur de François Ier.

Par l'intermédiaire de l'Italie, les contemporains de François Ier découvrent ou redécouvrent les œuvres de l'Antiquité : c'est l'époque des humanistes. Ceux-ci possèdent un immense appétit de savoir, l'amour de la beauté et de la vérité, et une confiance absolue dans l'homme.

L'humanisme français

L'humanisme connaît un premier envol au cours du règne de François Ier. Le roi, encouragé par sa sœur Marguerite de Navarre, soutient les imprimeurs qui éditent Lefèvre d'Étaples et surtout le grand spécialiste de la civilisation grecque Guillaume Budé. Sur ses conseils, le roi fonde en 1530 un collège de lecteurs royaux, le futur Collège de France, destiné à l'enseignement de disciplines nouvelles (grec, hébreu, géographie, mathématiques et philosophie). Cet établissement, indépendant de la Sorbonne, est financé par le trésor royal. À la même époque, Rabelais écrit *Gargantua*.

François Ier, le mécène

Amoureux de l'Italie, François Ier invite l'Italien Léonard de Vinci à s'installer en France. Ce génie universel, à la fois peintre et ingénieur, s'installe dans le château de Clos-Lucé, en pays de Loire. Lorsque le roi réside à Amboise, il aime venir visiter Léonard et admire chez lui trois chefs-d'œuvre que l'artiste a rapportés d'Italie : *Saint Jean-Baptiste*, *Sainte Anne* et l'extraordinaire *Joconde*. C'est Vinci qui réalise les esquisses du somptueux château de Chambord.

François Ier avec le peintre et sculpteur florentin le Rosso, chargé de la décoration du château de Fontainebleau.

Les châteaux de la Loire

Dans le domaine de l'architecture, ce sont les châteaux de la Loire qui traduisent l'évolution des goûts. On perce des fenêtres, on hérisse les toits de cheminées, on agrémente les façades d'escaliers et de galeries qui ouvrent sur des jardins et des plans d'eau. Chambord, Azay-le-Rideau, Blois sont les constructions les plus représentatives de cette période.

Splendeurs de Chambord

François Ier fait construire en 1519 le relais de chasse le plus vaste de son temps : 156 mètres de façade, 56 mètres de haut et 440 pièces. En réalité, le château de Chambord est surtout la manifestation de la toute-puissance du jeune roi, tant vis-à-vis de l'Europe de Charles Quint et d'Henri VIII d'Angleterre que de son propre royaume... Péguy dira des châteaux de la Loire : « Ils sont plus nerveux, plus fins que des palais. »

Le jardin d'ornement du château de Villandry : la nature domestiquée.

FRANÇOIS RABELAIS

D'abord moine, il devient ensuite médecin, traducteur et écrivain : en 1532, il fait paraître *Pantagruel*, récit loufoque des aventures d'un géant aux vastes appétits. L'ouvrage est condamné par la Sorbonne pour obscénité. En 1534, il publie à Lyon *Gargantua*, l'histoire du père de Pantagruel. Dans ces deux ouvrages, les héros ingurgitent avec le même enthousiasme, bonne chère, bon vin et connaissances encyclopédiques. Homme d'une vaste culture, proche des réformateurs catholiques, il est condamné par la Sorbonne et par Calvin. Cet humaniste est un adepte du rire : « Mieux est de ris que de larmes écrire, Pour ce que le rire est le propre de l'homme. »

L'Église en morceaux

Au XVIe siècle, l'unité catholique se brise. C'est la seconde rupture au sein de l'Église, après la cassure entre l'Église romaine et l'Église orthodoxe. Des peuples entiers renoncent alors au catholicisme.

Une Église à réformer

La peste, la famine et les guerres du XIVe et du XVe siècle ont troublé les esprits. La peur de la mort, du jugement et de l'enfer envahit les consciences. Dieu aurait-il abandonné les hommes ? De plus en plus de catholiques s'interrogent : le clergé est souvent ignorant et donc incapable d'enseigner la parole de Dieu. Les papes, eux, pensent à la politique et à la guerre, et entretiennent une cour au lieu de pratiquer les préceptes de l'Évangile. De plus en plus de fidèles, ont conscience des « abus de l'Église ».

Martin Luther : l'angoisse du salut

Martin Luther (1483-1546) est un prêtre allemand, professeur de théologie en Saxe. La question qui le tourmente est celle de son salut. Comment savoir si Dieu m'accepte au paradis ou me condamne à l'enfer ? Il finit par répondre :

« Le juste ne peut être sauvé que par la foi. » Aussi s'élève-t-il avec violence contre les indulgences papales, pratique qui fait croire aux fidèles qu'avec de l'argent on peut acheter son salut. Il est excommunié en 1521. La *Confession d'Augsbourg* de 1530 met à la portée de tous l'essentiel de la doctrine de Luther. En 1534, il réalise une traduction de la Bible en langue allemande. À sa mort, l'Europe du Nord et une bonne partie de l'Europe moyenne (Saint Empire, Suisse, Bohème) sont passées au luthéranisme.

Martin Luther, créateur du luthéranisme, une doctrine qui se répand dans l'Europe du Nord.

Enrichie par la vente des indulgences, l'Église catholique du XVIe siècle a fini par oublier le message évangélique de pauvreté.

LES 95 THÈSES DE LUTHER

Placardées à la porte de son église, les 95 « thèses » de 1517 annoncent le contenu de la nouvelle foi réformée. On y affirme l'importance de la foi, le refus de la hiérarchie dans l'Église, la nécessité de lire tous les jours la Bible (parole de Dieu que chacun peut comprendre), et le rejet d'une partie de la tradition catholique (culte des saints et de la Vierge, célibat des prêtres, existence du purgatoire).

Jean Calvin, le missionnaire

Jean Calvin (1509-1564) appartient à un petit groupe d'humanistes – le « groupe de Meaux » – qui, dans l'entourage de François Ier et de sa sœur Marguerite, s'efforce de restaurer l'esprit évangélique de l'Église.

Mais des affiches insultantes pour la messe, qualifiée de sorcellerie, sont placardées en octobre 1534 jusque sur la porte du roi. Cette « affaire des Placards » provoque une violente répression. Une quarantaine de personnes sont brûlées. Jean Calvin se réfugie à Bâle, où il publie l'*Institution de la religion chrétienne*, en 1536. Pour Calvin, seul Dieu a le pouvoir de sauver, le juste étant un élu prédestiné. Le culte est réduit à la prière, au prêche et au chant des psaumes. Il se célèbre dans un temple nu, sans décoration ni crucifix.

Jean Calvin, le missionnaire de GENÈVE.

GENÈVE ET CALVIN

Installé à Genève, Calvin en fait la « Rome du calvinisme ».
Ses *Ordonnances ecclésiastiques* imposent à la ville une morale austère. Intolérant, il fait brûler ceux qu'il juge hérétiques, comme Michel Servet. Il forme des missionnaires pour répandre sa foi.
Les Pays-Bas, l'Écosse, et le midi de la France deviennent calvinistes. En Angleterre, Elisabeth Ire encourage l'anglicanisme, un compromis entre le catholicisme et le calvinisme.

IMPORTANCE DE L'IMPRIMERIE

L'étude des « sources », c'est-à-dire des textes anciens originaux, est facilitée par la diffusion des livres. Cette étude révèle d'évidentes contradictions entre la Bible et l'enseignement des prêtres. Un doute s'installe donc chez le lecteur : l'Église dit-elle la vérité ? La Réforme apparaît ainsi comme « fille de l'imprimerie ».

Célébration du culte dans un temple réformé.

La Renaissance française

Diane de Poitiers, protectrice des arts.

Façade de l'hôtel d'Assezat, à Toulouse. Ce véritable palais est une œuvre de l'architecte Nicolas Bachelier, réalisée pour le compte d'un notable enrichi dans le commerce du pastel.

Sous les règnes d'Henri II, de Charles IX et d'Henri III, une seconde vague de réalisations artistiques s'épanouit en France. Les poètes, architectes et écrivains de cette époque vont développer un véritable style français.

Un style français

Les architectes s'émancipent des modèles italiens. C'est la colonnade du Louvre de Pierre Lescot, les hôtels particuliers toulousains (comme l'hôtel d'Assezat), le château de Fontainebleau. Les façades sont rythmées par des lignes horizontales, et décorées de pilastres et de frontons. En sculpture, une remarquable école fleurit avec Jean Goujon (la fontaine des Innocents, à Paris en 1549), Germain Pilon et Pierre Bontemps. Chez tous ces artistes, un style français émerge, associant sobriété de l'ensemble et fantaisie dans les détails.

Le groupe de la Pléiade

Admirateurs des artistes italiens qui ont donné à l'Italie une magnifique littérature nationale, des poètes comme Ronsard ou du Bellay décident d'offrir le même éclat à la langue française. Du Bellay écrit ainsi en 1549 une *Défense et Illustration de la langue française*. Avec d'autres écrivains ils forment « la Pléiade », dont l'ambition est de hausser la langue française au niveau de la langue latine par imitation des grands textes de l'Antiquité.

RONSARD

Né en 1524, Pierre de Ronsard va connaître la gloire ; on le surnomme « le prince des poètes ». Protégé par Henri II puis par Charles IX, on lui doit de nombreux vers célébrant les amours marqués par la brièveté du temps qui passe comme « Mignonne, allons voir si la rose… », « Quand vous serez bien vieille, au soir à la chandelle » ou « Cueillez dès aujourd'hui les roses de la vie ».

Bal dans la galerie
du château de
Chenonceaux.

DÉESSE DE LA RENAISSANCE

Diane de Poitiers, femme d'une grande beauté d'abord maîtresse du roi François Ier, devient celle d'Henri, son second fils qui en est follement amoureux. Elle reste sa favorite lorsqu'il se marie avec Catherine de Médicis. Il lui offre le château de Chenonceaux où elle réside souvent et fait travailler artistes et architectes. La mort accidentelle d'Henri II dans un tournoi met fin à son règne : elle quitte Chenonceaux pour se retirer dans le château d'Anet, construit au temps de sa gloire.

Les *Essais* de Montaigne

Après avoir appris le latin, la philosophie et le droit, Montaigne devient magistrat à Périgueux puis à Bordeaux. C'est là qu'il rencontre La Boétie, qui va le former au stoïcisme et lui révéler le prix de l'amitié. Il commence à écrire dès 1572, mais sa vie n'est pas celle d'un penseur terré dans sa bibliothèque : il rejoint l'armée royale en 1574, voyage en Europe puis devient maire de Bordeaux en 1582. Les *Essais* sont l'œuvre de sa vie. « Je suis moi-même la matière de mon livre », dit-il. Ce livre sans précédent permet à Montaigne de s'analyser avec lucidité, pour progresser, et faire progresser ses lecteurs, sur la voie de la sagesse.

Ascension de la prose

Le triomphe de *Gargantua* de Rabelais, celui de *Défense et Illustration de la langue française* de du Bellay et des *Essais* de Montaigne démontrent que les auteurs français privilégient la prose, langue du dialogue et de la conversation dont le souci premier est la clarté, contrairement à ce qui se passe en Angleterre ou en Espagne, où la poésie reste prépondérante. À partir de 1562, les guerres de Religion perturbent profondément la production artistique : bien des écrivains choisissent leur camp et sont conduits à faire œuvre de propagande. Seul Montaigne refuse de prendre parti. Malgré la perte de bien des illusions, il continue à se consacrer à la recherche d'une sagesse à dimension humaine.

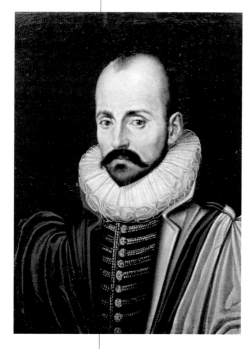

Michel de Montaigne, l'auteur des *Essais*.

Le massacre de la **Saint-Barthélemy** perpétré par les soldats et la population de Paris fanatisée.

Sanglantes guerres civiles

Henri II est blessé grièvement dans un tournoi en 1559.

En France, les luttes sanglantes entre catholiques et protestants, où les prétextes religieux se mêlent souvent aux ambitions politiques, commencent en 1562 et vont se poursuivre jusqu'en 1598.

Le règne d'Henri II

Henri II, fils de François Ier, monte sur le trône en 1547. Inquiet de la propagation rapide du protestantisme, il termine les guerres d'Italie en signant avec Philippe II d'Espagne le traité du Cateau-Cambrésis. Pour en finir avec l'hérésie, le roi envoie dans les provinces des commissaires chargés de mettre en œuvre la répression (édit d'Écouen du 2 juin 1559). Mais le 30 juin, Henri II est blessé dans un tournoi. Bien que soigné par le célèbre chirurgien Ambroise Paré, il succombe dix jours après.

Un pouvoir royal affaibli

En 1559, le jeune François II accède au trône à l'âge de 16 ans mais meurt
après 18 mois de règne, pour être remplacé par Charles IX
qui n'a que 10 ans. Le pouvoir est donc exercé par la régente Catherine
de Médicis, sa mère. La noblesse cherche alors à exploiter cette faiblesse :
le parti catholique – derrière François de Guise – s'oppose au parti
protestant – derrière Gaspard de Coligny. À cette lutte au sommet
pour le pouvoir s'ajoute la montée des intolérances venues d'en bas,
du petit peuple fanatisé par les Églises, l'Église catholique en particulier.

Les débuts de la guerre

La reine Catherine de Médicis et son chancelier Michel de L'Hospital
tentent une politique de tolérance. L'intransigeance des théologiens
et la force des extrémistes
la font échouer (colloque
de Poissy, 1561).
Le 1er mars 1562,
les catholiques du duc
de Guise tuent une centaine
de calvinistes à Wassy, en
Haute-Marne. Ce massacre met
le feu aux poudres. La guerre
entre catholiques et protestants
est commencée : guerre faite
d'embuscades, de coups de main,
d'assassinats, entrecoupée
de trêves précaires.

L'amiral de Coligny.

Catherine de Médicis.

La Saint-Barthélemy

À partir de 1570, l'influence des protestants progresse. L'amiral de Coligny fait
figure de « Premier ministre » et le protestant Henri de Navarre est pressenti
pour succéder à Charles IX qui n'a toujours pas de fils. Les deux hommes
souhaitent lutter contre l'Espagne. Le parti catholique, rejoint par Catherine
de Médicis, tente alors de faire assassiner Coligny le 2 août 1572. L'attentat
échoue, et le roi, Charles IX, très attaché à l'amiral, demande une enquête
pour trouver les assassins. Pour éviter d'être démasqué, le parti catholique décide
alors d'éliminer les protestants. Le « massacre de la Saint-Barthélemy »
se déroule à Paris, dans la nuit du 23 au 24 août 1572, et continue en province
jusqu'en octobre. Henri de Navarre, le futur Henri IV, faillit y perdre la vie.
Cette tuerie fait 3 000 victimes protestantes dans Paris et plusieurs dizaines
de milliers dans les provinces.

Une lutte à mort

Le règne d'Henri III est marqué par la lutte que mène la Couronne avec la Sainte Ligue. À l'assassinat du duc de Guise par les hommes d'Henri III répond sept mois plus tard celui du roi par le moine Jacques Clément.

Une procession de la Sainte Ligue.

Henri III entre catholiques et protestants

Henri III succède à son frère Charles IX en 1574. Sa situation est alors désespérée : les protestants, organisés en une puissante Union calviniste, lui arrachent par la force l'édit de Beaulieu, en 1576, qui leur rend la liberté de culte. Les catholiques, estimant Henri III trop mou dans sa lutte contre les protestants, créent la Sainte Ligue sous la direction d'Henri de Guise. Vers 1580, chacun des deux adversaires s'organise en état quasi indépendant dans les parties du royaume qu'il contrôle.

Guerre civile et guerre étrangère

Pendant de longues années, les opérations militaires restent confuses et ne permettent à aucun des deux camps de l'emporter. Les mêmes populations sont tantôt complices d'exactions, tantôt victimes des armées de l'autre camp. Les adversaires rivalisent de cruauté. Pillages, assassinats et massacres se multiplient. Pour vaincre, les partis cherchent des appuis à l'extérieur. Les protestants font appel aux Anglais et leur ouvrent les portes du Havre ; les catholiques négocient avec le roi d'Espagne. Les uns et les autres affirment leur droit à partager l'autorité avec le roi.

PÉCHÉS ET REPENTIR

Les sujets d'Henri III se moquent de son homosexualité et raillent ses compagnons, les « mignons », qui se parfument et portent des cheveux longs et frisés par-dessus leurs bonnets de velours, comme le font les femmes de petite vertu. En même temps, le roi se repent de ses « péchés » et, pour apaiser la colère de Dieu, fonde la confrérie des Pénitents blancs et celle de la Mort et Passion de notre Seigneur Jésus-Christ. Ces initiatives ne lui attirent cependant pas la sympathie des dévots, qui doutent de sa sincérité.

DES FEMMES EN POLITIQUE

Dans cette époque troublée, les femmes jouent un grand rôle : Jeanne d'Albret, mère du futur Henri IV, est une femme exemplaire de rigueur et de vertu. Marguerite, dite « la reine Margot », fille de Catherine de Médicis et d'Henri II, incarne une liberté peu commune dans une époque intransigeante. Son intelligence et sa vie sentimentale agitée ont inspiré écrivains et cinéastes. Catherine de Médicis, enfin, essaie de maintenir une certaine tolérance dans le royaume avant de prendre la terrible décision de déclencher la Saint-Barthélemy.

Marguerite de Médicis, dite la « Reine Margot ».

L'assassinat d'Henri de Guise par les gardes d'Henri III, au château de Blois.

Puissance de la Ligue

En 1584, Henri de Guise signe avec Philippe II une entente aux termes de laquelle l'Espagne promet d'aider la Sainte Ligue à écraser le parti protestant. La popularité d'Henri de Guise en fait alors un rival redoutable pour le roi. Un soulèvement de la population parisienne acquise à la Ligue contraint Henri III à quitter Paris pour Blois. Or les ligueurs et leurs amis veulent contrôler les finances royales, ce qui signifierait la perte de tous les pouvoirs du roi. Profitant de ce que la puissance de l'Espagne vient de subir un revers, avec la perte de sa flotte, l'Invincible Armada, détruite par la tempête et les corsaires anglais, le roi décide de réagir.

Assassinats en série

Le 23 décembre 1588, Henri III fait assassiner le duc de Guise par sa garde privée, les Quarante-Cinq. Puis il se rapproche d'Henri de Navarre, héritier de la couronne. Mais l'annonce de l'assassinat du duc « fit en une heure cent mille ligueurs ». Dans de nombreuses villes, les prédicateurs se déchaînent contre le roi, une vraie « révolution de curés ». Sept mois plus tard, le roi est assassiné par le couteau d'un fanatique, le moine Jacques Clément, le 1er août 1589. Il a cependant le temps, avant d'expirer, de désigner Henri de Navarre comme son successeur.

Henri de Guise, chef de la Sainte Ligue.

Le bon roi Henri

Après quarante ans de guerre civile, Henri IV termine enfin les guerres de Religion en se convertissant au catholicisme et en accordant aux protestants l'édit de Nantes. Il est assassiné par Ravaillac le 14 mai 1610.

Un roi sans royaume

Lorsque le protestant Henri IV devient roi de France, ses sujets catholiques l'abandonnent ; il doit donc reconquérir son royaume à la pointe de l'épée. Après une victoire sur le duc de Mayenne, à Arques, en Normandie (1589), il décide de frapper au cœur l'adversaire en attaquant l'armée ligueuse à Ivry (1590) : il dispose de 2 000 cavaliers (contre 8 000) et de 8 000 fantassins (contre 12 000). C'est là qu'il harangue ses troupes avec son fameux : « Ralliez-vous à mon panache blanc, vous le trouverez au chemin de la victoire et de l'honneur. » Et c'est la victoire de la fougue : les troupes d'Henri IV bousculent l'armée ligueuse et viennent assiéger Paris.

Henri IV et son panache blanc.

Henri IV se convertit au catholicisme en 1593.

La conversion d'Henri IV

Mais Henri doit bien vite lever le siège : le duc de Mayenne et des renforts espagnols s'approchent pour le prendre à revers. Il laisse donc Paris à la Ligue, qui ne tarde pas à se diviser entre partisans d'un prince français et partisans d'un prince étranger. Henri de Navarre entend saisir cet espoir de paix. Il se convertit au catholicisme en 1593, prononçant la phrase célèbre : « Paris vaut bien une messe », ce qui fait quelque peu douter de la sincérité de son nouvel engagement. Il déclare ensuite la guerre à Philippe II d'Espagne, pour couper les liens entre les catholiques français et la monarchie espagnole ; après des batailles aux résultats incertains, les rois de France et d'Espagne décident alors de faire la paix. En 1598, Henri IV met fin à la guerre étrangère par le traité de Vervins et à la guerre civile avec l'édit de Nantes.

Un Béarnais populaire

Le roi Henri est un souverain joyeux, à la santé robuste,
toujours prêt à monter à cheval, manier l'épée ou chasser.
Marié deux fois, avec Marguerite, la reine Margot,
puis avec Marie de Médicis, qui lui donne six enfants,
il collectionne les aventures féminines. Son courage
physique est proverbial et c'est un chef de guerre plein
d'allant et de fougue. Mais c'est aussi un grand politique :
il arrive à rétablir l'obéissance de la haute noblesse et sait
s'entourer de serviteurs fidèles aussi bien catholiques
que protestants. Il dit un jour : « Si Dieu me prête vie, je ferai
qu'il n'y ait point de laboureur qui n'ait le moyen d'avoir poule
dans son pot », phrase qui l'a rendu très populaire.

Le roi Henri IV jouant
avec ses enfants.

Le redressement du royaume

Le duc de Sully, surintendant des finances, a pour tâche de redresser la situation
financière de l'État et de relever l'économie du royaume sinistrée par quarante ans
de guerre. Il y parvient en diminuant les dépenses et en accroissant les recettes
de 50 %, sans accabler les Français les plus pauvres ; l'équilibre ainsi rétabli,
il remet à l'honneur l'agriculture, fait assécher les marais, remet à neuf les routes,
rétablit la sécurité dans les campagnes. L'industrie de la soie, la construction
navale, l'imprimerie, le textile connaissent un développement remarquable.
À la mort d'Henri IV, un trésor de 13 millions en or est déposé à la Bastille,
preuve évidente d'une prospérité retrouvée.

**Le canal de Briare est un des grands travaux réalisés par
Sully. Il a nécessité la construction de 7 écluses accolées,
permettant de franchir une dénivellation de 40 mètres.**

L'ÉDIT DE NANTES

Les protestants,
contre leur soumission
à l'autorité du roi,
se voient reconnaître
la liberté de conscience
et la liberté de culte.
Ils peuvent accéder
aux mêmes charges
que les catholiques
et disposent de
150 places fortes
qui garantissent leur
sécurité. L'édit de
Nantes offre aux
catholiques et aux
protestants la
possibilité de cohabiter.
Dans l'Europe de
l'époque, cette situation
est profondément
originale. Cependant,
imposée par la volonté
royale, elle ne
correspond pas à
un véritable climat
de tolérance : les
catholiques pratiquent
une forte résistance à
l'application de l'édit,
et de nombreux
protestants n'en sont
pas vraiment satisfaits.

Le marché aux esclaves

EMBARQUEMENT
DES ESCLAVES AFRICAINS
ENCHAÎNÉS POUR L'AMÉRIQUE.

Les grandes découvertes et leurs conséquences (épidémies et travail forcé) entraînent une effrayante mortalité des Indiens. Or l'Amérique a besoin pour ses plantations d'une main-d'œuvre résistante et bon marché. C'est ainsi que, pendant trois siècles, les Européens vont organiser la déportation massive d'esclaves africains.

Un commerce triangulaire

Des vaisseaux de Nantes, Bordeaux, Bayonne, Amsterdam ou Liverpool quittent l'Europe chargés de marchandises (tissus, armes ou chevaux) et se dirigent vers les côtes d'Afrique. Là, ils échangent leurs cargaisons contre des prisonniers africains. Puis ils traversent l'Atlantique pour atteindre les Antilles, le Brésil ou l'Amérique du Nord, où ils vendent ces Africains comme esclaves contre des épices, du sucre, du rhum, du café ou du cacao. Au retour en Europe, ces produits, revendus avec de larges bénéfices, font la fortune des négociants, armateurs et marins. En France, les ports de l'Atlantique prospèrent grâce à ce commerce appelé « traite ».

ESCLAVAGE AFRICAIN

Des siècles avant l'arrivée des Européens, l'esclavage est pratique courante entre Africains : prisonniers de guerre, voleurs ou mauvais payeurs sont ainsi vendus. Mais ces esclaves, traités en inférieurs, font toujours partie de la communauté : ils peuvent racheter leur liberté et exploiter leur propre lopin de terre.

ÉLOGE DE LA FUITE

Beaucoup d'esclaves arrivés en Amérique préfèrent la fuite à la servitude : on les appelle les « marrons ». Ils reconstituent en pleine forêt de véritables tribus, pratiquant la chasse et la pêche et sympathisant avec les Indiens. En Amérique du Nord, les esclaves cherchent à franchir la frontière qui sépare les États libres des États esclavagistes. Ils utilisent un réseau de routes secrètes, l'*underground railroad*, par lequel des passeurs les conduisent. Ce réseau a été utilisé par 75 000 esclaves dans la première moitié du XIXᵉ siècle.

Des conditions atroces

Les Africains faits prisonniers par les négriers arrivent après une marche longue et pénible vers quelques comptoirs en bord de mer. Avant d'embarquer, ils sont examinés par le chirurgien du bord, marqués au fer rouge, ferrés au cou et aux pieds. Entassés dans le navire partant pour l'Amérique, ils subissent un trajet de 35 à 50 jours. Les prisonniers, manquant d'air, d'eau et de nourriture, s'affaiblissent : les épidémies se multiplient et la mortalité est importante. À l'arrivée, les survivants sont « préparés » avant leur vente aux enchères.

Un bouleversement majeur

Il est très difficile de mesurer avec précision les conséquences de 300 ans de « traite » intensive. On estime à 30 millions le nombre de jeunes gens perdus par le continent africain, entraînant une transformation considérable de ses structures politiques et économiques...

Un fer destiné à attacher les esclaves.

LA FIN DE L'ESCLAVAGE

Les idées démocratiques qui provoquent les révolutions américaine (1775) et française (1789) conduisent à l'abolition de la traite des Noirs puis de l'esclavage. La traite est interdite en 1808 par la Grande-Bretagne et les États-Unis, en 1818 par la France. L'esclavage est aboli en 1833 en Grande-Bretagne, en 1848 en France et en 1865 aux États-Unis.

À la découverte de l'Univers

**Galilée présentant
sa lunette astronomique
à des notables.**

Portrait de Copernic.

**Sous l'impulsion des humanistes, les hommes
de la Renaissance entreprennent l'observation raisonnée
des phénomènes de la nature, et réalisent ainsi
de nombreuses découvertes. Ce sont les débuts de la science
expérimentale.**

Comprendre et mesurer l'Univers

Depuis l'Antiquité, on pense que la Terre est immobile au centre
de l'Univers, et que le Soleil et les étoiles tournent autour d'elle : c'est
la théorie de Ptolémée. En 1543, apparaît la première édition du livre
De revolutionibus de Copernic (1473-1543), qui affirme que la Terre
tourne autour du Soleil, lequel est immobile au centre de l'Univers.
Malgré sa crainte d'être considéré comme hérétique par l'Église, Copernic
ne sera pas inquiété. Tycho Brahé (1546-1601), astronome danois, profite
de sa fortune personnelle pour installer une « cité des étoiles » sur l'île
de Hveen. Là, une communauté de savants se consacre à l'étude
du ciel. La position de 777 étoiles fixes sera publiée en 1602,
marquant la renaissance de l'astronomie expérimentale.

Compter le temps

Les horloges domestiques se multiplient et ces « marque-temps » individuels enlèvent à l'Église une partie de son pouvoir : désormais, les habitants des villes puis ceux des villages ne sont plus obligés de rester près d'un clocher pour connaître l'heure. La découverte du pendule et son utilisation augmentent la précision des horloges. La montre individuelle apparaît en 1509. Elle est encore très imprécise, mais commence à accompagner la vie de ses riches possesseurs.

Montre sphérique en cuivre gravé et doré.

HORLOGE, MÈRE DES MACHINES

Les progrès dans la conception et la fabrication des horloges mobilisent le talent des hommes de science (Galilée, Huygens, Hooke) qui collaborent avec artisans et mécaniciens. La fabrication des horloges impose la mise au point des premières machines-outils, des tours capables de produire rapidement et avec précision roues dentées et vis. Ce savoir-faire permettra ensuite de réaliser une multitude d'instruments scientifiques et de machines nouvelles.

Voir l'invisible

En 1600, un opticien hollandais découvre que l'association de deux lentilles (un oculaire divergent et un objectif convergent) permet de fabriquer une lunette qui grossit trois fois. Cette invention diffuse dans toute l'Europe. En 1609, Galilée fabrique une lunette qui grossit neuf, puis trente fois. En janvier 1610, il tourne sa lunette vers les étoiles, découvrant les rugosités de la surface de la Lune, les milliards d'étoiles de la Voie lactée et les quatre satellites de Jupiter. Le microscope apparaîtra quelques années plus tard, et sera appliqué à l'observation de l'infiniment petit par Robert Hooke et Antonie Van Leeuwenhoek.

Prothèse de main due à Ambroise Paré.

Ambroise Paré, au siège de Metz en 1552, pratique la ligature des artères.

Découvrir le corps humain

Les médecins se mobilisent pour faire lever l'interdiction posée par l'Église à la dissection des cadavres. La connaissance du corps humain progresse alors grâce aux études anatomiques du Bruxellois Vésale qui publie *De la structure du corps humain* en 1543. L'Espagnol Michel Servet découvre la « petite circulation » du sang, du cœur vers les poumons. La chirurgie bénéficie des progrès de l'anatomie : Ambroise Paré, chirurgien militaire attaché à la personne de quatre rois de France, abandonne la cautérisation des plaies au fer rouge et préconise la ligature artérielle.

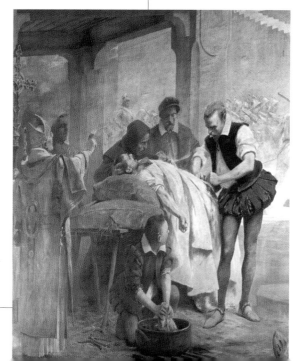

Des monarques absolus

1617	Assassinat de Concini
1624	Richelieu entre au Conseil du roi
1627-1628	Siège de La Rochelle
1642	Mort de Richelieu
1643	Régence d'Anne d'Autriche
1648	La Fronde
1661	Début du règne de Louis XIV
1685	Révocation de l'édit de Nantes
1693-1694	Terrible famine
1709	Destruction de Port-Royal
1715	Mort de Louis XIV

148
Splendeurs de Versailles

146
Le Roi-Soleil

144
L'enfant roi

142
Le roi et le cardinal

PRÉHISTOIRE
ANTIQUITÉ

600 500 400 300 200 100 0 100 200 300 400 500

Au XVIIᵉ siècle, le pouvoir du roi devient absolu. La justice est rendue en son nom, la Cour et les arts œuvrent à sa gloire, la vie politique est centrée sur sa personne. Il n'a d'ailleurs que des conseillers, et pas de Premier ministre. Au total, le roi, qui est l'image de Dieu sur Terre, conjugue les pouvoirs législatif, exécutif et judiciaire.

150

À la gloire du roi

152

Querelles religieuses

154

Les travaux et les jours

Le roi et le cardinal

**Portrait de
Louis XIII jeune.**

**À la moindre occasion,
les nobles se battent
en duel, ce qui provoque
des centaines de morts
chaque année.**

Après la régence catastrophique de Marie de Médicis, l'accession au pouvoir de Louis XIII (1614) et surtout l'arrivée de Richelieu (1624) marquent un tournant : le royaume de France est dirigé d'une main de fer. Tout est mis en œuvre pour accroître l'autorité du roi.

La prise de pouvoir de Louis XIII

Lorsque Henri IV meurt, Louis XIII n'a que 8 ans. Marie de Médicis, la régente, accorde une confiance totale à sa sœur de lait Leonora Galigaï et au mari de celle-ci, un aventurier sans scrupules, Concino Concini. Le couple italien s'empare en quelques années d'une fortune considérable (plus de 8 millions de livres). En 1617, Louis XIII fait assassiner Concini par ses gardes et écarte Marie de Médicis des affaires. Leonora, convaincue de sorcellerie, est décapitée.

Le cardinal de Richelieu.

L'abaissement des grands

En 1624, Louis XIII décide de faire appel à Richelieu. Celui-ci se propose d'abaisser l'orgueil des nobles, de ruiner le parti protestant, de réduire tous les sujets à l'obéissance et de relever le prestige du roi. Les « grands » ne se sentent pas tenus à une stricte obéissance au roi, et expriment cette liberté en continuant la pratique du duel. Richelieu interdit donc les duels et détruit les châteaux des coupables. Les complots des nobles sont impitoyablement réprimés : c'est ainsi que Henri II de Montmorency, cousin du roi, gouverneur du Languedoc qui s'est révolté avec Gaston d'Orléans, frère du roi, est décapité sur ordre de Richelieu à Toulouse en 1632.

Le siège de La Rochelle

Par l'édit de Nantes, les protestants s'étaient fait remettre
des « places de sûreté », formant ainsi « un État dans l'État ».
En 1625, une insurrection protestante soulève la Guyenne
autour de la ville de La Rochelle. Richelieu décide le siège de
la ville en 1627. Le port est clos par une digue de 1 500 mètres,
armée de canons pour empêcher les protestants anglais
d'apporter des secours. Côté terre, la ville est entourée par 12
km de fossés et palissades. Au bout de 14 mois de siège, il ne
reste que 5 000 survivants affamés sur les 28 000 habitants
d'origine. La ville se rend alors et se soumet au roi en 1628.

**Le siège de La Rochelle,
mené par Richelieu, a
nécessité la construction
d'une digue de 1 500 m
de long.**

Richelieu et la maison d'Autriche

Depuis que l'empereur Ferdinand II de Habsbourg a voulu
imposer le catholicisme à tous ses sujets, on se bat en Europe :
c'est la guerre de Trente Ans. Pour assurer la grandeur
du royaume, Richelieu n'hésite pas à s'allier (lui, un cardinal !) aux princes
protestants, contre les Habsbourg. En 1635, la Bourgogne et la Picardie sont
envahies par les troupes espagnoles. Richelieu décide alors de renforcer l'armée
en triplant les impôts, ce qui provoque des soulèvements populaires, durement
réprimés. Le terrain perdu sur les Espagnols est ensuite repris, grâce à la victoire
de Condé à Rocroi.

RICHELIEU

Armand Jean du Plessis
est un cadet de famille
contraint d'entrer
dans les ordres.
Devenu évêque
de Luçon, il participe
aux états généraux
de 1614. Il s'y fait
remarquer par sa forte
personnalité,
son intelligence et
sa volonté inflexible.
Marie de Médicis en fait
son aumônier et
un ministre. En 1624,
il revient au Conseil
du roi et en devient
rapidement le chef,
ce qu'il restera jusqu'à
sa mort en 1642.
Malgré sa mauvaise
santé (il est tourmenté
par une fièvre
continuelle), c'est un
travailleur infatigable.

**La victoire de Rocroi
sur les Espagnols,
le 19 mai 1643.**

L'enfant roi

La reine Anne d'Autriche et Louis XIV enfant.

En 1643, à la mort de son père, Louis XIV n'a que 5 ans. La régence est assurée par la reine Anne d'Autriche, secondée par Mazarin. Cette régence est marquée par la Fronde, révolte des magistrats du parlement de Paris et des grands seigneurs contre le roi.

La régence d'Anne d'Autriche

Avant de mourir, Louis XIII a eu le temps d'organiser la régence, et de prévoir un Conseil de régence destiné à assister Anne d'Autriche. Mais quelques jours après, et bien qu'elle n'ait aucune expérience politique, la reine se fait accorder par le parlement de Paris la régence pleine et entière. Dans les faits, Anne d'Autriche s'en remet totalement à Mazarin, un politique fin et rusé, cardinal sans être prêtre, formé par Richelieu. Cet homme d'humbles origines (puisque son grand-père était un simple pêcheur sicilien) est méprisé par les grands.

MAZARIN

Né en Italie, d'origines humbles, il est d'abord capitaine dans l'armée du pape, puis devient diplomate. En 1639, il est ambassadeur du pape en France puis entre au service de Richelieu. Anne d'Autriche le met à la tête du Conseil du roi, malgré l'opposition des nobles. Son intelligence et sa ruse finissent par l'imposer : en 1653, il a balayé toutes les oppositions. Il peut alors conclure la longue guerre contre la maison de Habsbourg par le traité des Pyrénées en 1659.

Mazarin, continuateur de Richelieu

Malgré les rancœurs provoquées par la politique de Richelieu, Mazarin entend la poursuivre. Il a alors la tâche difficile de terminer les guerres de son prédécesseur, et le fait avec talent, en signant les traités de Westphalie qui dessinent la carte moderne de l'Europe. Mais les besoins d'argent du Trésor et le ressentiment de la noblesse provoquent la grave crise de la Fronde. Attaché à l'argent, Mazarin est conduit à se le procurer par tous les moyens : emprunts, création d'offices et même rétablissement d'impôts oubliés depuis un siècle.

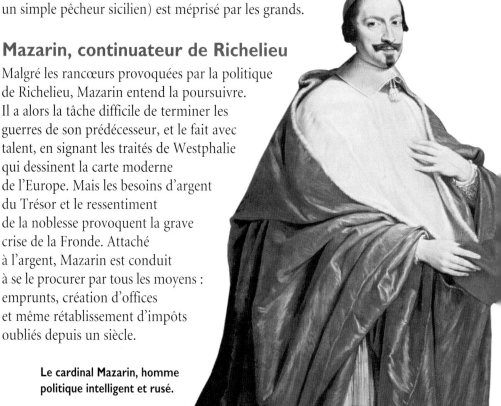

Le cardinal Mazarin, homme politique intelligent et rusé.

La fuite à Saint-Germain

Le 13 mai 1648, le parlement de Paris
réagit en cherchant à imposer
la « réformation de l'État » : vote par
le Parlement des impôts nouveaux,
interdiction d'emprisonner un suspect plus
de 24 heures, etc. Ces mesures limitent
sérieusement le pouvoir royal : c'est la fin
de « l'État-Richelieu ». Des barricades
et des émeutes obligent, dans la nuit
du 5 au 6 janvier 1649, Mazarin, la reine
et le roi enfant à s'enfuir à Saint-Germain-
en-Laye. Cette Fronde parlementaire
ne dure pas. Les troupes du roi, menées
par le prince de Condé, assiègent Paris

qui se rend en mars 1649. C'est alors que le prince de Condé entend régenter
le royaume. Mazarin le fait arrêter en 1650.

La « Grande Mademoiselle »,
duchesse de
Montpensier, dirigeant
ses troupes au cours
de la Fronde.

La Fronde des princes

Les parents et amis du prince de Condé soulèvent alors les provinces (Normandie,
Bourgogne, Poitou, Guyenne). C'est la Fronde des princes. Paris se soulève
de nouveau derrière le prince de Gondi et les grandes dames de la Cour dont
la « Grande Mademoiselle », une cousine du roi qui fait tirer le canon contre
les troupes du roi. Les insurgés font appel aux Espagnols. La confusion est totale.
Les troupes françaises luttent entre elles et contre des troupes étrangères. Pour
les petites gens, la misère se généralise. Rouen perd 17 000 habitants en
une année. De guerre lasse, les Français se tournent de nouveau vers le roi :
Louis XIV et Anne d'Autriche reviennent dans Paris, acclamés par la foule.

UN JOUET POUR EMBLÈME

Ceux qui s'opposent
à Mazarin ont pour
signe de reconnaissance
un jouet très en vogue
alors auprès des
enfants : la fronde.
Les rebelles chantent :
« Un vent de Fronde
A soufflé ce matin
Je crois qu'il gronde
Contre le Mazarin. »

Le retour triomphal
de Louis XIV et
sa mère, après une
fuite humiliante à
Saint-Germain-en-Laye.

Le Roi-Soleil

Portrait de Louis XIV en costume royal (1701).

À la mort de Mazarin, en 1661, Louis XIV est le seul maître du royaume. Depuis Versailles, avec des conseillers qu'il a choisis, il administre le pays, édicte les lois et décide de la guerre et de la paix.

La perfection du pouvoir

Louis XIV est un souverain absolu, institué par Dieu. Le sceptre sur lequel il appuie sa main indique que ses sujets doivent lui obéir comme ils obéissent à Dieu. L'épée de Charlemagne qu'il porte au côté en fait le suzerain de sa noblesse : tous les seigneurs du royaume lui doivent fidélité et service. Enfin, la main de justice posée à côté de la couronne indique qu'il est le juge. En vertu de ce pouvoir de justice, il dit la loi, lève les impôts et dispose de la vie et des biens de ses très obéissants sujets.

LE SOLEIL POUR EMBLÈME

Le roi choisit de s'identifier au soleil : le soleil, c'est Apollon, dieu de la paix et des arts. À l'instar du dieu, Louis XIV, roi pourtant guerrier, protège les arts. Mais le soleil est aussi l'astre qui, par sa régularité même, donne vie à toutes choses. D'où la nécessité d'adopter une vie aussi harmonieuse que celle de l'astre des jours.

Colbert, grand commis de l'État

Jean-Baptiste Colbert, fils d'un drapier champenois, entre au service de Mazarin dont il administre l'immense et scandaleuse fortune. Puis il gère les biens, pas toujours très honnêtement acquis, du surintendant des finances Fouquet. C'est en contribuant à la disgrâce de son maître qu'il devient un collaborateur de Louis XIV, à partir de 1664. Il se révèle un remarquable financier, organise le budget de l'État et cherche à rendre les impôts plus justes. Il sait trouver les financements de la politique de Louis XIV, met sur pied une imposante flotte de guerre et de commerce, fonde des manufactures royales afin de pourvoir aux besoins de la Cour et imagine des compagnies de commerce pour créer un empire colonial.

Jean-Baptiste Colbert, un partisan de l'intervention de l'État dans tous les domaines de l'économie.

L'administration royale

Pour conduire sa politique, Louis XIV réforme l'administration. À Versailles, des conseils spécialisés sont chargés de préparer et suivre les dossiers, mais il reste seul à prendre les décisions. Ses collaborateurs, même les plus influents comme Colbert ou Louvois, n'ont d'autres droits que d'exécuter ses ordres. Il investit les intendants de pouvoirs nouveaux pour faire de chacun « le roi présent dans la province ».

La guerre est la grande affaire du règne (image du film *Cyrano de Bergerac*).

Prestige des combats

Louis XIV passe les deux tiers de son règne à faire la guerre. Jusqu'en 1688, ses victoires font de lui l'arbitre de l'Europe. Mais la coalition des rois européens mettra fin à la prépondérance française. Derrière cette politique de prestige, se devine l'intérêt qu'a Louis XIV de briser définitivement la maison d'Autriche en empêchant les Habsbourg de dominer l'Europe par la réunification des couronnes d'Espagne et d'Autriche. Le roi cherche aussi à protéger Paris par la conquête de places fortes et de provinces qui repoussent les frontières plus au nord et à l'est.

Triste fin de règne

Après des dizaines d'années de faste, l'humeur du roi devient sombre : il a perdu presque toute sa famille, et il ne lui reste comme héritier qu'un enfant de 5 ans, son arrière-petit-fils. La Cour se consacre désormais à la dévotion et à l'austérité, sous l'influence de la pieuse marquise de Maintenon (que le roi a probablement épousée en secret). Enfin, les échecs militaires et les aléas du climat (l'Europe vit alors une période exceptionnellement froide) entraînent pour le peuple famines et désolation. Le roi meurt le 1er septembre 1715, impopulaire comme tous les souverains qui ont régné trop longtemps.

LES MOYENS DE LA GUERRE

Michel Le Tellier et son fils le marquis de Louvois créent une armée royale permanente. La milice, sorte de service obligatoire (tirage au sort de jeunes gens équipés et entraînés par leur paroisse) forme la base des régiments. Les effectifs passent ainsi de 20 000 hommes en 1661 à 290 000 en 1688. L'armement est renouvelé : le fusil remplace le mousquet. Le commandement est modifié : des grades nouveaux sont créés, qui ne sont plus accessibles par la naissance, mais par le mérite. Ainsi de grands chefs comme Condé, Luxembourg, Turenne disposent-ils d'officiers compétents.

La flotte de guerre de Louis XIV, créée à l'initiative de Colbert.

Splendeurs de Versailles

La marquise
de Montespan.

UNE VIE BIEN RÉGLÉE

Comme le soleil,
son emblème, le roi
a un emploi du temps
parfaitement réglé,
autour duquel la vie
de la Cour s'organise :
8 h 30 : petit lever où
le roi est lavé, peigné et
rasé, puis grand lever.
10 h : messe à la
tribune de la chapelle.
11 h : conseil dans son
cabinet, en présence
de 5 ou 6 ministres.
13 h : repas où le roi
mange seul en présence
d'une centaine
d'assistants
14 h : promenade
ou chasse.
18 h : réception de
la Cour ou travail.
22 h : souper en public,
auquel chacun peut
assister et où le roi
admet à sa table les
princes et princesses
de la famille royale.
23 h 30 : coucher.

Bâtiments et jardins sont
disposés avec symétrie de
part et d'autre d'un grand
axe qui part de la statue
du roi dans la cour, passe
par sa chambre et se
prolonge par l'axe des
jardins et le Grand Canal.

Désireux de regrouper la noblesse à la Cour pour mieux la contrôler, Louis XIV fait construire Versailles, château imposant où tout contribue à la gloire du souverain.

Splendeur des fêtes

La Cour vit au rythme de fêtes prestigieuses, avec ballets, opéras, représentations théâtrales. C'est l'époque du triomphe de favorites célèbres comme Louise de La Vallière, la duchesse de Fontanges ou la marquise de Montespan. Cette vie de luxe, où les privilégiés sont servis par une foule de laquais et de domestiques, contraste cruellement avec la gêne ou la pauvreté de la petite noblesse restée en province et surtout avec la misère du peuple.

L'art de faire sa cour

À Versailles, une cour nombreuse (de 300 à 10 000 personnes) vit à demeure auprès du roi. Elle forme une société très hétéroclite et très hiérarchisée. Des règles pointilleuses fixent les accès auprès des grands, les attitudes, les langages. Il faut faire sa cour, et donc cultiver l'art de paraître : une jolie figure, de l'esprit, de la fortune, mais aussi l'assiduité, l'habileté font le bon courtisan. Il s'agit d'éviter que le roi dise de vous : « C'est un homme que je ne vois jamais », car cet arrêt est irrévocable. L'idéal, pour un courtisan, est donc d'obtenir un appartement au château.

UN IMMENSE CHANTIER

À partir du rendez-vous de chasse construit à Versailles par Louis XIII, Louis XIV charge les architectes Le Vau puis Hardouin-Mansart et de Cotte, le jardinier Le Nôtre, le peintre Le Brun de construire une demeure à sa mesure. De 1662 à 1702, un immense chantier où travaillent jusqu'à 30 000 ouvriers s'installe : un bâtiment de pierre blanche encercle le premier château, lui servant d'écrin côté jardin ; la galerie des Glaces, les ailes du Nord et du Midi, l'Orangerie, les Écuries, la chapelle, sont achevées en 1710.

LES JARDINS

Le Nôtre développe dans ses jardins le thème apollinien du Roi-Soleil. Trouver les ressources en eau nécessaires aux fontaines fut difficile : l'extraordinaire machine de Marly apporte les eaux de la Seine à Versailles. L'ensemble du réseau hydraulique comporte 200 km de rigoles, fossés et aqueducs. Le roi en est tellement passionné qu'il rédige lui-même une *Manière de montrer les jardins de Versailles*.

1600 1610 1620 1630 1640 1650 1660 1670 1680 1690 1700 1710 1720

À la gloire du roi

Colbert présente
les membres de
l'Académie royale
des sciences à Louis XIV.

Le long règne de Louis XIV correspond à l'une des périodes les plus glorieuses de l'histoire de la France. Le roi encourage, pensionne et fait travailler écrivains, artistes et savants, souvent regroupés en académies.

Des académies...

Richelieu a créé l'Académie française (1635), Mazarin l'Académie royale de sculpture et peinture (1648). En 1666, l'Académie royale des sciences est fondée et richement dotée ; elle fait paraître tous les ans un compte-rendu des travaux accomplis dans l'année. Ainsi, l'institution, qui est à la pointe de la recherche, exerce en même temps une action éducative, préparant l'essor scientifique du XVIIIe siècle. La danse, la musique, l'architecture et les « inscriptions et médailles » possèdent aussi leur académie.

PASCAL, UN SCIENTIFIQUE ÉCRIVAIN

À la fois mathématicien, physicien, philosophe et écrivain, ce jeune homme surdoué écrit un traité de géométrie à 16 ans, invente une machine à calculer à 18, et se livre à de nombreux travaux scientifiques (étude de la pression atmosphérique, de l'équilibre des liquides, etc.). Avec Fermat, il crée le calcul des probabilités. Influencé par le jansénisme, il se convertit en 1654.
Dans *Les Provinciales*, il attaque violemment les jésuites et meurt sans avoir achevé une Apologie de la religion chrétienne dont les fragments seront publiés sous le titre des *Pensées*.

Des écrivains brillants et divers

Louis XIV sait apprécier le talent : il aime Racine, protège
Molière, et bien qu'il ne goûte guère l'ironie de La Fontaine,
se contente de retarder son élection à l'Académie française.
Molière est à la fois acteur, directeur de troupe et auteur
de nombreuses comédies (*L'École des femmes, L'Avare,
Le Tartuffe, Les Femmes savantes*…). Certaines lui valurent
la haine des dévots. Racine, élevé à Port-Royal, réalise l'idéal
de la tragédie classique (*Andromaque, Phèdre, Esther*…)
en peignant la passion comme une force fatale, qui détruit celui
qui en est possédé. La Fontaine écrit des contes et des fables qui
sont des bijoux de réflexion sur l'homme, ses faiblesses, ses ridicules,
et des trésors de maximes et de morales.

L'Avare, pièce de Molière
jouée par Louis de Funès.

Divertissements musicaux

Au XVIIᵉ siècle, la puissance de l'Église favorise la musique sacrée, tandis que
les raffinements de la vie de cour facilitent le développement de la musique
de divertissement. Lulli, maître du théâtre chanté, s'inspire des Italiens pour
construire progressivement l'opéra français. Couperin, organiste et claveciniste,
pratique un large éventail de genres, de la musique de chambre jusqu'à la
symphonie. Charpentier exprime dans la musique religieuse sa passion et sa sensibilité.

UN ROI SOUCIEUX DE SA GLOIRE

Louis XIV souhaite
tirer profit des arts,
de la littérature et
des sciences en vue
de la glorification
de son règne.
Colbert crée donc
des académies qui
assurent aux diverses
disciplines l'unité
nécessaire : il favorise
ainsi les inventions
techniques dont il
espère des retombées
pour les manufactures,
mais souhaite aussi
servir son roi et
faciliter l'essor
intellectuel du pays.

Grande fête de nuit
à Versailles.

Querelles religieuses

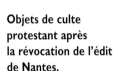

Objets de culte protestant après la révocation de l'édit de Nantes.

En Europe, depuis la fin de la guerre de Trente Ans, règne un principe simple : les sujets d'un prince doivent appliquer sa religion, qui doit être unique. Louis XIV s'efforcera donc de maintenir l'unité de la foi, indispensable, selon lui, à la cohésion du royaume.

Conflit avec la papauté

En 1673, débute un conflit entre Louis XIV et la papauté relatif à la nomination des évêques : Louis affirme la supériorité du roi sur les puissances de l'Église. Pourtant, bien que le pape refuse d'investir les évêques nommés par le roi, Louis XIV ne va pas jusqu'à la rupture : à la mort d'Innocent XI, en 1689, il se réconcilie avec son successeur.

D'Argenson annonçant aux religieuses de Port-Royal leur dispersion sur ordre de Louis XIV.

La renaissance catholique

Depuis le début du XVIe siècle, et sous l'influence du protestantisme, on assiste à une profonde réforme de la religion catholique. Des congrégations nouvelles, comme les Jésuites, apparaissent, qui se donnent pour mission d'instruire les prêtres et la jeunesse. L'administration de l'Église est réformée : des séminaires sont ouverts, des catéchismes rédigés, des ordres contemplatifs (consacrés à l'adoration du Christ) créés. La vie monastique renaît.

Jansénisme et Port-Royal

Vers le milieu du XVIIe siècle, l'idéal de foi, de pureté, et de rigueur de la renaissance catholique s'incarne dans le petit groupe des Jansénistes. Ces catholiques se réclament de l'*Augustinus*, livre de l'évêque Jansénius : dans cet ouvrage, l'auteur affirme que l'homme ne peut faire seul son salut, et que Dieu n'accorde sa grâce qu'à un petit nombre d'élus. Le centre de la pensée et de la morale austère du jansénisme se trouve à Port-Royal. Cette doctrine – qui s'oppose à celle des Jésuites – se répand rapidement. Les Jésuites dénoncent dans le jansénisme un « calvinisme rebouilli ». Louis XIV va se déchaîner contre Port-Royal en 1709 : les religieuses seront expulsées par la police, les bâtiments détruits, le cimetière profané. Pourtant, un parti janséniste, qui va tenir tête au pouvoir royal, perdurera pendant tout le XVIIIe siècle.

La violence des dragons s'exerce contre les protestants.

La révocation de l'édit de Nantes

Bien que les protestants n'aient pas profité de la Fronde pour reconquérir le terrain politique, Louis XIV les considère avec méfiance. Il commence par les exclure des charges de l'État, essaie de les convertir par la persuasion, puis par l'argent, enfin passe à des procédés plus expéditifs : destruction des temples, interdiction des mariages mixtes, violences des dragonnades : les soldats logent dans les familles protestantes, où ils pillent, violent, torturent en toute impunité. De nombreux protestants s'expatrient dans les États protestants voisins, tandis que ceux qui restent pratiquent un catholicisme de surface. L'édit de Nantes est révoqué en 1685.

Les travaux et les jours

En 1693, la misère des campagnes est telle que 1,5 million de personnes meurent de faim ou de maladie.

LA CRISE DE 1693-1694

De mauvaises récoltes suivies d'épidémies d'autant plus mortelles que les hommes sont affaiblis font disparaître en un an 1,5 million de Français. C'est la plus grande catastrophe démographique de l'histoire de la France, après la peste de 1348.

Une part importante de la population des campagnes est extrêmement pauvre, ce qui la rend fragile : disettes, épidémies et guerre engendrent une mortalité importante.

Dure vie des plus pauvres

Les plus exposés sont les brassiers (ceux qui travaillent à bras) et les manouvriers (ceux qui bêchent à la main). Ces petits paysans représentent 40 % de la population des campagnes. Ils possèdent pour la plupart leur chaumière et un jardin, mais cela ne suffit pas à nourrir leur famille. Ils ont souvent faim, ou souffrent de malnutrition. Ce sont les premières victimes des périodes de disette.

Des fermiers aux laboureurs

Les fermiers, petits propriétaires qui possèdent de 2 à 10 hectares, représentent eux aussi 40 % de la population des campagnes. Ils produisent suffisamment pour subvenir à leurs besoins alimentaires et arrivent à faire des économies, ce qui leur permet de surmonter une année de mauvaises récoltes. Enfin les laboureurs-ménagers, grands propriétaires possédant plus de 20 hectares, savent lire et écrire et, ayant assez d'argent, servent souvent de banquiers locaux.

Une mort bien présente

Dans cette population, chacun se marie aux alentours de 25 ans et parfois même plus tard : il faut en effet avoir un petit pécule pour pouvoir se mettre en ménage. Puis les enfants arrivent, tous les deux ans en moyenne. Les femmes, trop souvent enceintes, meurent jeunes. Elles donnent naissance à cinq enfants en moyenne. Mais sur ces cinq enfants, l'un meurt avant d'avoir atteint l'âge d'un an, un autre encore avant 20 ans. Au total, près de la moitié des enfants n'atteint pas l'âge adulte et les naissances équilibrent à peu près les décès. À 50 ans, on est vieux et seule une faible partie de la population atteint 60 ans.

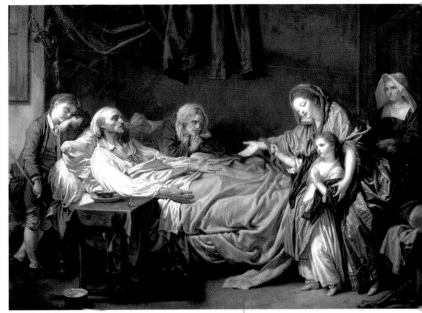

Un mourant assisté de ses proches, selon Greuze.

Aléas de la vie

Les mauvaises récoltes sont fréquentes, et comme il n'y a pas beaucoup de réserves de grains, le moindre problème climatique provoque la crise : les prix montent, les plus pauvres ne peuvent plus acheter et la disette s'installe, avec son cortège de maladies associées. Les épidémies sont plus fréquentes encore que les mauvaises récoltes : typhoïde, variole, dysenterie, malaria frappent des populations souvent affaiblies par le manque de nourriture. La peste, fléau redouté, est toujours un mal endémique, mais on sait maintenant l'endiguer grâce à la pratique de cordons sanitaires.

UNE MORT APPRIVOISÉE

À cette époque, on attend la mort chez soi, gisant sur son lit. Le mourant lui-même invite parents, voisins, amis, enfants même qui se pressent dans la chambre : la mort au lit a l'intensité d'une véritable cérémonie.

Médecin pratiquant la saignée. Cette pratique, très courante n'est pourtant pas sans danger.

PRATIQUES MÉDICALES

Pour se soigner, on utilise la purge, le lavement (on parle de clystère) et la saignée. On fait des clystères d'eau, de lait, de décoction de certaines herbes. La pratique est si répandue que, sous Louis XIV, la duchesse de Bourgogne se fait donner un lavement par sa servante dans un salon plein de courtisans. Enfin, la saignée est pratiquée couramment. Et comme on croit que le corps contient jusqu'à 24 litres de sang, on saigne jusqu'à rendre exsangue !

La Révolution et l'Empire

	− 600	− 500	− 400	− 300	− 200	− 100	0	100	200	300	400	500

PRÉHISTOIRE — ANTIQUITÉ

Au XVIIIe siècle, les difficultés de la monarchie permettent à tous d'exercer leur libre examen, aussi bien dans le domaine des sciences que dans celui de la politique. La Révolution est la conséquence logique de cette remise en cause. Elle provoque par ses excès un retour à l'ordre qui maintient les principaux acquis de la période révolutionnaire : l'Empire napoléonien.

168

L'an I de la République

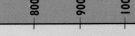

170

De Robespierre
à Bonaparte

172

L'épopée napoléonienne

174

L'Europe bouleversée

176

Une France
nouvelle

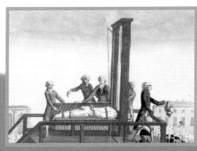

700 800 900 1000 1100 1200 1300 1400 1500 1600 1700 1800 1900 2000

MOYEN ÂGE   TEMPS MODERNES   ÉPOQUE CONTEMPORAINE

Mozart enfant jouant du clavecin dans un salon parisien.

Les Lumières du siècle

Au XVIIIe siècle, s'élabore dans toute l'Europe une réflexion pour trouver des solutions nouvelles aux questions politiques du temps. Inspiré par la monarchie constitutionnelle anglaise, le mouvement des Lumières s'épanouit en France et contribue à son rayonnement international.

Un bouillonnement intellectuel

Dans les villes, à Paris en particulier, apparaît une sphère intellectuelle distincte de la Cour, qui entend soumettre à son libre examen la religion, le pouvoir, le roi. Les milieux bourgeois et aristocratiques des villes « philosophent » avec passion dans les salons mondains ou les loges maçonniques. La pensée nouvelle se diffuse grâce aux livres, journaux, correspondances. Bientôt, elle va se propager en Europe, car les livres et leurs auteurs voyagent.

Les lumières de la raison

Les philosophes critiquent tous la société de leur temps et défendent la liberté, qu'elle soit individuelle (liberté de penser et d'écrire) ou économique (le principe du « laisser faire, laisser passer »). Ils rejettent la monarchie absolue de droit divin, mais diffèrent sur le reste : Montesquieu et Voltaire sont favorables à un régime monarchique, alors que Rousseau préconise une organisation politique et sociale assurant l'égalité entre tous les hommes.

Illustration allégorique :
Voltaire et Rousseau,
de l'au-delà, éclairent
le peuple.

Les écrivains « philosophes »

Dès 1721, Montesquieu publie les *Lettres persanes*, satire des mœurs de la fin du règne de Louis XIV, puis, en 1748, *De l'esprit des lois*, dans lequel il préconise une monarchie tempérée, fondée sur la séparation des pouvoirs exécutif, législatif et judiciaire. Voltaire publie en 1734 ses *Lettres philosophiques* et fait l'éloge des institutions anglaises. Il exerce jusqu'à sa mort en 1778 une primauté intellectuelle, grâce à ses nombreux ouvrages, sa correspondance et sa défense des victimes de l'intolérance. Rousseau, persuadé que tous les hommes naissent également bons, rêve dans *Du contrat social* (1762) d'une cité idéale où les droits naturels de l'individu seraient garantis et où le peuple souverain traduirait la volonté de tous.

L'*Encyclopédie*

Dirigé par Diderot et d'Alembert, ce dictionnaire des sciences, des arts et des métiers en 35 volumes (dont 11 de planches) est la somme des connaissances scientifiques et techniques du temps mais aussi une critique habile des institutions politiques et des idées religieuses. L'ouvrage fait l'apologie de la raison, de la science, du progrès, de la liberté et de l'égalité. Les autorités civiles et religieuses s'opposent au livre, ce qui ne l'empêche pas d'être publié, grâce à l'appui de la marquise de Pompadour, favorite de Louis XV.

Schéma de la machine de Pascal tiré de l'*Encyclopédie* : grâce à un astucieux système d'engrenages, la machine peut effectuer additions et soustractions.

L'AFFAIRE CALAS

Calas est un négociant toulousain qui tente maladroitement de dissimuler le suicide de son fils. Il est aussitôt accusé de l'avoir tué pour l'empêcher de se convertir au catholicisme. Victime du fanatisme religieux de juges catholiques, Calas est condamné, au terme d'un procès injuste, au supplice de la roue, puis exécuté en 1762. Voltaire prend sa défense, héberge sa veuve et ses enfants, puis publie en 1763 un *Traité de la tolérance*. Après trois ans d'une bataille acharnée, Voltaire obtient que ce jugement soit cassé et Calas réhabilité.

La science à la mode

Au XVIIIᵉ siècle, la science est à la mode. Les savants correspondent entre eux, les souverains s'intéressent à leurs travaux et le grand public se passionne pour les expériences diverses.

Des mathématiciens-astronomes

Après Pascal, d'Alembert, Lagrange et Monge contribuent aux progrès des mathématiques : Monge crée la géométrie descriptive, qui permet de représenter sur une feuille de dessin le volume des corps. Lagrange explique pourquoi la Lune nous montre toujours la même face, et Clairaut arrive à prévoir le passage d'une comète à 15 jours près. L'Académie des sciences envoie deux missions en Laponie et au Pérou, pour vérifier l'aplatissement de la Terre aux pôles et ainsi appuyer la théorie de la gravitation universelle. En physique, on travaille sur l'électricité, avec les premières expériences publiques qui sont souvent plus pittoresques que véritablement scientifiques. Franklin met alors au point le paratonnerre.

Pilâtre de Rozier et le marquis d'Arlandes s'envolent en montgolfière et survolent Paris le 21 novembre 1783.

La chimie moderne

La chimie rompt avec l'alchimie et les savants découvrent l'oxygène, le chlore, l'azote. Lavoisier, véritable fondateur de la chimie moderne, démontre que l'eau est composée d'hydrogène et d'oxygène. Il réalise ensuite l'analyse et la synthèse de l'air. La botanique progresse grâce à Jussieu, Linné et Buffon, qui rédige une monumentale *Histoire naturelle*.

Le fardier, première voiture à vapeur, essayée par l'inventeur **Cugnot** en 1770.

Inventions techniques

Cugnot travaille sur la vapeur et construit un premier chariot destiné à tirer les canons : le fardier (1770). Mais celui-ci se révèle difficile à diriger. C'est Watt qui crée la première machine à vapeur efficace (1784), qui deviendra la force motrice principale du XIXᵉ siècle. La conquête de l'air est amorcée par les frères Montgolfier qui fabriquent un ballon de toile gonflé à l'air chaud et l'expérimentent le 5 juin 1783. Le 21 novembre 1783, Pilâtre de Rozier et d'Arlandes réalisent la première ascension humaine. Les Anglais mettent aussi au point la technique de la fonte au coke (charbon distillé) et améliorent fortement les métiers à tisser. L'introduction des plantes fourragères en agriculture permet la suppression de la jachère et le développement de l'élevage.

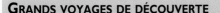

Franklin fait voler en 1752 un cerf-volant dans un orage, pour montrer que la foudre est de même nature que l'électricité.

GRANDS VOYAGES DE DÉCOUVERTE

Bougainville explore le Pacifique de 1766 à 1769 et écrit un *Voyage autour du monde*. Les nombreux savants qui l'accompagnent en profitent pour se livrer à de fructueuses observations scientifiques. À la demande de Louis XVI, qui est passionné par la géographie, La Pérouse part avec deux navires, *La Boussole* et *L'Astrolabe*, reconnaître le Pacifique Nord en 1785. Il est chargé d'observations géographiques, botaniques, zoologiques et astronomiques. Malheureusement, il disparaît avec ses équipages en 1788. Cette disparition émeut l'opinion et, en 1791, une expédition a pour mission de retrouver les navires de La Pérouse, sans succès. Ce n'est qu'en 1827 qu'on retrouve des traces du naufrage. Les restes de *La Boussole* sont découverts en 1962.

La fin d'un monde

La chasse est
le divertissement
royal par excellence,
et la passion de
Louis XV et Louis XVI.

Le siècle est marqué
par la diffusion
des idées nouvelles
et une période de
prospérité économique.
Pourtant, incapable
de se réformer, l'Ancien
Régime vit ses dernières
années.

La Régence et Law

À la mort de Louis XIV, en 1715, son
neveu Philippe d'Orléans devient régent, car le
jeune Louis XV n'a que 5 ans. En réaction contre
la fin du règne précédent, s'ouvre une période de fêtes et
de divertissements. Comme la situation des finances est mauvaise, le Régent fait
appel à un Écossais, John Law. Celui-ci, pour augmenter la masse monétaire,
émet des billets de banque, qui peuvent être convertis en or. Mais il diffuse
des billets en trop grand nombre, si bien qu'en 1720 ceux-ci ne peuvent plus
être remboursés. Law s'enfuit, après avoir ruiné des milliers de personnes.
Pourtant son système a donné un coup de fouet à l'économie et assaini
la situation de l'État.

LES ÉTATS GÉNÉRAUX

C'est la réunion, à la
demande du roi, des
députés (noblesse,
clergé et tiers état) du
royaume pour délibérer
sur des questions
soumises par le
souverain. Les premiers
états généraux ont été
réunis en 1302 par
Philippe IV le Bel.
Il luttait alors contre
le pape Boniface VIII.
Les états généraux qui
précédèrent ceux de
1789 furent convoqués
par Marie de Médicis
en 1614.

Louis XV et Fleury

En 1723, Louis XV devient majeur. C'est
un homme intelligent, curieux de tout,
mais timide et peu sûr de lui. Il confie
d'abord la responsabilité des affaires à son
ancien précepteur, le cardinal Fleury, un
homme prudent et pacifique qui va gérer
les affaires du royaume avec modération,
équilibrant le budget et favorisant
la croissance économique. Il ne peut
pourtant éviter que le royaume soit
entraîné dans une guerre contre
l'Angleterre en 1740 (pour des questions
de rivalités coloniales) et dans la guerre de
Succession d'Autriche.

Louis **XV** dit « le Bien-Aimé ».

Triste fin du règne

À la mort de Fleury, en 1743, Louis XV tente une réforme de l'État. Mais il se heurte aux privilégiés, menés par les parlementaires qui s'opposent à toute réforme fiscale et contestent l'autorité du roi. En 1756, commence la guerre de Sept Ans, qui oppose France (alliée à l'Autriche) et Angleterre (alliée à la Prusse) : la guerre est menée en Europe, sur mer et dans les colonies. Elle se termine en 1763 par le traité de Paris, qui fait perdre à la France l'Inde et le Canada. Sous l'influence de Maupeou, Louis XV dissout le Parlement en 1771, et meurt en 1774, si impopulaire que son corps est porté à Saint-Denis de nuit, par crainte de manifestations.

Louis XVI, un roi timide et irrésolu.

Louis XVI

Petit-fils de Louis XV, il décide, dans un souci d'apaisement, de rappeler les parlements : cette décision entraîne une reprise de l'opposition systématique et entrave toute possibilité de réformes. Turgot, Necker et Calonne, « premiers ministres » successifs, n'arrivent pas à imposer les deux seules mesures possibles : généraliser l'impôt à tous et faire des économies à la Cour.

L'aventure américaine

À partir de 1776, la France soutient les colons d'Amérique du Nord, insurgés contre l'Angleterre. La Déclaration d'indépendance du 4 juillet 1776 marque la naissance des États-Unis d'Amérique. Elle affirme le droit de tous à la liberté et au bonheur ainsi que le devoir, pour les gouvernants, de respecter les droits inaliénables du peuple. Cette déclaration va avoir un grand retentissement en Europe et inspirer en partie la Déclaration des droits de l'homme française. Mais la campagne militaire a creusé la dette de l'État. Le roi décide donc de convoquer les états généraux en 1789.

LE « COUP D'ÉTAT » DE NECKER

En 1781, dans son *Compte rendu au roi*, Necker dévoile les désordres, les abus et les exigences des courtisans. Le lecteur y apprend que le remboursement de la dette représente la moitié des dépenses, la Cour et les privilégiés absorbant 10 % du montant restant ! La publication de ce *Compte rendu* a un succès prodigieux, puisqu'on en vend 100 000 exemplaires. Pour la première fois, les citoyens savent ce qu'on fait exactement de leur argent.

Le siège de Yorktown, mené par les généraux Rochambeau et Washington contre les Anglais, pendant la guerre d'Indépendance américaine.

L'année 1789

La France d'aujourd'hui naît en 1789 avec le 14 Juillet et la rédaction de la Déclaration des droits de l'homme.

LES CAHIERS DE DOLÉANCES

Un député aux états généraux représente la paroisse qui l'a élu. Les revendications de cette communauté sont contenues dans un « cahier de doléances ». On y demande le plus souvent la rédaction d'une déclaration des droits de l'homme, l'égalité de tous devant la loi, et le vote préalable des dépenses et des recettes du pays par des états généraux réunis chaque année.

La révolte des députés

À Versailles, le 5 mai 1789, Louis XVI annonce que les états généraux sont réunis pour rétablir l'ordre des finances, mais il n'a pas un mot sur les réformes politiques et administratives demandées dans les cahiers de doléances. Après plus d'un mois d'attente insatisfaite, les députés du tiers état se déclarent Assemblée nationale constituante par le serment du Jeu de paume (20 juin 1789). La royauté vient de perdre le pouvoir de dire la loi.

Le 14 juillet 1789

Exaspéré par la crise économique, le peuple de Paris relaie la révolte des députés du tiers état. À la nouvelle du renvoi de Necker (ministre très populaire) et de la concentration de troupes royales autour de Paris, des Parisiens attaquent les Invalides puis la Bastille, pour y prendre des armes. Le gouverneur de Launay résiste pendant quatre heures. Une centaine d'insurgés sont tués. Launay et trois de ses officiers finissent par se rendre et sont aussitôt mis à mort. Leurs têtes sont ensuite promenées dans Paris au bout de piques.

L'abolition des privilèges

L'Assemblée, inquiète de l'ampleur de l'insurrection, vote dans la nuit du 4 août l'abolition des privilèges. Le 26 août, elle adopte solennellement la Déclaration des droits de l'homme et du citoyen.

L'attaque de la Bastille, ancien château fort devenu prison.

LA DÉCLARATION DES DROITS DE L'HOMME ET DU CITOYEN

L'Assemblée élabore un projet qu'elle va discuter, travailler et remanier pendant six jours. Le texte, voté le 26 août 1789, proclame les droits universels des hommes, à partir de principes incontestables : la liberté et l'égalité des droits, la propriété inviolable et sacrée, la sûreté et la résistance à l'oppression. Le plus connu des 17 articles énonce : « Les hommes naissent et demeurent libres et égaux en droits. »

La fête de la Fédération nationale, au Champ-de-Mars, le 14 juillet 1790.

La chute de la royauté

DRÔLE D'ÉGALITÉ

Les citoyens forment plusieurs collèges différents. Les pauvres n'ont droit qu'à l'égalité civile, et ne peuvent voter. Ceux qui paient un impôt représentant 3 journées de travail peuvent voter et sont des citoyens actifs. Mais pour être élu, il faut être riche et donc payer l'équivalent de 100 journées de travail. Ils ne sont que 50 000 à prétendre à ce droit.

L'Assemblée constituante achève son travail en septembre 1791 après avoir élaboré une Constitution inspirée par l'héritage des Lumières. Mais cette Constitution n'a que peu de temps à vivre.

La Constitution civile du clergé

Après avoir confisqué les biens du clergé, l'Assemblée adopte la Constitution civile le 12 juillet 1790. Celle-ci réorganise l'Église de France pour la rendre indépendante du pape, sauf en matière de foi. Les membres du clergé sont des fonctionnaires payés par l'État et élus par les citoyens. Un serment civique leur est demandé, ce qui divise les prêtres en deux groupes : les jureurs (assermentés) et les réfractaires. Le pape et la plupart des évêques manifestent leur opposition à ce texte.

La fuite à Varennes

Le roi n'a jamais admis la fin de l'absolutisme et les limitations de son pouvoir. Le 20 juin 1791, il décide donc de quitter Paris en secret, pour rejoindre le marquis de Bouillé, qui dispose de troupes sûres à Metz. De là, appuyé par les troupes autrichiennes, il compte marcher sur Paris pour y récupérer le pouvoir. Mais Louis XVI, déguisé en domestique, est reconnu par le fils d'un maître de poste, arrêté à Varennes, puis ramené à Paris.

Exporter la révolution

L'Assemblée constituante termine la rédaction de la Constitution en septembre 1791. Elle cède ensuite la place à une Assemblée législative formée d'hommes nouveaux. À droite, les Feuillants veulent terminer la révolution. Au centre, le Marais forme une majorité d'indécis. À gauche, les Girondins souhaitent déclarer la guerre à l'extérieur, pour exporter la révolution et obliger le roi à prendre position. De son côté, Louis XVI espère que la guerre sera perdue par les révolutionnaires et qu'il pourra ainsi rétablir son pouvoir. Le 20 avril 1792, la guerre à l'Autriche est déclarée.

La fin de la monarchie

Dès les premiers affrontements, l'armée française, mal préparée, subit des revers inquiétants. Le chef militaire des coalisés, Brunswick, menace alors les Parisiens d'une « vengeance exemplaire » s'il est fait « le moindre outrage à la famille royale ». L'Assemblée riposte en déclarant « la patrie en danger ». Le 10 août 1792, le roi est suspendu et emprisonné, en dépit des combats engagés par ses partisans qui font 4 000 victimes. C'est l'échec de la première Constitution.

Louis XVI en fuite, déguisé en valet de chambre, est reconnu par Drouet, fils d'un maître de poste, puis arrêté à Varennes.

LA CONSTITUTION DE 1791

Elle prévoit la séparation des pouvoirs. Le roi nomme et dirige le gouvernement formé de 6 secrétaires d'État qui ne peuvent être censurés. Il a un droit de veto suspensif qui lui permet de s'opposer à un texte. Une Assemblée législative de 745 députés rédige et discute les lois, vote le budget et contrôle les dépenses. L'Assemblée décide de la guerre et examine les traités de paix. Elle ne peut être dissoute. Des juges, élus, rendent la justice souverainement.

L'assaut des Tuileries par les révolutionnaires le 10 août 1792.

L'an I de la République

La mort de Louis XVI, guillotiné le 21 janvier 1793.

Le 21 septembre 1792, l'Assemblée législative à peine élue cède la place à une nouvelle assemblée constituante : la Convention, qui proclame la déchéance du roi et décide de faire dater ses actes de l'an I de la République.

Les débuts de la république

La menace extérieure et la crainte d'un complot intérieur provoquent le 4 septembre 1792 des massacres dans les prisons (1 500 victimes à Paris). Le 20 septembre, la victoire de Valmy oblige l'armée prussienne à battre en retraite devant les armées révolutionnaires. Le 21 septembre, la Convention, élue au suffrage universel masculin, proclame la république.

GIRONDINS ET MONTAGNARDS

La Convention est formée au centre d'un groupe de députés, le Marais ; à droite les Girondins, les Montagnards sont à gauche. Révolutionnaires modérés, les Girondins (Brissot, Vergniaud, Condorcet) se méfient des excès et s'appuient sur la province. Ce sont de farouches partisans de la liberté. Tenants d'un pouvoir fort, les Montagnards (Danton, Robespierre, Marat) sont prêts à admettre des mesures exceptionnelles pour sauver la république.

Les Girondins au pouvoir

Les Girondins dominent la Convention. Ils souhaitent la clémence pour Louis XVI, mais ne peuvent éviter son procès. Condamné à mort, le roi est guillotiné le 21 janvier 1793. En février, une coalition comprenant presque toute l'Europe menace la France. En mars, un soulèvement éclate en Vendée. À ces périls s'ajoute une situation économique explosive. Le 7 juin, les sans-culottes obligent les députés à voter l'arrestation des chefs girondins, provoquant l'insurrection de nombreuses régions.

Le Comité de salut public et la défense de la patrie

Devant ces dangers, la Convention crée le Comité de salut public dirigé d'abord par Danton, puis pris en main par Robespierre à partir de juillet 1793. La Terreur, politique conduite par le Comité sous la direction de Robespierre, vise à rétablir la situation de la Révolution. Sur les frontières, la conscription et la levée en masse doivent fournir les troupes nécessaires. À l'intérieur, le Tribunal révolutionnaire et les représentants en mission ont pour tâche de rétablir l'ordre en réprimant les opposants.

LAZARE CARNOT

Cet officier du roi, spécialiste des fortifications, crée l'armée révolutionnaire. Il impose le service militaire obligatoire et invente « l'amalgame », association de deux bataillons de jeunes conscrits ou volontaires inexpérimentés à un bataillon de vétérans au sein d'une demi-brigade. Il réforme l'état-major en privilégiant la jeunesse et l'esprit offensif. C'est grâce à lui que de jeunes généraux de moins de 20 ans ont commandé victorieusement les armées de la République comme Hoche, Marceau, Kléber, Jourdan, Bonaparte, etc.

Victoires de la Révolution

Les dangers intérieurs sont écartés par la répression de la révolte des partisans des Girondins et par la victoire contre les insurgés royalistes en décembre 1793. Strasbourg est libérée des Prussiens, Toulon reprise aux Anglais, tandis que la victoire de Fleurus (juin 1794) permet aux armées révolutionnaires de contrôler la Belgique.

L'Assemblée a proclamé « la patrie en danger » : le gouvernement révolutionnaire décide la levée en masse de tous les Français, qu'ils soient jeunes ou vieux.

LA MARSEILLAISE

Ce chant de circonstance, composé par Rouget de Lisle, officier en garnison à Strasbourg, a d'abord le titre de « Chant de guerre pour l'armée du Rhin ». Un bataillon de Marseillais, venu à Paris en août 1792, le rend populaire. C'est en le chantant que les jeunes volontaires français gagnent la bataille de Valmy. *La Marseillaise* devient chant national en 1795. Interdite sous le Consulat, l'Empire et la Restauration, en raison de ses paroles révolutionnaires, on la rétablit en 1830 jusqu'au second Empire. Elle est finalement proclamée « hymne national » en 1879.

De Robespierre à Bonaparte

Maximilien de Robespierre, l'homme le plus important du Comité de salut public, surnommé l'Incorruptible.

MAXIMILIEN DE ROBESPIERRE

Cet avocat d'Arras est député du tiers état de l'Artois aux états généraux de 1789. Élu député de Paris à la Convention, il s'impose comme un des chefs de la Montagne. Il est de ceux qui veulent la mort de Louis XVI. En 1793, il entre au Comité de salut public, et le dirige par son autorité personnelle.

Avant de mourir sur l'échafaud, Danton dit au bourreau : « Montre ma tête au peuple, elle en vaut la peine. »

Les armées de la République ayant sauvé la Révolution, Robespierre, partisan de la poursuite de la Terreur, est renversé. Sa chute marque le retour au pouvoir des modérés. Mais l'impuissance du Directoire facilite l'ascension de Bonaparte.

Danton, Robespierre et la Terreur

Robespierre entend fonder un monde nouveau, dominé par la Vertu et symbolisé par l'adoption du calendrier révolutionnaire. La révolution doit apporter aux hommes la liberté, l'égalité et le bonheur. Pour atteindre ces objectifs, il n'hésite pas à utiliser la Terreur, qui permet aux tribunaux de juger de manière expéditive tous les suspects. C'est ainsi que la reine Marie-Antoinette, des nobles, des religieux, des révolutionnaires périssent sur l'échafaud (de 40 000 à 50 000 victimes au total). Robespierre élimine ainsi ses opposants : les « enragés » groupés autour d'Hébert, qui réclament des mesures révolutionnaires encore plus radicales, mais aussi Danton et les « indulgents » qui souhaitent la fin de la Terreur. Il tente d'imposer une religion républicaine, le culte de l'Être suprême.

Ni dictature, ni monarchie

L'élimination de Robespierre conduit au pouvoir les modérés du Marais, appelés thermidoriens. Ceux-ci frappent les responsables de la Terreur, et doivent ensuite faire face à la Terreur blanche provoquée par des bandes royalistes qui pourchassent les acquéreurs de biens nationaux. En 1795, les émigrés royalistes aidés des Anglais tentent un débarquement à Quiberon, réprimé par Hoche. La révolte contre la République reprend dans l'Ouest. En 1795, une émeute royaliste est réprimée à Paris par le général Bonaparte. Enfin, Gracchus Babeuf, qui souhaitait supprimer la propriété individuelle, est guillotiné en 1797.

Campagnes d'Italie : Bonaparte au pont d'Arcole.

Un Directoire fragile

Le régime du Directoire, mis en place par les thermidoriens, est dépourvu d'autorité : cinq directeurs et deux assemblées se paralysent mutuellement. Toutes les réglementations économiques établies par les Montagnards sont supprimées, ce qui provoque la misère du peuple. Enfin, la crise financière pousse le Directoire à des conquêtes extérieures en s'appuyant sur l'armée : c'est ainsi que Bonaparte, qui se couvre de gloire en Italie, aide par ses envois d'argent le régime à faire face aux difficultés financières. Le 18 brumaire 1799, le coup d'État de Bonaparte met fin au Directoire en créant le Consulat.

Le sans-culotte, homme du peuple qui soutient la Révolution, porte un pantalon – et non une culotte comme les nobles, d'où son nom.

L'épopée napoléonienne

Portrait de Bonaparte par David (1798).

D'abord premier consul, Napoléon Bonaparte jette les bases de la nouvelle société bourgeoise. En 1804, il devient empereur : en onze ans d'une fulgurante trajectoire militaire, l'Empire conquiert l'Europe puis s'effondre.

Bonaparte, premier consul

Bonaparte, premier consul, concentre entre ses mains l'essentiel des pouvoirs : il a l'initiative des lois, nomme les juges et dirige la politique extérieure. L'État est réorganisé et l'administration centralisée, avec des préfets qui appliquent dans chaque département les ordres du gouvernement. Un rigoureux système d'établissement et de prélèvement de l'impôt est mis en place. Conscient de l'aspiration des Français à la paix, Bonaparte permet aux opposants de rentrer en France sans être poursuivis, fait la paix avec les Vendéens, négocie avec le pape un Concordat (1801), signe la paix avec l'Autriche (1801) et l'Angleterre (1802).

L'empereur Napoléon

Fort de sa popularité, Napoléon se fait sacrer empereur en 1804. Dès lors, le régime devient de plus en plus monarchique : la famille Bonaparte se comporte comme une famille régnante, et l'empereur épouse en secondes noces Marie-Louise, archiduchesse d'Autriche. Une nouvelle noblesse d'Empire est créée, qui participe à la vie de la Cour. Les assemblées créées sous le Consulat perdent tout pouvoir, et Napoléon peut enfin exercer un pouvoir absolu en étouffant toute liberté : la police impériale surveille et contrôle l'ensemble des Français, tandis que journaux, imprimerie et théâtre sont sévèrement censurés.

Napoléon en costume de sacre représenté par Ingres.

L'ARMÉE NAPOLÉONIENNE

Fruit de la forte démographie française et des années de combat et d'attachement à la république, l'armée est nombreuse et enthousiaste. Les soldats ont appris à marcher beaucoup et vite, et savent endurer les privations. Ils manœuvrent en masse offensive et compacte, baïonnette au canon, avec l'appui de l'artillerie, ce qui les rend redoutables. Le commandement, assuré par des chefs sortis du rang, profite du génie militaire du chef suprême, Napoléon lui-même.

Une fulgurante épopée militaire

L'Angleterre, mécontente des entraves posées à son commerce et inquiète de l'expansion française en Europe reprend la lutte : en 1805, elle détruit la flotte française à Trafalgar. Les puissances continentales, poussées par l'Angleterre, sont vaincues par les armées françaises : l'Autriche et la Russie à Austerlitz (1805), la Prusse à Iéna (1806), la Russie à Friedland (1807), et enfin l'Autriche à Wagram (1809).

Les difficultés impériales

Dès 1805, l'Angleterre a ruiné tout projet de débarquement par sa victoire de Trafalgar. En 1808, ce sont les Espagnols qui commencent à harceler les troupes napoléoniennes. Leurs actions de guérilla useront les forces françaises dans des combats incessants. Le blocus contre l'Angleterre provoque en France une grave crise économique, aggravée par de mauvaises récoltes à partir de 1812 : l'Empire perd alors le soutien de la bourgeoisie. Enfin, un conflit avec la papauté est déclenché par l'occupation par l'armée française des ports des États pontificaux et de Rome. Il fait perdre à l'Empereur le soutien des catholiques européens.

La fin de l'Empire

Napoléon décide de ramener le tsar dans son camp par la force. C'est la campagne de Russie, prévue pour être une guerre éclair et qui tourne à la tragédie durant l'hiver 1812. Des 600 000 hommes qui partent, seuls 75 000 en reviennent. Après la Russie, l'Allemagne, la Hollande, l'Italie et l'Espagne sont perdues en 1813. En 1814, la France est envahie. Napoléon abdique le 6 avril 1814 et part pour l'île d'Elbe. La monarchie est rétablie mais, le 1er mars 1815, Napoléon reprend le pouvoir. Aussitôt, les Européens se liguent contre lui : il est vaincu à Waterloo et abdique définitivement après 100 jours de retour au pouvoir.

La bataille d'Austerlitz, gagnée contre les troupes russes et autrichiennes, le 2 décembre 1805.

MALAISES ET MÉCONTENTEMENTS

Lorsque la guerre cesse d'être victorieuse, et que le blocus continental entraîne des difficultés d'approvisionnement et l'alourdissement des impôts indirects, des émeutes éclatent comme celle de Caen en 1812. La guerre nécessite alors une conscription qui devient trop lourde, et les désertions se multiplient.

La politique de « terre brûlée » provoque la catastrophique retraite de Russie : la Grande Armée est décimée par le froid, les privations et le harcèlement des cosaques.

L'Europe bouleversée

Le mariage de Napoléon et de la fille de l'empereur d'Autriche, Marie-Louise.

L'occupation de l'Europe exporte les idées révolutionnaires, mais l'argent demandé à tous les peuples pour soutenir l'effort de la guerre provoque une réaction de rejet. Malgré l'effondrement de l'Empire, les idées de liberté et de nation ne s'effaceront plus des consciences européennes.

La révolution étendue à l'Europe

Napoléon introduit en Europe les principes révolutionnaires de 1789 et réorganise les territoires conquis : des constitutions sont promulguées et les libertés proclamées. Administration et justice sont calquées sur le modèle français de 1800. L'application du Code civil bouleverse les traditions et modernise les sociétés. Mais ces transformations sont d'ampleur inégale : les plus profondes se produisent dans les régions où existe une bourgeoisie nombreuse, comme en Italie du Nord ou en Prusse.

Une Europe transformée

Une réorganisation de l'Europe se fait au profit de Napoléon et des membres de sa famille. À son apogée, l'Empire, qui comprend 130 départements, s'étend sur la Belgique, la Rhénanie, la Hollande. Il va jusqu'à Rome, au sud, et Hambourg au nord. À ces actions militaires se joignent alliances et politiques matrimoniales : Napoléon amène le tsar Alexandre Ier à fermer ses côtes à l'Angleterre. Il épouse Marie-Louise, fille de l'empereur d'Autriche, ce qui lui permet d'entrer dans les familles régnantes européennes.

L'Europe napoléonienne en 1812. L'Empire français compte alors 130 départements.

▬ **Empire français**

▬ **États sous influence française**

DE L'ENTHOUSIASME À LA DÉSILLUSION

La Révolution française soulève partout en Europe l'enthousiasme des élites. Pétris de culture française et d'esprit des Lumières, les intellectuels considèrent qu'elle marque le début d'une ère nouvelle : celle de la fin du despotisme dans leur pays. Partout, les armées françaises sont accueillies en libératrices. Mais les pays conquis déchantent bien vite : ils sont soumis aux lois brutales de troupes conquérantes qui pratiquent le pillage et la rançon.

Le *Tres de Mayo*, tableau de Goya de 1814, représente l'exécution de patriotes espagnols par l'armée française.

Les résistances nationales

La présence militaire française et les impôts prélevés par l'occupant provoquent le mécontentement des habitants d'un même pays. Ils prennent ainsi conscience d'appartenir à la même nation. Dans la Prusse, humiliée par la défaite de 1806, on entame de profondes réformes de l'État, de l'armée, de l'enseignement en vue d'une future revanche. En Espagne, à partir de 1807, la présence française est violemment contestée, aussi bien par une partie des élites adeptes des idées des Lumières que par les guérilleros catholiques. En Russie, en 1812, la population restée fidèle au tsar pratique la tactique de la terre brûlée et attaque les traînards de la Grande Armée en retraite.

Le congrès de Vienne

Après la chute de Napoléon, les vainqueurs décident de régler le sort d'une Europe profondément bouleversée : c'est l'objet du congrès de Vienne (1814-1815). Élaborée par les vainqueurs de Napoléon, la carte de l'Europe est redessinée pour revenir aux frontières de 1792 et restaurer la monarchie, sans tenir compte des aspirations nationales. Fortement simplifiée par rapport à 1789, la carte reflète une volonté d'équilibre entre les quatre grandes puissances victorieuses : le Royaume-Uni, la Russie, la Prusse et l'Autriche. Les populations, dont le sort est parfois modifié par des changements de frontière, ne sont pas consultées, alors que la fin de l'occupation française avait fait naître chez elles des espoirs d'indépendance et d'unification.

DES TRACES DURABLES

La réorganisation du congrès de Vienne n'efface pas complètement l'héritage de la Révolution : les valeurs de liberté et d'égalité qui ont bouleversé l'Europe ne peuvent disparaître. Des réformes comme l'abolition du servage, de la dîme et des droits seigneuriaux sont maintenues, surtout en Europe de l'Ouest. Quant aux aspirations nationales, qui viennent de s'affirmer avec force dans la lutte contre Napoléon, et que le congrès de Vienne a volontairement ignorées, elles animeront les luttes qui vont ensanglanter l'Europe dans la première moitié du XIXe siècle.

Caricature du congrès de Vienne.

Une France nouvelle

Après vingt-cinq ans de troubles intérieurs et extérieurs, la France sort profondément transformée dans ses structures politiques et sociales ainsi que dans ses mentalités. C'est déjà la France contemporaine qui voit le jour.

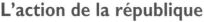

Le préfet représente l'État dans chaque département.

STAGNATION ÉCONOMIQUE

Les années révolutionnaires ont empéché toute transformation économique : la guerre a provoqué la mort de plus d'un million de personnes et le commerce extérieur a souffert du contrôle des mers par la marine anglaise. La France a donc manqué sa mutation et laissé l'Angleterre accentuer son avance.

L'action de la république

La république réalise une profonde réforme administrative qui substitue à l'organisation complexe et confuse de l'Ancien Régime une France centralisée de 83 départements. L'égalité civile garantit l'accès de tous à tous les emplois, tandis que la liberté de conscience met fin au monopole exercé par l'Église catholique et fait des juifs et des protestants des citoyens comme les autres. La liberté économique conduit à la suppression des corporations et à la disparition des douanes intérieures. Les biens du clergé sont confisqués puis vendus. Enfin, le système métrique remplace l'infinie diversité des poids et mesures, tandis que l'École centrale des travaux publics (Polytechnique) permet la formation des cadres de l'État.

Uniformes d'élèves de Saint-Cyr et Polytechnique.

L'usage des nouvelles mesures.

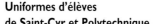

CODE CIVIL

Le Code civil publié en 1804 affirme dans ses 2 281 articles la liberté (individuelle et religieuse) et l'égalité des citoyens devant la loi et l'impôt. Il assure l'absolu respect du droit de propriété. Il établit la laïcisation de l'état civil et supprime le droit d'aînesse. Mais la famille légitime est placée sous l'autorité absolue du chef de famille. La femme y est soumise à son père puis à son mari. La liberté du travail est affirmée... Celle qui favorise l'employeur aux dépens de l'employé.

Les réformes du Consulat et de l'Empire

Napoléon Bonaparte renforce le pouvoir de l'administration publique : les préfets nommés par le gouvernement et révocables à tout moment appliquent ses directives. La Banque de France, créée en 1800, reçoit le monopole de l'émission des billets. Une nouvelle monnaie, le franc germinal, ramène la confiance. Le Code civil simplifie, unifie et modernise le droit de la société et de la famille. Enfin, les lycées, créés en 1802 sur un mode militaire, assurent la formation des élites tandis que la Légion d'honneur (1802) permet de récompenser les plus méritants et conduit à la création d'une aristocratie impériale.

Cérémonie de remise de la Légion d'honneur.

Une société nouvelle

L'Église a perdu le monopole de l'enseignement et celui de la tenue de l'état civil. La plupart de ses biens ont été vendus, la dîme supprimée. La noblesse, disparue en tant qu'ordre, a souffert de la vente de ses biens et de la suppression de ses revenus. Beaucoup de ses membres ont émigré, mais nombre d'entre eux ont réussi à racheter leurs terres et à garder leur puissance. Les paysans sont délivrés de la dîme et des droits seigneuriaux. Mais seuls les plus aisés peuvent acheter les biens nationaux. Le petit peuple des villes n'a pas bénéficié de la Révolution, tandis que la bourgeoisie en a profité pleinement pour prendre le pouvoir.

DU SUJET AU CITOYEN

Pour la première fois, la révolution a permis à tous les hommes des villes et campagnes d'intervenir pour manifester leur opinion : les paysans ont pu participer à la rédaction des cahiers de doléances. Leur révolte les a libérés des droits féodaux et a empêché le retour à l'Ancien Régime. Les citadins, surtout les Parisiens, ont été conduits à des luttes plus fortes. Ils ont ainsi accéléré les transformations politiques, et permis la conquête des grandes libertés et principaux droits civils.

Bonaparte discutant le Code civil (1800).

Un siècle révolutionnaire

1830	La bataille d'*Hernani*
1830	Les Trois Glorieuses (27-29 juillet)
1831	Révolte des canuts de Lyon
1848	IIe République
1851	Coup d'État de Louis Napoléon Bonaparte
1870	Guerre avec la Prusse
1871	La Commune
1886	Crise boulangiste
1890	Premier vol de Clément Ader
1898	« J'accuse » de Zola

194
La Commune
de Paris

192
Esclaves
de la machine

190
L'acier
et la vapeur

188
Le temps
des affaires

186
De la fraternité
à la répression

184
Le souffle
du romantisme

182
Un roi bourgeois

180
Les Bourbons sont
de retour

	−600	−500	−400	−300	−200	−100	0	100	200	300	400	500

PRÉHISTOIRE	ANTIQUITÉ

La Révolution entraîne une longue période d'instabilité politique : la monarchie constitutionnelle, la IIe République, le second Empire, puis la Commune se succèdent avant l'installation durable de la IIIe République. Entre-temps, mutations économiques et sociales ont provoqué l'exode rural, et l'apparition du prolétariat et des mouvements ouvriers.

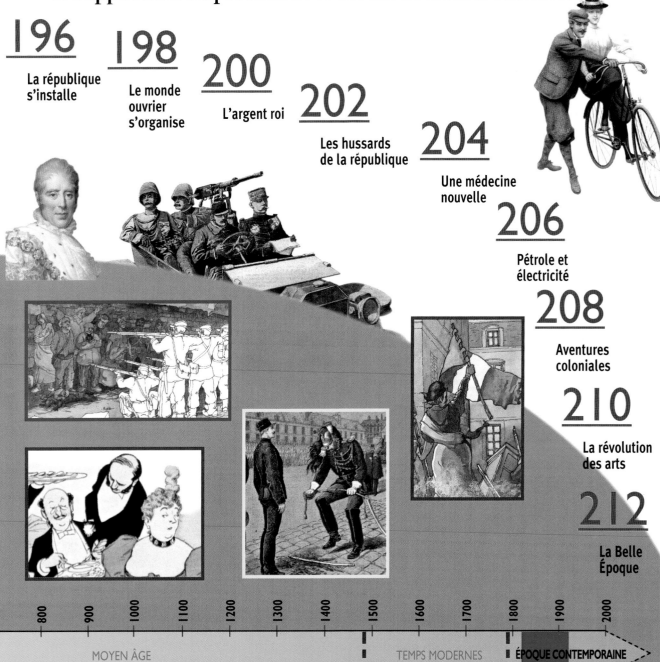

196
La république
s'installe

198
Le monde
ouvrier
s'organise

200
L'argent roi

202
Les hussards
de la république

204
Une médecine
nouvelle

206
Pétrole et
électricité

208
Aventures
coloniales

210
La révolution
des arts

212
La Belle
Époque

800 900 1000 1100 1200 1300 1400 1500 1600 1700 1800 1900 2000

MOYEN ÂGE   TEMPS MODERNES   ÉPOQUE CONTEMPORAINE

Les Bourbons sont de retour

Portrait de Louis XVIII
par Lefèvre.

La dynastie des Bourbons dirige de nouveau la France. La préoccupation de Louis XVIII est de réconcilier les Français en faisant oublier l'absolutisme et la Révolution. Son successeur Charles X, moins habile, est renversé par la révolution des Trois Glorieuses.

Louis XVIII le conciliateur

Bien qu'il donne l'impression de « restaurer » la France d'Ancien Régime en retournant au drapeau blanc comme emblème national, Louis XVIII a l'intelligence d'essayer de réconcilier les tenants de la Révolution et ceux de l'Ancien Régime. Il offre aux Français une constitution, la Charte, qui maintient, pour l'essentiel, les conquêtes civiles et politiques de la Révolution : le Code civil, la réorganisation administrative du pays, et les grandes libertés inscrites dans la Déclaration des droits de l'homme.

Ultras et libéraux

Deux chambres sont chargées de voter les lois. La Chambre des pairs nommée par le roi, et la Chambre des députés élue par les citoyens qui paient 300 francs-or d'impôts (100 000 personnes seulement). La Chambre des députés est divisée en trois tendances. À droite, les partisans de l'Ancien Régime, souvent nobles, refusent le compromis de la Charte : ce sont les ultraroyalistes. À gauche, les libéraux, républicains ou nostalgiques de l'Empire. Au centre, les constitutionnels loyaux envers la Charte.

La fin de la modération

L'assassinat du duc de Berry, héritier du trône, en 1820, marque un tournant : Louis XVIII met fin à sa politique libérale en restreignant la liberté de la presse. En 1824, Charles X, son successeur, accentue le retour à l'Ancien Régime : il décide de se faire sacrer à Reims et fait voter une loi indemnisant les émigrés. En juillet 1830, les élections envoient à la Chambre 274 opposants contre 143 représentants du parti gouvernemental. Charles X refuse ce résultat et prend quatre ordonnances qui annulent les élections et suppriment la liberté de la presse. Cette décision met le feu aux poudres.

LA TERREUR BLANCHE

Dès 1815, et bien que Louis XVIII réprouve ces excès, les royalistes se vengent en cherchant à assassiner les républicains. La plupart des généraux de l'Empire sont mis à la retraite (on dit en demi-solde, parce qu'ils ne touchent plus que la moitié de leur solde). Certains sont fusillés, comme le maréchal Ney et le général La Bédoyère, coupables de fidélité à Napoléon. En Provence, en Languedoc, des bandes de royalistes (« les Compagnons de Jéhu ») parcourent les campagnes et massacrent bonapartistes, royalistes modérés et protestants.

Charles X en costume de sacre, par Guérin.

Le peuple de Paris sur les barricades, lors des **Trois Glorieuses** (27-29 juillet 1830).

GÉNÉALOGIE

Après la prise de la Bastille, le frère de Louis XVI (le futur Louis XVIII) part en exil. Lorsque Louis XVI est décapité, les royalistes français et les cours étrangères reconnaissent immédiatement son fils, Louis Charles Capet, un enfant de 8 ans, comme roi sous le nom de Louis XVII. Mais celui-ci meurt à la prison du Temple le 8 juin 1795, et c'est donc son oncle qui lui succède. Le frère de Louis XVI, qui se considère comme le 18e des Louis qui ont régné sur la France (ce qui est une manière de considérer que la Révolution n'a pas eu lieu, et que la succession monarchique n'a jamais été interrompue) prend donc le nom de Louis XVIII.

Les Trois Glorieuses

Derrière Godefroy Cavaignac, les quartiers populaires de Paris sortent le drapeau tricolore et descendent dans la rue. Le 27 juillet 1830, les premiers coups de feu éclatent. Le 28, des barricades sont érigées et le drapeau tricolore flotte partout. Le 29, le Palais-Bourbon et le Louvre sont aux mains des émeutiers. Les troupes royales doivent évacuer Paris. Le 31 juillet, les républicains se font confisquer leur victoire : à l'hôtel de ville de Paris, La Fayette propose de confier le pouvoir à Louis-Philippe d'Orléans.

Un roi bourgeois

Née des Trois Glorieuses de juillet 1830, la monarchie de Juillet devient, avec le ministère de Guizot, de plus en plus conservatrice. La crise économique de l'automne 1846 et la contestation républicaine entraîneront sa chute.

Le « roi des Français »

Louis-Philippe n'est plus « roi de France » mais « roi des Français ». Il tient ainsi à montrer qu'il est attaché à la démocratie et qu'il règne sur des Français qui l'ont choisi. Le drapeau tricolore remplace le drapeau blanc de l'Ancien Régime. Pourtant, le roi se contente de réviser la Charte pour doubler le nombre d'électeurs : à la fin de son règne, 240 000 électeurs seulement votent, alors que le pays compte 33 millions d'habitants. Contesté par les partisans des Bourbons (les « légitimistes ») et par les républicains, le nouveau régime n'hésite pas à réprimer durement les soulèvements républicains et ouvriers.

Portrait de Louis-Philippe, la main sur la Charte de 1830.

DES BANQUETS POLITIQUES

Depuis juillet 1847, pour contourner l'interdiction des réunions publiques, les opposants organisent des banquets au cours desquels les orateurs réclament une réforme électorale et le renvoi de Guizot.

Caricature montrant les étapes successives de la transformation du visage de Louis-Philippe en poire.

UN « ROI BOURGEOIS »

Volontaire dans les armées révolutionnaires, Louis-Philippe a combattu à Valmy et à Jemmapes, puis s'est exilé. Rentré en France en 1817, il est proclamé lieutenant général du royaume le 31 juillet 1830, avant d'être fait « roi des Français ». Il affecte un mode de vie très simple. Ses enfants fréquentent un lycée public. Il se promène volontiers en famille sur les Champs-Élysées et invite les gros négociants et leurs épouses aux Tuileries. En réalité, Louis-Philippe entend ne rien céder de son pouvoir de souverain.

La révolte des canuts de Lyon

En 1831, les ouvriers de la soie de Lyon, particulièrement misérables, se révoltent : leurs salaires ont chuté de façon dramatique de 4 à 6 francs sous l'Empire à moins de 1 franc en 1831, pour 15 à 18 heures de travail par jour. En dépit d'un accord négocié par le préfet, le gouvernement envoie le maréchal Soult et 20 000 soldats rétablir l'ordre. Les ouvriers sont vaincus mais ont pris conscience de leur solidarité et de leur force. Le mouvement mutualiste trouve là une partie de ses origines.

Vidocq, interprété par Gérard Depardieu.

La révolte des canuts de Lyon, en 1831 : « Nous voulons vivre libres en travaillant ou mourir en combattant. »

Le ministère de Guizot

Professeur d'histoire élu député de Lisieux en 1830, ce libéral devient le chef effectif du gouvernement à partir de 1840. On lui doit la première loi scolaire visant à créer un enseignement primaire public, ainsi qu'une politique d'entente avec l'Angleterre qui inaugure une période de paix en Europe. Il s'efforce de renouveler le personnel politique et de faire fonctionner le régime parlementaire en l'ouvrant largement à la bourgeoisie. Mais ce grand bourgeois, très autoritaire et antirépublicain, ne veut pas du suffrage universel. Il suscite ainsi un mécontentement qui, ajouté à celui que provoque la crise économique de 1846, rejaillit sur le roi. Tous deux perdront le pouvoir en 1848.

Voyageur au-dessus de la mer de nuages, tableau de Caspar David Friedrich (1818).

Le souffle du romantisme

En rupture avec le siècle des Lumières et avec les valeurs de la bourgeoisie de leur temps, les romantiques s'affirment en exaltant les forces du sentiment et de l'individu. Ils soutiennent, au nom de la liberté individuelle, la lutte des peuples opprimés.

ROMANTIQUES : LES ENFANTS DU SIÈCLE

« Soudain, s'assit sur un monde en ruine une jeunesse soucieuse. Ils avaient rêvé pendant quinze ans des neiges de Moscou et du soleil des Pyramides ; on les avait trempés dans le mépris de la vie comme de jeunes épées […] ; condamnés au repos par les souverains du monde, livrés à l'oisiveté et l'ennui, ces gladiateurs frottés d'huile se sentaient au fond de l'âme une misère insupportable. »
Alfred de Musset

Un mouvement européen

À partir des années 1770, apparaît en Allemagne un mouvement littéraire précurseur du romantisme. Goethe écrit en 1774 *Les Souffrances du jeune Werther*, roman d'un amour sans espoir qui pousse le héros au suicide. Les représentants de ce mouvement se tournent vers le passé pour y puiser des sources d'inspiration nouvelles. En Grande-Bretagne, on glorifie l'amour de la nature sauvage, de la solitude et de la liberté. Le goût pour l'histoire nationale se développe, surtout lorsqu'elle exalte les grands moments de la nation. Ainsi, l'écrivain écossais Walter Scott lance en 1819 la mode du roman historique avec *Ivanhoé*, qui relate la résistance des Saxons face à la domination normande.

Les sentiments plutôt que la raison

La bourgeoisie du XIXe siècle impose une vision raisonnable de la vie et le culte de l'argent. Les romantiques s'inscrivent contre ces valeurs en affirmant la primauté de l'émotion. Ils se plaisent à regarder en eux-mêmes et favorisent l'épanouissement du lyrisme personnel. Ils pratiquent la communion avec la nature et avec l'humanité tout entière, encourageant un retour au sens du religieux : *Le Génie du christianisme* de Chateaubriand, vibrant plaidoyer en faveur du catholicisme, montre l'émouvante beauté de la religion chrétienne et les services qu'elle a rendus à l'humanité.

La bataille d'*Hernani*

À l'annonce de la mise à l'affiche d'*Hernani* (pièce de Victor Hugo, chef de file des romantiques) à la Comédie-Française, les partisans du théâtre classique dénoncent un « tissu d'extravagances » et en colportent des passages déformés. De leur côté, les défenseurs de la pièce, Vigny, Dumas, Mérimée, Balzac, Sainte-Beuve, Nerval et Gautier préparent la première, qui a lieu le 25 février 1830. Ce jour-là, une bataille mémorable oppose les tenants du classicisme (qui sifflent chaque vers), et les « Jeune-France » romantiques, en gilet rouge et cheveux longs, qui applaudissent la pièce et huent les classiques. Malgré le scandale, le comité de censure finit par autoriser la poursuite des représentations en écrivant : « Il est bon que le public voie jusqu'à quel point d'égarement peut aller l'esprit humain, affranchi de toute règle et de toute bienséance. »

La bataille d'*Hernani*, qui oppose classiques et romantiques.

ROMANTISME ET POLITIQUE

Sous la Restauration, Hugo ou Chateaubriand sont ouvertement monarchistes, mais tous les romantiques n'appuient pas le régime : Delacroix participe à l'émeute parisienne de juillet 1830 et prend de nombreux croquis qui lui serviront à peindre *La Liberté guidant le peuple*. En 1848, les romantiques Lamartine, George Sand et Victor Hugo sont au cœur du combat, du côté des révolutionnaires républicains. Et lorsque l'Empire met fin à la IIe République, Victor Hugo s'exile pour 20 ans, dénonçant avec virulence le coup d'État de Napoléon III et les mœurs du second Empire.

De la fraternité à la répression

Lamartine à l'Hôtel de Ville (25 février 1848).

En février 1848, après un incident qui dégénère en émeute puis en révolution, la république est proclamée. Mais ce nouveau régime porteur d'espoir se discrédite en réprimant sauvagement les émeutes ouvrières de juin 1848.

La révolution de février 1848

Le 22 février, une manifestation éclate contre l'interdiction d'un banquet d'opposants prévu à Paris. Le 23, la garde nationale refuse d'intervenir, ce qui provoque le renvoi de Guizot. Au soir du 23 février, les manifestants expriment leur joie devant sa résidence que gardent des soldats. Effrayés, ces derniers font feu sur la foule : 20 morts. Immédiatement, les quartiers ouvriers de l'Est parisien se couvrent de barricades. Le 24 février, les troupes royales se mutinent, et les insurgés attaquent le Palais-Royal. Le roi abdique, et la république est proclamée le soir même à l'hôtel de ville de Paris.

Liberté, Égalité, Fraternité

La Ire République avait proscrit les prêtres et les aristocrates, dressé des guillotines pour se débarrasser de ses opposants, utilisé la guerre civile et la guerre étrangère pour se maintenir. La IIe République proclame la fraternité, institue le suffrage universel masculin, abolit l'esclavage, reconnaît le droit au travail. Des ateliers nationaux sont créés pour donner du travail aux chômeurs. Des prêtres bénissent les « arbres de la liberté », entourés de bourgeois, d'ouvriers et de paysans. La fraternité est aussi la réconciliation entre les peuples, la proclamation d'une paix universelle.

Le pacte du printemps des peuples : la république universelle, démocratique et sociale.

LE PRINTEMPS DES PEUPLES

La révolution parisienne n'est pas isolée : ce n'est qu'un élément d'un grand mouvement européen. Depuis 1815, l'Autriche de Metternich domine en Italie, en Allemagne, en Hongrie et en Bohême. De janvier à juin 1848, les révolutionnaires de ces pays renversent le gouvernement Metternich ainsi que les régimes soutenus par l'Autriche, et imposent des constitutions libérales. C'est le printemps des peuples. Mais les Autrichiens se ressaisissent et imposent par la force le rétablissement des régimes déchus. Cependant, le royaume de Piémont et la Prusse conservent un régime constitutionnel.

Espoirs déçus

Les ouvriers pensent que la république va améliorer leur sort. Or la crise économique et financière qui sévit depuis 1846 aggrave leur condition et l'Assemblée est divisée. Les républicains bourgeois réclament des réformes politiques mais se refusent à tout bouleversement social et trouvent que les ateliers nationaux coûtent trop cher. Les socialistes veulent une transformation complète de la société. Le 21 juin 1848, les ateliers sont dissous. Une insurrection de la misère éclate à Paris le 23 juin. L'Assemblée réagit en confiant au général Cavaignac, ministre de la Guerre, le soin d'écraser l'insurrection (900 soldats et 1 800 insurgés sont tués). La république vient de noyer dans le sang les espérances sociales de février 1848.

La troupe, commandée par le général Cavaignac, écrase dans le sang l'insurrection de la misère de juin 1848.

Le prince-président : premier président de la République

Louis Napoléon est un neveu de Napoléon Ier. Après 1815, il a vécu en exil et fréquenté les milieux carbonari. La révolution de 1848 lui permet de rentrer en France. Avec habileté, il joue de son nom, de son passé et d'une réputation d'homme ouvert aux questions sociales. Il sait aussi profiter des divisions de ses adversaires. En décembre 1848, il est élu président de la République. Le coup d'État du 2 décembre 1851 lui permettra de conserver le pouvoir jusqu'en 1870.

Le prince Louis Napoléon, premier président de la République.

Le temps des affaires

L'empereur Napoléon III.

Le 2 décembre 1852, Louis Napoléon devient empereur sous le nom de Napoléon III. Au cours du second Empire, la France connaît un développement économique sans précédent. En 1870, la défaite de Sedan met fin à l'expérience impériale.

L'empire autoritaire

Pendant les premières années (1852-1860), la vie politique paraît suspendue. Les Assemblées sont strictement contrôlées. Le pouvoir pratique la candidature officielle, c'est-à-dire qu'il propose et soutient ses candidats avec des moyens publics. Les élections sont manipulées. L'opposition est réduite au silence et à l'impuissance. Victor Hugo part en exil à Guernesey. La presse est soumise à la censure et à l'autorisation préalable (accord du préfet avant publication). Le gouvernement exerce une autorité sans contrôle.

UN CURIEUX MÉLANGE

Depuis 1848, le suffrage est universel. Louis Napoléon maintient cet acquis démocratique, mais établit une dictature personnelle : il décide seul de la guerre ou des traités, nomme seul ministres et fonctionnaires, décide seul des lois. Cependant, comme l'empereur désire établir une « démocratie directe », il peut consulter les Français par plébiscite lorsqu'une décision importante doit être prise. C'est ainsi que, le 21 novembre 1852, il leur demande d'approuver la Constitution impériale.

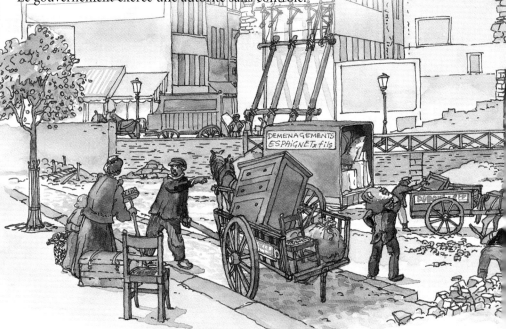

Le développement économique

Napoléon III pense que le développement économique du pays est prioritaire. Il s'intéresse donc d'abord à la production, aux affaires, à la Banque. Les banquiers et les entrepreneurs sont encouragés. La construction du réseau ferroviaire (qui passe en 20 ans de 3 200 à 16 400 km), les grands travaux de construction (avec la reconstruction de Paris) enrichissent la bourgeoisie d'affaires. L'argent et la Bourse sont rois. « La Bourse devient, pour cette génération, ce qu'était la cathédrale au Moyen Âge », écrit Dumas fils.

La libéralisation progressive

Lorsque les catholiques cessent de soutenir le régime à cause de sa politique italienne, Napoléon III cherche à obtenir de nouveaux soutiens dès 1860. Les élections retrouvent une certaine sincérité et les assemblées un pouvoir politique. Les libéraux et les républicains osent s'opposer au gouvernement. Le Tiers Parti d'Émile Ollivier peut former un gouvernement d'opposition. La presse recouvre une certaine liberté d'expression. Henri Rochefort ne craint pas d'écrire dans le premier numéro de *La Lanterne* : « La France contient 36 millions de sujets sans compter les sujets de mécontentement. »

LES GRANDS TRAVAUX
MENÉS PAR
HAUSSMANN À PARIS.

MAGENTA ET SOLFERINO

Napoléon III a une grande idée : favoriser l'émergence des nations. C'est pourquoi il soutient les Italiens en lutte pour leur unité contre l'Autriche. En juin 1859, les troupes franco-italiennes remportent les victoires de Magenta et Solferino, et permettent ainsi la création d'un royaume unitaire d'Italie. Ces victoires apportent à la France Nice et la Savoie, dernier agrandissement d'importance du pays. Les souffrances des blessés et le désarroi des prisonniers de ces deux batailles donnent au Suisse Henri Dunant l'idée de créer la Croix-Rouge, idée qu'il concrétisera à Genève, en 1864.

La guerre franco-allemande : Sédan

Bismarck souhaite achever l'unité allemande au moyen d'une victoire sur la France et provoque la déclaration de guerre de la France à la Prusse en juillet 1870. Les troupes françaises, mal préparées, mal équipées et mal commandées, sont battues par les Prussiens en plusieurs batailles sanglantes et rejetées dans la place forte de Sedan. Le 2 septembre, Napoléon III préfère se rendre. Le 4 septembre, à Paris, Gambetta proclame la république.

La bataille de Reischoffen contre les Prussiens : charge des 8e et 9e cuirassiers (6 août 1870).

L'acier et la vapeur

Énergie bon marché, le charbon permet de fabriquer du fer et de l'acier dans les hauts-fourneaux, et aussi d'animer les machines à vapeur dans les usines, sur les trains et les bateaux.

De vastes usines

Dans les hauts-fourneaux, le minerai de fer mélangé à du coke est fondu pour produire de la fonte qui, travaillée, donne du fer et de l'acier. Ce fer et ce charbon sont le « pain de l'industrie », les matières premières sans lesquelles rien ne peut se faire. Dans les usines, des machines à vapeur actionnent de nombreuses machines (marteau-pilon, par exemple) rassemblées en de vastes ateliers.

Le « vapeur » transforme les conditions de la navigation maritime et fluviale.

LES MINES

La houille s'impose comme combustible à partir du milieu du XVIIIe siècle. L'aventure charbonnière du Nord commence en 1720 avec le creusement des premières mines. En 1789, la Compagnie d'Anzin employait déjà 4 000 ouvriers qui extrayaient quelque 280 000 tonnes de charbon.
Le développement s'accélère au XIXe siècle : l'extraction passe à 800 000 tonnes en 1820, pour atteindre 5 millions de tonnes en 1847 et une quarantaine de millions de tonnes à la veille de 1914.

PAYSAGE DE MINES ET DE HAUTS-FOURNEAUX.

LES GRANDS MAGASINS

Conçus pour écouler la production
de masse fournie par les usines,
les premiers grands magasins,
ces « cathédrales du commerce »,
ouvrent leurs portes dans
les grandes villes.

Esclaves de la machine

Un apprenti ouvrier, par Rouault.

La révolution industrielle entraîne de profonds changements : les effectifs du monde ouvrier augmentent rapidement, et un véritable prolétariat vivant dans des conditions extrêmement difficiles se concentre dans les villes.

Naissance de la classe ouvrière

La grande industrie naissante puise sa main-d'œuvre dans les campagnes, utilise les travailleurs immigrés et embauche massivement femmes et enfants. Mais ces divers ouvriers ne sont pas préparés au travail industriel qui est un travail collectif, soumis au rythme implacable des machines.

Des conditions épouvantables

Les dirigeants d'entreprise, pour augmenter leurs profits, imposent l'allongement de la durée du travail journalier et hebdomadaire et l'intensification des cadences de production. On utilise le « salaire aux pièces » (la rémunération dépend de la quantité effective de travail fourni) et la contrainte : amendes pour retard ou absentéisme et licenciement. Pour un même emploi, les femmes et les enfants ont des salaires inférieurs de moitié à ceux des hommes. Travaillant 15 heures par jour, soumis à une discipline sévère, les ouvriers ne bénéficient d'aucune protection et risquent à tout moment l'accident et le chômage, qui les précipitent dans la misère. La criminalité, l'alcoolisme et les épidémies sont les grandes plaies des quartiers populaires.

Ouvriers travaillant dans une fonderie.

Le travail des enfants

Dès l'âge de 6 ou 7 ans, de nombreux enfants travaillent dans les mines ou en usine. De petite taille et agiles, ils peuvent descendre dans des galeries étroites où, se tenant debout, ils poussent les chariots. Dans le textile, leur souplesse leur permet de se glisser sous les métiers à tisser en marche pour attacher les fils brisés ou nettoyer les pièces mécaniques encrassées. Ils sont soumis aux mêmes horaires que les adultes, et ne sont pas mieux traités. Les patrons encouragent le travail des enfants car, pour un travail similaire, un adulte doit être payé plus cher.

MELANCHOLIA

« Travail mauvais qui prend l'âge tendre en sa serre,
Qui produit la richesse en créant la misère,
Qui se sert d'un enfant ainsi que d'un outil. »
Victor Hugo, 1838.

Travail des enfants dans une mine de houille.

MESURES POLITIQUES ET SOCIALES

1841 : Loi fixant l'âge minimal du travail à 8 ans (mais uniquement dans les entreprises de plus de 20 ouvriers).
1851 : Loi limitant la durée du travail à 10 h au-dessous de 14 ans et à 12 h entre 14 et 16 ans.
1874 : Loi fixant l'âge minimal du travail à 12 ans. Pour les ouvriers de moins de 16 ans et pour les femmes, le travail de nuit est interdit et le repos du dimanche obligatoire.
1882 : Loi instaurant un enseignement laïque et obligatoire.
Toutes ces mesures permettent la protection des enfants, en rendant leur travail beaucoup moins rentable.
À la fin du XIXe siècle, la condition ouvrière connaîtra une nette amélioration : salaires plus élevés, conditions sanitaires meilleures, construction par la grande industrie de logements, hôpitaux et écoles.

Prise de conscience

La multiplication des enquêtes officielles (Parlement en Grande-Bretagne) ou privées (travaux des docteurs Guépin ou Villermé en France) mettent bientôt au grand jour le scandale de la misère ouvrière. Ces rapports décrivent « les misérables créatures hébétées par un inconcevable excès de travail, et réduites à l'état des machines dont elles ne sont plus que les accessoires obligés ». En 1802, le Parlement anglais commence à mettre un terme aux plus « cruels abus ». En France, c'est seulement en 1840 que les premiers débats s'amorcent autour d'un projet de loi destiné à limiter le travail des enfants.

| 1810 | 1820 | 1830 | 1840 | 1850 | 1860 | **1870** | 1880 | 1890 | 1900 | 1910 | 1920 |

Gambetta quitte Paris en ballon pour rejoindre Tours.

La Commune de Paris

Dernière véritable révolution parisienne et première tentative de gouvernement ouvrier, la Commune de Paris est aussi le sursaut de fierté nationale d'une capitale assiégée par l'ennemi et qui ne se rend pas.

LE BALLON DE GAMBETTA

Léon Gambetta, fils d'émigré italien, est ministre de l'Intérieur du gouvernement de la Défense nationale. C'est à ce titre qu'en ballon il quitte la capitale assiégée pour organiser la défense du pays. En 4 mois, il improvise une grande mobilisation, arme et équipe 600 000 hommes avec 1 400 canons. Le commandement allemand est surpris et inquiet de cette résistance imprévue qui prolonge la guerre pendant l'hiver. Mais cette armée de la Loire, mal encadrée, est battue et doit signer l'armistice. Dès lors, Gambetta va se consacrer à la victoire de la république.

Une naissance dramatique

La défaite de Sedan provoque la chute du second Empire, et la proclamation de la république (4 septembre 1870). Le gouvernement de la Défense nationale, installé dans Paris assiégé par les Prussiens, se consacre à la poursuite de la lutte contre l'ennemi. Nommé ministre de la Guerre, Gambetta quitte Paris en ballon le 7 octobre 1870 pour s'installer à Tours. De là, il lève sans faiblir de nouvelles troupes. Mais ces recrues, mal encadrées, n'arrivent pas à redresser la situation. En janvier 1871, le gouvernement doit demander l'armistice.

L'arrivée de Thiers

Bismarck n'acceptant de négocier qu'avec un gouvernement nommé par une assemblée élue, il faut organiser des élections dans le pays occupé. La campagne électorale oppose les républicains, partisans de la poursuite de la guerre, et les royalistes, divisés sur le nom du futur roi mais tous favorables à la paix. Le 8 février 1871, les Français votent pour la paix en élisant 400 royalistes, 200 républicains et 30 bonapartistes. Thiers devient chef du gouvernement de la République.

Adolphe Thiers (1797-1877) : négociateur avec la Prusse et implacable avec la Commune.

L'insurrection de Paris

Mais ce gouvernement multiplie les mesures vexatoires envers les Parisiens : défilé des Prussiens dans une ville qui ne s'est pas rendue, installation de l'Assemblée nationale à Versailles, désarmement de la garde nationale. Il aggrave la misère des petites gens en supprimant la solde de la garde nationale, seule ressource des ouvriers. Le 18 mars, Thiers décide de désarmer la garde nationale en faisant enlever les 227 canons installés à Montmartre. Mais l'opération, mal conduite, échoue : les troupes fraternisent avec la population de Paris qui se soulève. Thiers décide alors de quitter la ville en l'abandonnant à l'insurrection.

La Commune

Un comité central s'installe à l'Hôtel de Ville sous le nom de Commune de Paris. Il est composé pour l'essentiel d'ouvriers, d'artisans et de petits-bourgeois qui n'accédaient jamais au pouvoir sous les régimes antérieurs. Une législation très progressiste est mise en place. Le calendrier révolutionnaire est rétabli, le drapeau rouge adopté. Des mouvements insurrectionnels analogues se produisent dans plusieurs autres villes, en particulier à Lyon, Marseille, Nîmes, Saint-Étienne. Mais la province est effrayée par cette agitation révolutionnaire. Les mouvements communalistes de province sont immédiatement écrasés.

Louise Michel, parlant à un groupe de communards, par Jules Girardet.

La Semaine sanglante

Avec l'aide de Bismarck, qui libère des prisonniers français, Thiers rassemble ensuite à Versailles une armée de 130 000 hommes sous le commandement de Mac-Mahon. Paris subit alors un deuxième siège (par des troupes françaises, cette fois, les « Versaillais ») qui débute le 18 mars 1871. Le 21 mai, les Versaillais réussissent à entrer dans Paris par une porte mal gardée. C'est le début de la Semaine sanglante qui aboutit à l'exécution de 20 000 à 35 000 insurgés. Douze fois plus de victimes en une semaine que la Terreur à Paris en 15 mois ! Cette terrible répression décime l'artisanat parisien et maintiendra pendant de longues années une hostilité sourde entre Paris et la province.

LE MUR DES FÉDÉRÉS

Les « fédérés » sont les gardes nationaux parisiens qui luttent contre les Versaillais, pendant le deuxième siège de Paris. Cette troupe d'environ 30 000 hommes mène ses derniers combats dans l'Est parisien, cœur du Paris ouvrier. C'est contre un mur du cimetière du Père-Lachaise que sont fusillés les derniers fédérés. À partir de 1880, ce mur devient un des hauts lieux des cérémonies républicaines puis socialistes, avec la place de la Bastille et celle de la Nation.

Exécution des insurgés de la Commune, contre un mur du cimetière du Père-Lachaise : le mur des Fédérés.

La république s'installe

Née de la défaite et longtemps mal-aimée, la IIIe République ne disparaîtra qu'en 1940, après avoir mis sur pied l'école laïque, gratuite et obligatoire, créé un immense empire colonial et gagné la guerre de 1914-1918.

L'article « J'accuse » de *L'Aurore* signé par Zola.

Portrait du général Boulanger (1887).

La crise boulangiste

Le général Boulanger est un militaire républicain qui s'est distingué pendant la guerre de 1870. Patriote, il entend reconquérir les départements perdus d'Alsace et de Moselle. Devenu ministre de la Guerre en janvier 1886, il entame des tournées qui laissent penser qu'il prépare une guerre contre l'Allemagne, ce qui le rend très populaire. Le gouvernement, jugeant son attitude dangereuse, l'envoie alors à Limoges (il est « limogé »). En janvier 1889, ses partisans le poussent à tenter un coup d'État, mais il hésite, et doit fuir en Belgique où il se suicide peu après.

L'AMENDEMENT WALLON

Pendant 4 ans, l'Assemblée, pourtant en majorité royaliste, hésite entre république et retour à la royauté, car les royalistes sont divisés. Un texte déposé par Henri Wallon en 1875 propose alors d'élire le président de la République à la majorité absolue des suffrages du Sénat et de la Chambre des députés réunis en Assemblée nationale (ce qui est une manière de renoncer à la royauté). Adopté à une voix de majorité le 30 janvier 1875, l'amendement Wallon est l'acte de naissance de la IIIe République.

Le scandale de Panamá

L'effondrement d'une compagnie de travaux publics chargée de creuser un canal à Panamá (Amérique centrale) crée le plus grand scandale financier de la IIIe République entre 1891 et 1893. Le projet, mal conçu et mal réalisé, devient un gouffre financier qui ruine 85 000 souscripteurs. En 1892, Drumont, dans une série d'articles, dénonce la corruption de politiques qui auraient touché des chèques (les « chéquards ») pour faciliter la levée des fonds en bourse. Il laisse entendre que la compagnie a été la victime de manœuvres de la « banque juive ». Les conséquences seront graves et durables : une partie importante de l'opinion publique perd confiance dans le régime parlementaire, et l'antisémitisme devient une donnée fondamentale de la vie politique.

Georges Clemenceau, accusé de corruption dans l'affaire de Panamá.

L'affaire Dreyfus

Au départ, il s'agit d'un simple fait divers : un officier français vend des secrets militaires à l'Allemagne. Le 15 octobre 1894, Alfred Dreyfus, de religion juive, est arrêté, jugé et condamné comme traître. Il est envoyé au bagne de l'île du Diable, en Guyane, purger une peine de déportation à vie. Mais en 1896, le véritable coupable est identifié : il s'agit du commandant Esterhazy, aventurier couvert de dettes, lié aux milieux nationalistes. Il y a donc erreur judiciaire. Pourtant Esterhazy est acquitté, le 11 janvier 1898.

Un immense scandale

Le 13 janvier 1898, Émile Zola publie dans le journal *L'Aurore*, une lettre ouverte « J'accuse » qui suscite un immense scandale : l'opinion publique se partage alors entre dreyfusards et anti-dreyfusards. Une vague raciste et antisémite soulève une large partie de l'opinion. Les « intellectuels » (le mot apparaît pour la première fois) se mobilisent pour exiger la vérité.

En septembre 1899, le capitaine Dreyfus est de nouveau condamné, mais gracié par le président de la République, avant d'être réhabilité en 1906.

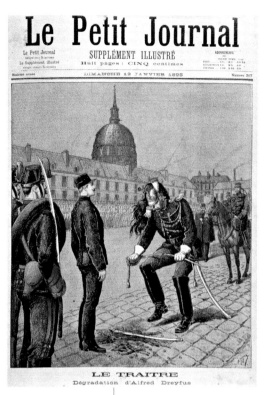

LE TRAITRE
Dégradation d'Alfred Dreyfus

**La dégradation
du capitaine Dreyfus.**

Les attentats anarchistes

Les anarchistes veulent renverser la république bourgeoise par des actes terroristes. C'est ainsi qu'ils assassinent le président de la République Sadi Carnot, en 1894, jettent une bombe dans la Chambre des députés et attaquent des banques. La célèbre bande à Bonnot s'enferme dans une auberge avant d'être arrêtée par la police de Clemenceau.

SÉPARATION

Certains milieux catholiques ayant joué, lors de l'affaire Dreyfus, un rôle actif dans le camp nationaliste, les républicains décident de réduire leur influence. En 1905, la loi de séparation des Églises et de l'État est votée : elle met fin au régime de concordat qui datait de 1802 et supprime la très ancienne tradition qui accordait au catholicisme une situation privilégiée en France.

**Un des membres
de la bande à Bonnot,
lors de son procès
(interprété par
Jacques Brel).**

Manifestation d'ouvriers, dans le film *Germinal*.

Le monde ouvrier s'organise

Le développement exceptionnel de l'économie du XIXᵉ siècle s'est accompagné de différences énormes dans la répartition des richesses : l'écart des fortunes va de 1 à 7 000 à Paris ! Très tôt se créent mouvements syndicaux et socialistes.

L'INTERNATIONALE OUVRIÈRE

La première Association internationale des travailleurs est créée à Londres en 1864. En 1876, les dissensions entre marxistes et anarchistes provoquent sa disparition, mais une IIᵉ Internationale naît en 1889. Elle fait du 1ᵉʳ mai la journée des travailleurs, en souvenir de la manifestation de 1886 à Chicago, où la police a tiré sur des manifestants réclamant la « journée de 8 heures ».

Des associations interdites

Pour sortir de la misère, le recours à la violence paraît aux ouvriers la seule solution, puisque grèves et associations sont interdites. C'est ainsi que des canuts lyonnais, craignant de perdre leur emploi, faillirent noyer Jacquard (inventeur génial d'un métier à tisser quasi automatique) en 1808. En cas de grève, l'armée est requise contre les grévistes, et on déplore souvent des morts. Il faudra attendre 1864 pour que la grève cesse d'être un délit et 1884 pour que le droit aux associations soit légalement reconnu. Les ouvriers créent alors les syndicats, associations destinées à défendre les intérêts matériels et moraux de leurs adhérents.

Les mouvements syndicaux

Le syndicalisme est divers. À côté d'un syndicalisme des métiers, qui ne prend en compte que les préoccupations d'une profession, il existe le syndicalisme des bourses des métiers qui entend prendre en charge les revendications de tous les salariés face au patronat. Le syndicalisme réformiste, qui lutte d'abord pour des améliorations immédiates, s'oppose au syndicalisme révolutionnaire pour lequel l'émancipation du salarié passe par un changement de société. Ces divers courants fusionnent tardivement pour constituer en 1895 la CGT (Confédération générale du travail).

Le socialisme

Ce mouvement politique entend proposer plus de justice sociale, plus de solidarité entre les citoyens et une démocratie plus authentique. Certains socialistes font confiance à la nature humaine (Fourier, Proudhon, Blanqui). Ils se font qualifier d'« utopistes ». D'autres, « socialistes scientifiques », assurent que la classe ouvrière doit prendre le pouvoir par une révolution et établir les bases d'une nouvelle société. Ce sont essentiellement les disciples de Marx ou marxistes (Guesde, Lafargue, Allemane). D'autres encore, les anarchistes, estiment qu'il faut rejeter toute autorité et tout État, même socialiste. Ces multiples tendances essaient de cohabiter au sein de la SFIO (Section française de l'internationale ouvrière) à partir d'avril 1905.

Couverture du journal *L'Assiette au beurre* réclamant les « trois huit » à l'occasion du 1er mai.

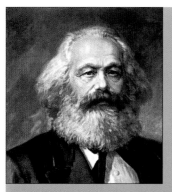

KARL MARX

C'est à Paris que Marx (1818-1883) rédige le *Manifeste du parti communiste* (1848) qui rassemble l'essentiel de sa pensée. Il analyse l'Histoire comme une « lutte de classes » entre ceux qui possèdent les moyens de production et ceux qui vendent leur travail (les prolétaires). Les profits réalisés par les possédants proviennent de l'exploitation des prolétaires. La classe ouvrière doit donc conquérir le pouvoir par la force, puis instaurer une « dictature du prolétariat », prélude à une société communiste sans classes.

JOSEPH PROUDHON

C'est l'un des maîtres à penser du socialisme français. Né en 1809, il se fait connaître en 1840 par son livre *Qu'est-ce que la propriété ?*, dans lequel il dénonce les inégalités sociales de son temps. Il devient vite un théoricien de la coopération et de la mutualité. Profondément démocrate, il prône la participation active du citoyen au moyen d'une forte décentralisation des pouvoirs et milite contre le centralisme jusqu'à sa mort en 1865.

Un dîner bourgeois
à la fin du XIXe siècle.

L'argent roi

LA « NOUVELLE CUISINE »

Les Français commencent enfin à manger à leur faim. Ils découvrent les plaisirs de la table et mangent varié : c'est la cuisine « bourgeoise » de nos provinces, abondante et savoureuse. À table, on remplace l'eau par du vin, on mange du pain blanc (sans mélange de son ou de seigle), on boit du café à la fin du repas et, dans les campagnes, on achète de la viande en boucherie pour changer des volailles et du porc domestiques.

La France du XIXe siècle connaît une période d'expansion économique telle qu'il faut remonter aux XIe-XIIIe siècles pour trouver un phénomène analogue. C'est le temps de la révolution industrielle et de l'essor des villes avec leurs faubourgs ouvriers et leurs quartiers bourgeois. L'argent devient roi avec la Bourse.

L'enrichissement des Français

Le niveau de vie des Français s'élève : le salaire réel double entre 1830 et 1913, malgré de grandes disparités. À côté des grands bourgeois, une bourgeoisie moyenne se développe, formée de commerçants, médecins, ingénieurs, rentiers : elle détient l'essentiel de la richesse du pays. À la veille de 1914, on estime que les « rentiers » représentent environ 20 % de la population, alors que les « privilégiés » de l'Ancien Régime n'étaient qu'environ 5 % ! La vie quotidienne s'améliore : vêtements de meilleure qualité, décor d'intérieur plus cossu, vaisselle et mobiliers plus abondants. On prend alors l'habitude d'avoir des « vêtements du dimanche », c'est-à-dire de beaux habits pour les jours de fête ou de repos.

L'essor urbain

Les villes retrouvent un nouveau dynamisme.
Leur population augmente rapidement, au moins pour
les chefs-lieux. De nouvelles agglomérations naissent,
en particulier dans les régions minières. Leur aspect change :
des faubourgs ouvriers et artisanaux apparaissent
à la périphérie du cœur ancien. Des quartiers bourgeois
se construisent le long de boulevards plantés d'arbres
et agrémentés de fontaines publiques.

La Bourse

Ces transformations ont pour partie leur origine dans
la diffusion des Bourses. La Bourse est un marché où
se négocient des valeurs dites mobilières (des actions et
des obligations). Les actions sont des parts de sociétés qui
donnent droit à une fraction du bénéfice : le dividende.
Les obligations sont des reconnaissances de dettes qui
rapportent un certain taux d'intérêt. En fonction des résultats des sociétés ou
de l'environnement économique, ces valeurs connaissent des variations de prix :
on dit alors que la Bourse monte ou baisse.

Le Stock Exchange, la Bourse de Londres.

L'INVENTION DE L'« ACTION »

Les moulins du Bazacle à Toulouse sont de très grands
moulins construits sur la Garonne, au gué du Bazacle. Ils sont
restés jusqu'au XIXᵉ siècle les plus grands moulins d'Europe.
Pour les édifier et les entretenir, les Toulousains ont créé
des parts qui pouvaient se vendre ou s'échanger. Ils ont donc
inventé l'action, dès le XIIIᵉ siècle.

Le Bazacle de Toulouse.

LONDRES ET AMSTERDAM

Pour développer leur
commerce colonial qui
implique la construction
de bateaux et
la réunion de grosses
sommes d'argent,
les armateurs hollandais
puis anglais reprennent
l'idée des Toulousains
de créer des parts
négociables. Une famille
de Bruges, les Van der
Bürse, serait à l'origine
du mot « Bourse ».
C'est d'ailleurs
à Anvers, qui prend
la suite de Bruges,
qu'apparaît la plus
vieille cote – liste
de cours de sociétés
– en 1592. L'essor
économique de
l'Angleterre au XIXᵉ
siècle impose Londres
comme première place
boursière devant Paris.

Les hussards de la république

L'ÉCOLE ET LA RÉPUBLIQUE

Formés dans les écoles normales, les instituteurs et institutrices, ces « hussards noirs de la république », diffusent les valeurs de la république : démocratie, idéaux de 1789, mais aussi éducation morale, lutte contre l'alcoolisme (qui est alors un véritable fléau) et exaltation du patriotisme. Le *Tour de la France par deux enfants*, manuel scolaire paru en 1877, en est la meilleure illustration.

Commencé dans les années 1830-1850, l'effort d'éducation populaire est d'abord le fait des écoles religieuses. La IIIe République généralise cet effort en décrétant l'école laïque, gratuite et obligatoire.

Un essor précoce

C'est Guizot qui, sous Louis-Philippe, s'est attaché au développement de l'instruction primaire. La loi Guizot de juin 1833 fixe les bases de l'enseignement élémentaire en faisant coexister écoles publiques et écoles privées. Elle crée les écoles primaires supérieures, ainsi qu'une école normale par département, destinée à la formation des instituteurs. La concurrence entre les écoles religieuses et les écoles laïques est alors très vive et les premières se multiplient, en devenant gratuites comme les frères des écoles chrétiennes.

Guizot, qui a développé l'instruction primaire.

La IIIe République et l'école

Sous l'influence de Jules Ferry, sont votées successivement les lois sur la gratuité de l'enseignement primaire (1881), puis sur l'obligation scolaire de 6 à 13 ans et sur la laïcité de l'enseignement public (1882). Le personnel religieux ne peut plus être recruté dans l'enseignement public à partir de 1886. Ces lois couronnent une évolution : elles n'apportent pas l'école à un pays déjà majoritairement acquis à l'instruction, mais aident à son unification et favorisent l'instruction féminine.

Le *Tour de la France par deux enfants*

Ce livre de lecture, édité en plusieurs millions d'exemplaires, est massivement utilisé par l'école républicaine. Il raconte le voyage que font en 1871 deux orphelins alsaciens de 14 et 7 ans pour rejoindre leur oncle Frantz, qu'ils croient à Marseille. Au cours de leur périple, les deux héros découvrent les paysages et les activités des régions traversées. Ils font l'apprentissage du courage et de la persévérance, et cultivent le sens du devoir et l'amour de la patrie. Le livre démontre que travail et rigueur morale font la supériorité d'une nation.

La presse populaire

La IIIe République, dont les lois sont imprégnées de foi dans la science et le progrès, permet une première démocratisation de la culture grâce à l'école : Hachette, spécialiste du livre scolaire, est le premier éditeur de l'époque mettant à la disposition du public encyclopédies et dictionnaires. La « petite presse » bon marché et à très gros tirages ainsi que la presse locale sont énormément lues : *Le Petit Journal*, *Le Petit Parisien*, *Le Matin* et *Le Journal* représentent au total 2,4 millions d'exemplaires. Il s'agit d'une presse populaire qui n'hésite pas à être satirique (*Le Grelot*) et s'intéresse essentiellement aux faits divers. La presse d'opinion est moins diffusée.

**Couverture du journal *Le Grelot*
(10 février 1878). *La Marseillaise*,
chant national, fait fuir l'aristocrate
et l'ecclésiastique.**

Une médecine nouvelle

Louis Pasteur, dans son laboratoire.

PASTEUR

Ce chercheur commence à étudier la chimie avant de s'intéresser aux fermentations. On pense à cette époque que la vie peut apparaître à partir du néant : c'est la théorie de la « génération spontanée ». L'étude des fermentations permet à Pasteur de démontrer que celles-ci sont dues à l'action de micro-organismes, et donc que la génération spontanée n'existe pas. Ses études montrent que beaucoup de maladies sont aussi provoquées par des micro-organismes. Pasteur arrive à diminuer la virulence de ceux-ci et réalise, après d'innombrables difficultés, les vaccins contre le charbon et la rage.

Pendant le siècle qui suit la Révolution française, la médecine française connaît des progrès spectaculaires avec l'essor de l'École de médecine de Paris.

Un nouvel enseignement

Les hôpitaux (Beaujon, Necker, Cochin) se sont multipliés à la fin de l'Ancien Régime. Ce sont encore des institutions charitables gérées par l'Église. La Convention décide de confier leur direction à des médecins et à des chirurgiens comme Pinel, Bichat ou Broussais. Un nouvel enseignement de la médecine, fondé sur la pratique, est alors mis en place en 1794. Les élèves ont moins de cours publics, mais s'exercent aux expériences cliniques, aux dissections anatomiques, aux opérations chirurgicales, aux appareils. « Peu lire, beaucoup voir et beaucoup faire », telle est la devise de ce nouvel enseignement.

Identifier et classer

Les médecins deviennent des observateurs de la maladie, s'efforcent de les identifier et de les classer. L'invention du stéthoscope par Laennec va leur fournir l'outil adéquat et devenir le symbole de la profession. Ainsi apparaissent dès 1845 des spécialistes, obstétriciens-gynécologues, psychiatres, orthopédistes, ophtalmologistes, urologues, dermatologues, pédiatres.

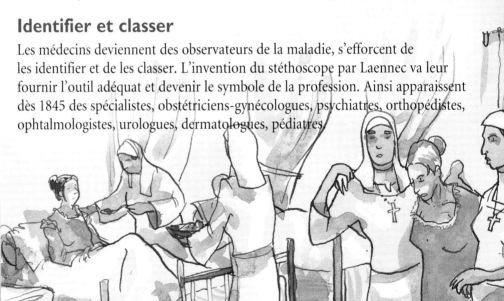

La révolution pasteurienne

À la suite de l'étude des fermentations, Pasteur montre le rôle majeur des agents infectieux, qu'ils soient bactéries ou virus. De ce fait, ces germes isolés peuvent être mis en relation avec des maladies particulières : ainsi, Pasteur découvre le bacille du charbon. Parallèlement, Koch, médecin et microbiologiste allemand, découvre le bacille de la tuberculose. C'est toute la médecine qui va s'en trouver bouleversée : les médecins savent désormais protéger contre l'infection, lutter contre la propagation des maladies et utiliser la vaccination. Des instituts Pasteur sont créés outre-mer, servant souvent d'alibis à la colonisation.

CLAUDE BERNARD

Ce médecin publie en 1865 son *Introduction à l'étude de la médecine expérimentale*, ouvrage qui définit les principes fondamentaux de la recherche scientifique. Le livre est moins apprécié en France qu'en Allemagne où Koch va diffuser les idées nouvelles de Claude Bernard.

TRANSFORMATIONS DE L'HÔPITAL AU XIXᵉ SIÈCLE.

UN RAYONNEMENT INTERNATIONAL

De nombreux étudiants et médecins étrangers viennent étudier à Paris. Allemands, Autrichiens, Anglais, Américains, Espagnols choisissent ainsi de se former en France et diffusent les connaissances nouvelles dans le monde entier.

1810 1820 1830 1840 1850 1860 1870 1880 1890 1900 1910 1920

Le premier vol de Clément Ader, sur son avion *Éole* (9 octobre 1890).

Pétrole et électricité

TRANSFORMATIONS INDUSTRIELLES

Grâce à l'électricité, Héroult met au point en 1886 l'électrolyse, qui permet la production en masse de l'aluminium : son prix chute de 60 francs en 1880 à 1,70 franc en 1909. La chimie organique devient une branche de première importance, avec la mise au point expérimentale des colorants dérivés du benzène et le premier développement des matières plastiques (Celluloïd, inventé en 1870 et utilisé par l'industrie du cinéma et de la photo, Bakélite inventée en 1910). Enfin, l'Europe industrielle entre véritablement dans l'âge de l'acier, dont la production connaît une ascension vertigineuse à partir de 1870.

Marquée par l'utilisation des nouvelles sources d'énergie (l'électricité et le pétrole), la deuxième révolution industrielle se met en place à partir des années 1880, sans entraîner de vraie rupture avec la période précédente.

La fée Électricité

L'invention de la dynamo, en 1872, permet la production industrielle d'électricité. Son transport à distance par ligne électrique est réalisé en 1883. À partir de 1890, la houille blanche, c'est-à-dire l'énergie produite par la chute des cours d'eau en montagne, remplace la machine à vapeur pour faire tourner les dynamos. Les premiers réseaux d'éclairage public et de distribution permettent la traction des tramways et des métros et le développement du cinéma, inventé par les frères Lumière en 1895. Dans les usines, la machine à vapeur centrale est remplacée par l'alimentation individuelle de chaque poste à l'électricité.

Avions, trains et bateaux à vapeur permettent aux hommes de se déplacer avec facilité à la surface de la Terre.

Pétrole et moteur à explosion

L'utilisation industrielle du pétrole est d'abord limitée à l'éclairage. Il devient une source d'énergie de premier plan avec l'invention du moteur à explosion, puis du moteur Diesel en 1893. Sa production va passer de 1 million de tonnes en 1870 à 20 millions en 1900. Les premières automobiles sont produites en Europe, dans de petites usines et avec une grande variété de modèles. L'Américain Henry Ford met en place une nouvelle méthode de travail, le fordisme : la production à la chaîne fait diminuer les coûts de production de la Ford T, ce qui permet de vendre ce modèle massivement et à bas prix.

Une automobile au début du XXe siècle.

Automobile et aviation

Mis au point en 1885, le moteur à explosion est installé dans ce qui ressemble encore beaucoup à une voiture à chevaux – sans chevaux. Plusieurs améliorations technologiques viennent compléter la fiabilité et le confort de la voiture à essence : pneumatiques à chambre à air, système de freinage, boîte de vitesses. En 1902, l'auto de Serpollet atteint 120 km/h. En 1890, le Français Clément Ader s'envole sur quelques dizaines de mètres, à bord d'une machine volante plus lourde que l'air, qu'il baptise « avion ». Moins de 20 ans plus tard, un autre Français, Louis Blériot, traverse la Manche en avion.

La bicyclette, encore appelée « petite reine ».

LES CONQUÊTES DE L'AVIATION

1890-1897 : Vols de Clément Ader.
1903 : Vol des frères Wright (américains).
1906 : Trois premiers records de Santos-Dumont (brésilien) : durée (21 s), distance (220 m) et vitesse (41 km/h) à une altitude de 6 m environ.
1908 : Premier kilomètre en circuit fermé par Henri Farman, sur Voisin. Record de distance (66,6 km) par Wright.
1909 : Traversée de la Manche par Blériot.
1910 : Le record d'altitude passe de 1 000 à 3 000 m, les 100 km/h sont dépassés, ainsi que la distance de 500 km.

Aventures coloniales

Le véritable essor de la colonisation française outre-mer date de la IIIᵉ République. Il vise à la fois à effacer la défaite de 1870 et à fournir à l'industrie matières premières et marchés tout en « exportant les valeurs de civilisation » de l'Europe.

Le général Lyautey se rendant à Marrakech en automitrailleuse.

L'explorateur Savorgnan de Brazza discute avec un chef africain, lors d'un voyage au Congo (1885).

« Mission civilisatrice »

Au début du XIXᵉ siècle, la France ne possède que cinq comptoirs aux Indes et quelques colonies dispersées : Martinique, Guadeloupe, Saint-Pierre-et-Miquelon, Guyane et Réunion. L'expédition d'Alger, entreprise pour mettre fin à la piraterie, aboutit à la conquête de l'Algérie en 1847. Sous le second Empire, la France commence à s'installer en Indochine, Nouvelle-Calédonie, Madagascar. Lors de ces conquêtes, les généraux français massacrent ou brûlent les populations qui résistent. Ainsi, Bugeaud raconte : « On ne se bat pas, on incendie… On brûle tous les douars, tous les villages, toutes les cahutes…Des feux qui brûlent indiquent la marche de la colonne… » Les militaires se sentent investis d'une « mission civilisatrice » qui remplace l'évangélisation chère aux conquérants européens des siècles passés.

Le parti colonial

Pour justifier la colonisation, on invoque des arguments économiques (les colonies, riches de matières premières, sont un marché ouvert et un endroit où investir) et politiques (rivalités avec l'Angleterre et l'Allemagne en Afrique, avec l'Angleterre en Orient). Mais on prétend aussi apporter la civilisation à des peuples opprimés, comme l'a fait la Révolution en diffusant la philosophie des Lumières partout en Europe. On retrouve dans le « parti colonial » des universitaires, des hommes d'affaires, des militaires, des banquiers. En 1892, ce groupe de pression est fort de 100 députés. Cependant, certains adversaires de la politique coloniale sont résolus, comme Clemenceau qui s'élève en 1885 contre « ces expéditions coloniales qui nous prennent notre or et le meilleur de notre sang », qui affaiblissent l'armée et sont « contraires aux droits de l'homme ».

Le Petit Journal

M. SAVORGNAN DE BRAZZA
Le vaillant explorateur au milieu de son escorte pendant son dernier voyage au Congo

L'œuvre coloniale

L'administration accomplit de grands travaux d'équipement : barrages, chemins de fer, routes… Mais elle développe les cultures d'exportation, confisque des terres dites « vacantes » et les cède aux colons ou aux grandes compagnies. En dehors des mines ou des industries liées à l'extraction, tout développement de l'industrie locale est exclu, et les équipements sont conçus plus pour le développement de la métropole que pour celui de la colonie.

La colonisation apporte l'ordre, une meilleure hygiène, la suppression de l'esclavage, le début de la scolarisation. Mais les indigènes ne peuvent devenir citoyens français qu'en demandant leur naturalisation.

Ils subissent impôts, corvées et travail sous-rémunéré sans avoir acquis de réelles libertés. En fait, les colonisateurs souhaitent « éclairer » et donc contraindre les peuples colonisés : ils passent du paternalisme envers le « bon sauvage » tant que la population est docile à la répression brutale en cas de révolte.

Combat de Nam Dinh, pendant la guerre du Tonkin (19 juillet 1883).

Le général Gallieni.

L'empire colonial français de 1919 à 1939

LE SOLEIL DU DÉSASTRE

« Le soleil du désastre s'est levé à l'Occident,
Embrassant les hommes et les terres peuplées
La calamité chrétienne s'est abattue sur nous
Comme un nuage de poussière.
Au commencement, ils arrivèrent
Pacifiquement,
Avec des propos tendres et suaves.
« Nous venons commercer, disaient-ils,
Réformer les croyances des hommes,
Chasser d'ici-bas l'oppression et le vol,
Vaincre et balayer la corruption. »
Nous n'avons pas tous perçu leurs intentions
Et maintenant nous voilà leurs inférieurs.
Ils nous ont séduits à coups de petits cadeaux.
Ils nous ont nourris de bonnes choses…
Mais ils viennent de changer de ton. »
El Hajj Ommar, poète du Ghana (1875).

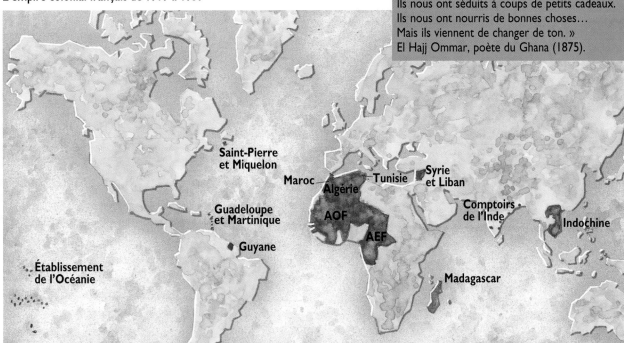

Saint-Pierre et Miquelon

Maroc — Tunisie

Syrie et Liban

Algérie

Guadeloupe et Martinique

AOF

Comptoirs de l'Inde

Indochine

Guyane

AEF

Établissement de l'Océanie

Madagascar

Les Coquelicots par Monet, un hymne à la lumière et à la couleur.

La révolution des arts

Le XIXᵉ siècle voit naître, en littérature comme en peinture, des courants nouveaux qui traduisent l'évolution profonde des mentalités et de la société.

DES LIBÉRATEURS

Van Gogh, Gauguin et Cézanne contestent la fidélité absolue au réel. Ils se libèrent de la perspective et donnent à la couleur un sens plus subjectif que descriptif. Ils annoncent les recherches du XXᵉ siècle.

Stéphane Mallarmé

Ce poète (1842-1898)écrit des « poèmes incantatoires » unissant poésie et musique. Ses œuvres lui assurent une grande renommée auprès d'artistes comme Édouard Manet ou Claude Debussy, qui mettra en musique son poème *L'Après-midi d'un faune*.

LES IMPRESSIONNISTES

En rupture avec l'académisme officiel, ils cherchent à rendre l'impression du moment : leur peinture de plein air cherche à exprimer les effets changeants de la lumière. Les couleurs sont rendues par la juxtaposition sur la toile de taches colorées dont l'œil refait la synthèse. Édouard Manet en est l'initiateur, et fait scandale, avec son *Déjeuner sur l'herbe* ou son *Olympia*. Les paysages de Sisley, Pissarro et Monet, chef de l'école impressionniste, sont incompris de la plupart des contemporains et ne connaîtront qu'une consécration tardive.

Victor Hugo

Chef de file des écrivains romantiques, Hugo (1802-1885) est le « génie du siècle ». On lui doit des œuvres théâtrales (*Hernani*, *Ruy Blas*), des poésies, des romans historiques (*Notre-Dame de Paris*), des études de mœurs (*Les Misérables*), qui savent toucher le cœur et captiver l'imagination jusque dans les milieux les plus populaires. Il prend une part active à la vie politique de son temps, menant une lutte déterminée contre Napoléon III, et reste en exil de 1851 à 1870. De retour à Paris, il devient l'idole des républicains et l'écrivain populaire par excellence. Sa mort donne lieu à des funérailles nationales.

Portrait de Victor Hugo.

Charles Baudelaire

Cet héritier du romantisme (1821-1867) exprime dans son œuvre le tragique de la destinée des hommes et une vision mystique de l'univers. D'abord critique d'art, il traduit ensuite Edgar Poe, en qui il voit un « frère en esprit » mystérieusement accordé au sien. Avec *Les Fleurs du mal*, Charles Baudelaire donne une nouvelle mission à la poésie : faire de la beauté en exprimant le remords du péché, le dégoût de l'existence et le rêve d'un ailleurs à peine entrevu.

Charles Baudelaire.

Arthur Rimbaud

Génie précoce, adolescent révolté qui aime « la muse et la liberté », Rimbaud (1854-1891) déteste le « patrouillotisme » (la guerre et le nationalisme). Après une carrière fulgurante en poésie, où il fait éclater tous les cadres, c'est le silence définitif en 1875, à l'âge de 21 ans. Son œuvre a profondément influencé la poésie contemporaine.

SENSATION

« Par les soirs bleus d'été, j'irai par les sentiers,
Picoté par les blés, fouler l'herbe menue :
Rêveur, j'en sentirai la fraîcheur à mes pieds.
Je laisserai le vent baigner ma tête nue.
Je ne parlerai pas, je ne penserai rien :
Mais l'amour infini me montera dans l'âme,
Et j'irai loin, bien loin, comme un bohémien,
Par la Nature, – heureux comme avec une femme. »
Arthur Rimbaud

Arthur Rimbaud...

Honoré de Balzac

Dans *La Comédie humaine*, Balzac (1799-1850) dresse un tableau fidèle de la société française du début du XIXe siècle, à la fois réaliste et visionnaire. L'œuvre dépeint en 90 romans un univers hanté par le pouvoir de l'argent et livré aux passions dévorantes. Son œuvre est d'une puissance inégalée.

Honoré de Balzac.

Les Belles de nuit au jardin de Paris par Jean **Béraud**.

La Belle Époque

DES NOUVEAUTÉS EN SÉRIE

Dans les rues, d'étranges véhicules avancent en pétaradant : les automobiles. Le vélo, qu'on nomme « petite reine », triomphe : le premier Tour de France est organisé en 1903. L'électricité pénètre dans les maisons des riches et les rues des villes, faisant rouler métros et tramways. Enfin, depuis 1895, les frères Lumière ont inventé un spectacle nouveau : le cinématographe.

Les années 1900 ont reçu le nom de « Belle Époque », en raison de l'insouciance et de la vie brillante menée par les Français les plus aisés. Mais cette vie mondaine se déroule sur un fond de misère du peuple, en proie à deux fléaux : la prostitution et l'alcoolisme.

Une économie prospère

Bien que la France demeure majoritairement paysanne, la grande industrie est définitivement implantée dans le pays. La France, seconde puissance coloniale, est aussi le second banquier mondial. La monnaie n'a pas changé depuis Bonaparte : c'est toujours le franc germinal. L'expansion financière est remarquable, puisque les épargnants n'hésitent pas à exporter leurs capitaux en Russie, dans l'Empire ottoman, en Amérique latine ou en Chine. Les emprunts d'État, considérés comme des valeurs sûres, représentent plus de la moitié des placements à l'étranger. Les rentiers, vivant des revenus de leur capital sans avoir besoin de travailler, représentent 20 à 25 % des Français.

Une vie sociale contrastée

La bourgeoisie passe son temps en mondanités et en fêtes. Beaucoup d'hommes riches entretiennent une liaison discrète avec une jeune femme pauvre : c'est l'époque des « grisettes » ou des danseuses. Pendant ce temps, les ouvriers travaillent 10 heures par jour, 6 jours par semaine sans aucun jour de vacances, et la maladie ou le chômage signifient faim et misère. La prostitution et l'alcoolisme, ces deux fléaux sociaux, servent de contrepoint à la prospérité de la bourgeoisie.

L'Absinthe,
par Edgar Degas.

Un théâtre léger

Feydeau et Courteline triomphent au théâtre. Georges Feydeau porte à sa perfection le vaudeville, pièce au rythme endiablé qui met en scène l'adultère : ce thème favori est la source d'innombrables rebondissements comiques. Georges Courteline, observateur de la vie quotidienne, est à la recherche d'une impossible liberté dans une bienheureuse paresse. Ses courtes pièces retrouvent une bonne part du secret de la farce, qui s'était perdu depuis Molière.

Station du métro parisien.

La porte principale de l'Exposition universelle de Paris (1900).

Exposition universelle de 1900

« Œuvre d'harmonie, de paix et de progrès », l'Exposition universelle qui ouvre ses portes à Paris au printemps 1900 veut être un bilan du siècle : trottoir roulant à trois vitesses, palais de l'électricité, surmonté de « la fée Électricité », palais du costume pour les amateurs de voyages dans le temps ou l'espace, telles sont quelques-unes des attractions qui vont attirer 50 millions de visiteurs, consacrant un triomphe sans précédent.

EXPOSITION 1900 DE PARIS

PORTE PRINCIPALE

Le temps des guerres mondiales

1914	Début de la Première Guerre mondiale
1916	Bataille de Verdun
1918	Armistice de Rethondes
1929	Jeudi noir à New-York
1933	Avènement d'Hitler
1936	Front populaire
1939	Début de la Seconde Guerre mondiale
1940	Appel du général de Gaulle
1944	Débarquement allié en Normandie
1945	Capitulation de l'Allemagne et du Japon

230
Le Front populaire

228
Un krach mondial

226
Les années folles

224
Les frères ennemis

222
Genève, capitale du monde

220
Amère victoire

218
La boue et le sang

216
La fleur au fusil

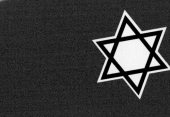

PRÉHISTOIRE
ANTIQUITÉ

600 500 400 300 200 100 0 100 200 300 400 500

Ce quart de siècle qui va de 1914 à 1939 est dominé à la fois par la guerre européenne de 1914 à 1918 et par ses conséquences. Cette guerre marque la fin du siècle précédent et ouvre aussi sur les horreurs du XXᵉ.

232
La montée des périls

234
Vers la guerre

236
La défaite éclair

238
Le monde en guerre

240
Travail, Famille, Patrie

242
La France enchaînée

244
Les camps de l'horreur

246
Résistances

248
Le jour le plus long

800 900 1000 1100 1200 1300 1400 1500 1600 1700 1800 1900 2000

MOYEN ÂGE   TEMPS MODERNES   ÉPOQUE CONTEMPORAINE

La fleur au fusil

Départ du Ier régiment de génie pour le front (10 août 1914).

Assassinat de François-Ferdinand, archiduc d'Autriche, à Sarajevo (28 juin 1914).

La France n'a jamais admis l'annexion de l'Alsace-Lorraine par l'Allemagne. Mais c'est des Balkans que vient le détonateur qui, par l'intermédiaire des alliances, embrase l'Europe entière.

Un jeu d'alliances compliqué

Depuis 1870, la paix en Europe a été maintenue par un jeu complexe d'alliances. La France s'est assuré l'appui de la Russie et, surmontant les rivalités coloniales, s'est alliée à l'Angleterre en 1904. C'est la « Triple Entente ». L'Allemagne peut compter sur l'aide de l'Autriche-Hongrie et de l'Italie. C'est la « Triplice ». Mais la Russie développe une politique de soutien des révoltes slaves et cherche à les unifier sous sa direction ; l'Allemagne et l'Autriche mènent une politique d'expansion de l'influence des Germains vers le sud-est de l'Europe. L'Empire ottoman est la victime de ces politiques qui se révèlent être dangereusement concurrentes.

Le jeu des alliances en Europe avant 1914.

■ **Pays de la Triple Entente ou pays alliés**

Pays neutres ■ **Pays de la Triplice**

L'attentat de Sarajevo

Sarajevo est la capitale de la Bosnie-Herzégovine, province turque placée sous contrôle autrichien en 1878. Le 28 juin 1914, l'archiduc héritier François-Ferdinand et sa femme sont assassinés par un nationaliste serbe qui veut le rattachement de cette province au royaume de Serbie. Dès lors, c'est l'engrenage : l'Autriche attaque la Serbie. Les Russes mobilisent pour secourir les Serbes, ce qui entraîne un ultimatum allemand à la Russie, la mobilisation générale en France, puis l'entrée en guerre de l'Allemagne et de l'Angleterre.

La mobilisation

Elle obéit aux plans des états-majors. Du côté de la « Triple Entente »,
le « plan XVII » prévoit une attaque russe sur le front est et une attaque
française depuis les Vosges en direction de la plaine d'Alsace. Du côté
de la « Triplice », le « plan Schlieffen », par un passage à travers la Belgique
et le Luxembourg, doit prendre à revers les troupes françaises, les détruire puis
se retourner vers la Russie, pour l'écraser. Ces deux plans prévoient une guerre
courte, qui doit durer au plus trois mois.

Une offensive éclair

La guerre commence mal pour les Français, qui sont bousculés, mais reculent en
bon ordre jusqu'à la Marne. Le gouvernement français se replie sur Bordeaux.
La 161ᵉ armée allemande évite Paris pour attaquer les troupes de Lorraine,
exposant ainsi son flanc à une offensive. Le général Joffre sait se saisir de
la chance : conseillé par Gallieni qui apporte des renforts, aidé par l'Anglais
French, il contre-attaque sur la Marne.

La bataille de la Marne

Pour tenter d'arrêter l'offensive éclair allemande, Gallieni décide de réquisitionner
tous les taxis de la capitale pour transporter troupes et munitions. Le 6 septembre
1914, 1 200 taxis, rejoints dès le lendemain par 700 autres, embarquent chacun
quatre ou cinq hommes équipés. Au total, c'est une division entière
qui sera ainsi transportée, apportant un appui
décisif aux troupes déjà engagées. Les combats
dureront une semaine. Les Allemands
doivent finalement reculer, mais
les Français ne peuvent
les chasser de France.

Le général Joffre,
commandant en chef
des armées (1914).

Les taxis de la Marne, affrétés par
Gallieni pour apporter un appui
décisif aux troupes françaises,
les 6 et 7 septembre 1914.

La boue et le sang

Les combats dans les polders des Flandres où s'illustrent les fusiliers marins bretons autour d'Ypres et de Dixmude marquent la fin de la guerre de mouvement. Désormais les armées sont face à face et mènent une guerre de tranchées sur un front de 700 km de long et de 20 à 50 km de profondeur.

LA GUERRE DES TRANCHÉES.

DE NOUVELLES CONDITIONS

Un système de fossés et de talus avec des abris enterrés, protégé par des réseaux de fils de fer barbelé, se met en place, rendant l'ensemble quasi imprenable : c'est la « guerre des tranchées ». L'artillerie (mitrailleuses, grenades, mortiers, canons de toutes tailles, mines) devient prépondérante. De nouvelles armes commencent à être utilisées : le lance-flamme, les gaz asphyxiants, le char d'assaut et l'aviation de combat. Le fantassin a le sentiment d'être de la chair à canon, un sacrifié.

Un poilu de la guerre de 14-18.

La bataille de Verdun

Le camp retranché de Verdun, en grande partie désarmé, n'est relié au reste du front que par une voie de chemin de fer de médiocre qualité.

Les Allemands y massent une fantastique artillerie (un canon tous les 10 mètres) pour obliger les Français à y épuiser leurs forces. Le fort de Douaumont tombe et les Allemands ne sont plus qu'à quelques kilomètres du camp retranché, quand Joffre y fait envoyer le général Pétain, qui a la charge de la direction de la bataille. Pétain, dont les effectifs sont limités par l'offensive de la Somme, obtient qu'on renouvelle constamment ses hommes : c'est le « tourniquet des combattants ». La lutte est celle de fantassins isolés, bombardés, gazés, livrés à eux-mêmes, mais qui défendent le sol de la patrie et qui tiennent bon. À la fin de juillet 1916, les Allemands commencent à reculer. En décembre, la situation est redevenue celle de février. Dans l'enfer de Verdun, les Français laissent 163 000 morts et disparus et les Allemands 143 000.

La bataille de la Somme

C'est le pendant allié de la bataille de Verdun. Les forces franco-britanniques essaient de percer les lignes allemandes, entre les villes d'Albert et de Chaulnes. Le premier jour de l'offensive, les Britanniques perdent 40 000 hommes. En 20 semaines de combats acharnés, les Alliés ne progressent que de 10 km. Au total, la bataille fait plusieurs centaines de milliers de morts et disparus. Là, les Anglais essaient les premiers chars d'assaut, qu'ils nomment entre eux *tanks* (bidons) afin que les services secrets allemands ne les comprennent pas.

1917, année cruciale

La lassitude gagne les opinions publiques. Des grèves éclatent, qui ouvrent en Russie une période révolutionnaire. Les soldats aussi sont fatigués. Ils en ont assez d'être envoyés dans des combats inutiles comme l'offensive du général Nivelle sur l'Aisne, au chemin des Dames, en avril 1917. Des mutineries soulèvent une partie de l'armée. Le général Pétain, chargé de rétablir la discipline et l'autorité des officiers, y réussit en améliorant la « popote », en organisant les permissions et la relève au front, en déplaçant les officiers incapables, en supprimant les offensives inutiles. À la fin de l'année, un gouvernement de combat est mis en place. Clemenceau devient président du Conseil sur un programme qu'il résume en disant : « Je fais la guerre, encore la guerre, toujours la guerre. »

Clemenceau, président du Conseil et ministre de la Guerre, sur le front de Champagne (1918).

Une attaque décisive de chars Renault
FT17, au mois d'août 1918.

Amère victoire

**L'effondrement du front russe permet à l'Allemagne
de ramener à l'ouest des forces nouvelles. Mais malgré
sa supériorité numérique et la présence de Ludendorff,
un brillant stratège, l'Allemagne perd la guerre.**

Succès allemands

Au début de l'année 1918, les Allemands passent à l'offensive et remportent
une série de succès : en Picardie (fin mars-début avril), en Flandres mi-avril,
en Champagne fin mai. À cette date, ils sont à 70 km de Paris, qu'ils bombardent
avec un canon à longue portée (la *Grosse Bertha*). Mi-juillet, pressés d'en finir,
les Allemands lancent ce qu'ils pensent être leur attaque décisive sur la Marne.
C'est la *Friedensturm*, la bataille pour la paix. Ils attaquent près de Reims
et s'avancent vers Château-Thierry. Mais le général Gouraud a organisé
une défense en profondeur. En deux jours, leur attaque est cassée.

Renversement de situation

Puis, avec l'appui de troupes américaines, les Français
partent à l'assaut aidés des chars. Le 8 août 1918,
« jour de deuil de l'armée allemande »(Ludendorff),
Foch réussit la percée en lançant une masse de plus de
500 chars Renault FT17 autour de Soissons. Ces chars
sont légers, maniables, et peuvent tirer dans toutes
les directions. Ils permettent d'écraser les barbelés
et protègent les fantassins des tirs ennemis.
Les Allemands, qui ne disposent pas d'une arme aussi
efficace, se replient et commencent à reculer au-delà
de leurs positions de départ. En septembre, l'offensive
alliée devient générale. Les alliés de l'Allemagne ont
cessé le combat. C'est la défaite : les Allemands laissent 20 000 prisonniers
sur le champ de bataille et perdent plus de 600 pièces d'artillerie.

Combat aérien.
Au premier plan,
un avion biplan Spad
(février 1918).

Le cessez-le-feu de Rethondes

Le train du maréchal Foch, commandant des troupes alliées, est stationné dans
la clairière de Rethondes, en forêt de Compiègne. Les plénipotentiaires allemands
viennent y discuter des conditions d'un arrêt des combats, le 8 novembre 1918.
C'est là qu'est signé le cessez-le-feu qui met fin à quatre ans de guerre. Celui-ci
entre en vigueur le 11 novembre 1918, à 11 heures du matin.

Perdre la paix en gagnant la guerre

La guerre se termine sans que les troupes alliées aient pénétré sur le sol allemand.
L'Allemagne n'a donc pas le sentiment d'avoir perdu la guerre, et elle se sent
bafouée par l'obligation
de payer des réparations.
La France est détruite en partie
jusqu'à la Somme. Elle a perdu
les fonds qu'elle avait placés
en Russie et dans l'Empire
ottoman. Il lui reste aussi
à payer sa dette à l'Amérique.
Enfin, et surtout, la guerre
a tué 1,4 million de soldats,
en a gravement blessé
1 million et mutilé 3 millions !
C'est donc un pays vainqueur
qui termine la guerre ruiné.

Monument aux morts et cimetière
de Douaumont (Meuse).

LES AMÉRICAINS

Les Américains entrent
en guerre en 1917,
à la suite du torpillage
par les sous-marins
allemands de navires
de commerce, dont
le *Lusitania*. D'autre
part, leurs services
secrets leur ont révélé
les manœuvres
allemandes poussant
le Mexique à leur faire
la guerre. Plus que
les *boys*, c'est l'aide
industrielle
et financière apportée
par l'Amérique qui
est importante,
sans parler du soutien
moral, précieux
en cette quatrième
année de guerre.

Genève, capitale du monde

Palais de la Société des Nations à Genève.

La guerre de 1914-1918 devait être la « der des der » (la dernière des dernières guerres). Pour assurer la victoire définitive de la paix, le président des États-Unis Wilson propose la création de la Société des Nations.

L'esprit de Genève

La Société des Nations, née le 10 janvier 1920, siège à Genève, car la Suisse multinationale, tolérante et neutre, est l'exemple d'un État démocratique et pacifiste. Les débuts sont difficiles car, dans la nouvelle Europe issue de la guerre, les problèmes ne manquent pas. Or la Société des Nations réussit à les régler sans recourir à la guerre. C'est l'« esprit de Genève », volonté pacifiste de choix de la négociation et de recours à l'arbitrage. Cet esprit a aussi pour exigence le refus des clauses secrètes dans les traités et le droit de n'importe quel gouvernement à être informé des discussions en cours.

PAN-EUROPA

En 1923, sort en librairie *Pan-Europa*, livre-plaidoyer pour une union de l'Europe écrit par l'aristocrate eurasien Richard de Coudenhove-Kalergi. Sa mère est japonaise, et son père diplomate à Tokyo. Grâce à sa culture nippone, l'auteur échappe en grande partie au nationalisme de ses contemporains. Habitué à fréquenter une société cosmopolite, il se constitue un remarquable réseau de relations dans toute l'Europe. À partir de 1924, ce livre va servir de ferment à la création d'associations prônant déjà une Europe unie.

SÉANCE PLÉNIÈRE DE LA SOCIÉTÉ DES NATIONS EN 1925.

Le duo franco-allemand

Aristide Briand est un avocat qui participe à la fondation
du parti socialiste, la Section française de l'Internationale ouvrière
(SFIO). Ministre dès 1905, sa carrière politique se développe
surtout après 1918. Ministre inamovible des Affaires étrangères
de 1925 à 1932, il devient le « pèlerin de la paix ». Gustav
Stresemann, lui, est chancelier allemand en 1923 puis ministre
des Affaires étrangères jusqu'à sa mort. Soucieux de rétablir
le rang de son pays, il comprend qu'il ne peut y parvenir que par
la négociation. Les deux hommes prônent inlassablement une
réconciliation franco-allemande et en viennent à conclure le pacte
de Locarno (16 octobre 1925) et le pacte de renonciation
à la guerre, dit pacte Briand-Kellogg, du 27 août 1928.

Un projet d'Union européenne

Aristide Briand souhaite aller plus loin en jetant les bases d'une union fédérale
européenne, garante du maintien de la paix dans cette partie du monde.

Un projet d'organisation fédérale est présenté
le 17 mai 1930 (mémorandum de Genève).
L'« Europe » d'Aristide Briand s'articule autour
de quelques organes confédéraux, avec
une conférence des délégués et un exécutif
européen responsable devant elle. Elle respecte
la souveraineté des nations. Il s'agit donc, en fait,
d'une simple association entre des États
demeurés souverains. C'est une des raisons
de l'échec du projet, avec la mort de Stresemann,
de Briand et le déferlement sur l'Europe de
la crise économique venue des États-Unis.

**Aristide Briand et
Gustav Stresemann
après la signature
du pacte de Locarno.**

L'échec de la SDN

Malheureusement, les États-Unis n'adhèrent
pas à la SDN, tandis que le Japon et l'Italie
s'en retirent dans les années trente.
La SDN n'a aucune puissance militaire
propre. Lorsque les dictatures
commencent leurs coups de force,
ses membres refusent d'appliquer
des sanctions économiques ou militaires.
La course à la guerre qui en résulte montre
à tous que la SDN a échoué dans son rôle
de gardien de la paix.

LE PACTE DE LOCARNO

Ce pacte signé
à Locarno, en Suisse,
discuté entre
l'Allemagne, la France,
le Royaume-Uni,
la Belgique, l'Italie,
la Pologne et
la Tchécoslovaquie,
débouche sur
la reconnaissance
des frontières fixées
par le traité
de Versailles et
l'acceptation de
la démilitarisation
de la Rhénanie.
L'Allemagne est ensuite
admise à la SDN,
le 6 septembre 1926.

Les frères ennemis

Grâce à la révolution d'Octobre, les bolcheviks prennent le pouvoir.

LES SOVIETS

Ce mot russe signifie « conseils ». Le premier soviet de Russie est né en mai 1905. C'est une organisation politique de masse capable d'organiser une grève. Puis le soviet évolue vers l'insurrection armée et devient l'embryon d'un pouvoir révolutionnaire. Lénine en fait en 1917 un instrument de sa révolution, puis un outil de la vie politique de l'État bolchevique.

Au cours de l'année 1917, les bolcheviks prennent le pouvoir en Russie. La fondation à Moscou de l'Internationale communiste et la stratégie de Lénine mettent partout la révolution ouvrière à l'ordre du jour. En 1920, la scission du parti ouvrier français permet la création du parti communiste.

L'abdication du tsar

La Russie, mal préparée à la guerre, subit de graves revers militaires et de grandes difficultés économiques. Le 23 février 1917, les femmes des usines d'armement de Petrograd se mettent en grève. Elles sont rapidement rejointes par d'autres grévistes (200 000 en quelques jours) et par des soldats mutinés de la garnison de Petrograd. Le 27 février, le palais d'Hiver de Petrograd est investi. Le 2 mars, le tsar perd ses pouvoirs au profit d'un gouvernement provisoire dominé par les démocrates et par les soviets.

La révolution d'octobre 1917

À l'automne 1917, un coup d'État conduit par les bolcheviks de Lénine sous les ordres de Léon Trotski et de ses gardes rouges renverse le gouvernement provisoire. En quelques heures, et pratiquement sans effusion de sang, les centres vitaux de la capitale sont occupés. Les marins de la base de Kronstadt et la garnison de Petrograd se rallient ensuite, assurant la victoire. Présidé par Lénine, le nouveau gouvernement signe la paix avec l'Allemagne, partage les terres et confisque les biens de l'Église.

Exporter la révolution

En janvier 1919, de nombreux socialistes européens partisans d'une révolution prolétarienne se réunissent à Moscou. Ils y créent, après trois jours de débats, une IIIᵉ Internationale ou Komintern. Cette organisation a pour mission d'encourager la révolution socialiste en Europe. Il s'agit de rompre partout avec les vieux partis socialistes réformistes, qui ont trahi la révolution en s'associant à la guerre. Les partis qui veulent adhérer au Komintern doivent se soumettre à ses décisions, accepter une organisation centralisée, condamner le réformisme, lutter contre l'impérialisme, etc.

Le congrès de Tours

En 1920, le dix-huitième congrès de la Section française de l'Internationale ouvrière (SFIO) se tient à Tours. Il s'agit de savoir si l'organisation socialiste française adhère ou non à la IIIe Internationale fondée par Lénine et les bolcheviks à Moscou en mars 1919. Les avis sont très partagés. Les amis de Marcel Cachin (directeur du journal *L'Humanité*) souhaitent adhérer. Les partisans de Léon Blum y sont totalement hostiles. Les « reconstructeurs » voudraient adhérer mais refusent certaines clauses comme la « dictature du prolétariat » et le « centralisme démocratique ».

Léon Blum, un dirigeant réformiste.

RÉFORMISTES OU RÉVOLUTIONNAIRES ?

De nombreux ouvriers européens sont révolutionnaires : ils veulent mettre en place une autre société, qui se substitue au capitalisme, à l'exemple des bolcheviks russes. Une autre partie du mouvement ouvrier, les réformistes, souhaite des conquêtes sociales et politiques à l'intérieur du système capitaliste, afin d'obtenir de meilleures conditions de vie, et une reconnaissance officielle des organisations ouvrières.

Le congrès de Tours a lieu du 25 au 30 décembre 1920.

Le Parti communiste français

Dans la nuit du 29 au 30 décembre 1920, l'adhésion au Komintern est votée par 3 208 voix contre 1 022 et 387 abstentions. À la suite de ce vote, la SFIO se scinde en deux partis : les membres de la tendance majoritaire, qui acceptent les conditions d'admission du Komintern, forment le Parti communiste français. Celui-ci conserve le contrôle du journal *L'Humanité*. Les minoritaires, fidèles à la IIe Internationale, restent au sein de la SFIO, et lancent leur propre journal *Le Populaire*. Désormais s'opposent un parti réformateur (la SFIO) et un parti révolutionnaire (le parti communiste).

Marcel Cachin, un leader révolutionnaire.

Les années folles

Couverture de la revue
de mode, *Vogue* :
une nouvelle image
de la femme.

La guerre de 1914-1918 a profondément bouleversé les sociétés européennes. Aussi l'après-guerre est-il marqué par l'envie d'oublier les horreurs des tranchées. Ce sont les « années folles », brève parenthèse avant la « crise » des années trente.

Le charleston

Les Américains venus combattre en Europe y ont apporté les musiques de leur pays. C'est surtout le jazz, introduit par les Noirs américains, qui fait fureur. Une danse inventée à Charleston obtient un grand succès en Europe : ses figures, rapides et saccadées, sont en harmonie avec la mode des jupes courtes et des chemisiers légers.

La *Revue nègre*

Le goût pour des rythmes nouveaux conduit à la redécouverte de l'Afrique. Les artistes s'intéressent aux masques africains, tandis que le grand public se passionne pour la « musique nègre » et les danses qui en sont issues. La *Revue nègre*, spectacle de music-hall, donné en 1925, révèle Joséphine Baker, une Noire américaine née à Saint Louis dans le Missouri. Chanteuse (« J'ai deux amours »), danseuse et animatrice de revues, elle devient une des grandes vedettes de ces années folles.

Belles des années folles
devant leur Lincoln.

La « garçonne »

Paru en 1922, le roman de Victor Margueritte
La Garçonne a un succès de scandale parce qu'il
décrit une femme que la guerre a poussée dans
le monde du travail et qui, la paix revenue,
entend conserver sa liberté et son indépendance.
Elle porte les cheveux courts, s'habille avec
des vêtements proches du corps. Bref, elle
a la silhouette d'un garçon et veut faire
un métier de garçon !

Les Ballets russes

La Révolution russe et la guerre civile ont
provoqué une forte émigration des artistes
russes. De nombreux danseurs des Ballets
russes, compagnie créée en 1909
à Saint-Pétersbourg par Serge Diaghilev,
se retrouvent à Paris. Ils révèlent
les nouveaux maîtres de la danse : Serge Lifar,
George Balanchine, Nijinski, etc. Ces Ballets utilisent
les talents des jeunes peintres et des jeunes musiciens
de l'École de Paris. Ils font aussi connaître
les musiciens russes d'avant la Révolution.

Montparnasse

Paris attire les artistes du monde entier.
Ceux-ci abandonnent la butte Montmartre
et s'installent dans le quartier
Montparnasse, autour de la gare et
du boulevard du même nom.
On y trouve les Espagnols Pablo
Picasso et Juan Gris, les Russes
Marc Chagall et Soutine,
les Italiens Alberto Giacometti et
Amedeo Modigliani, le Japonais Foujita
et le Roumain Constantin Brancusi, etc.
Ils élaborent en grande partie ce que l'on appelle
aujourd'hui l'« art contemporain ».

**Louise Brooks,
l'interprète du film
La Garçonne.**

JOSÉPHINE BAKER

En butte à la
discrimination raciale
aux États-Unis,
Joséphine Baker connaît
en 1925 le succès
à Paris : elle y anime
la *Revue nègre* en
dansant un charleston,
vêtue simplement
de plumes d'autruche
rouge écarlate.
En 1927, elle est
l'artiste la mieux payée
d'Europe et l'une
des femmes les plus
photographiées
au monde. Pourtant,
pendant la guerre,
elle n'hésite pas
à s'engager dans
la Résistance française.
Dans les années
cinquante, elle complète
une vie de combat
contre le racisme
en adoptant 12 enfants
de races différentes.

**Joséphine Baker et sa fameuse
ceinture de bananes !**

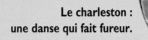

**Le charleston :
une danse qui fait fureur.**

Un krach mondial

La Grande Guerre a ruiné l'Europe. Les États-Unis, grands bénéficiaires du conflit, se révèlent incapables d'assumer leurs nouvelles responsabilités : la crise des années trente est en grande partie la conséquence de cette incapacité.

Le « jeudi noir » et la crise

Le 24 octobre 1929, la Bourse de New York (Wall Street) connaît une chute brutale : 13 millions de titres mis en vente ne trouvent pas d'acheteurs ! En quelques jours, les actions baissent de 30 %. En 1932, la chute atteint 75 %. Des centaines de milliers d'épargnants sont ruinés. On dit que beaucoup se suicident. Le système bancaire est touché au cœur. Plus de 350 banques, qui avaient trop engagé de capitaux à Wall Street, font faillite. Les entreprises ne trouvent plus de financements et sont contraintes de licencier ou, pire, de fermer leurs portes. En juillet 1932, la production américaine a baissé de près de 60 %.

Une contagion mondiale

Les États-Unis prêtaient de l'argent aux États européens, ce qui avait permis de relever leur économie. Or ce flux monétaire cesse brutalement. Les bourses européennes baissent dramatiquement. En 1932, celle de Paris a diminué de moitié ! Des banques européennes s'effondrent. Et avec elles s'écroulent de nombreuses entreprises. En France, c'est le cas de la Compagnie générale transatlantique et de Citroën. En raison de ces graves événements, les clauses économiques des traités sont annulées : l'Allemagne ne verse plus les réparations, la France ne rembourse plus les prêts de guerre aux Américains.

Le « jeudi noir » de Wall Street.

Pendant la crise, Joséphine Baker participe à une distribution de vivres (octobre 1932).

Baisse de la production et chute des prix

En 1932, la production mondiale a baissé d'un tiers. Mais aux États-Unis et en Allemagne, pays très industrialisés, la baisse est de plus de la moitié ! Les prix des produits devenus plus rares devraient monter : pourtant, ils baissent d'environ un tiers dans les principaux pays, et beaucoup plus dans l'agriculture. C'est que, pour continuer à exister, les entreprises s'efforcent de vendre le moins cher possible en limitant les coûts, en particulier de main-d'œuvre. Les salaires baissent dramatiquement. Ce sont les politiques de « déflation ».

La flambée du chômage

Le chômage se développe rapidement et la misère se répand, effrayante. En 1932, il y a 15 millions de chômeurs aux États-Unis, 6 millions en Allemagne... et un demi-million en France, après le renvoi dans leur pays des Polonais, Belges et Italiens.
Ces chômeurs ne reçoivent aucune aide en dehors de celles dispensées par les soupes populaires et des sociétés charitables.
Analysant la durée de la crise, Keynes, un économiste britannique, l'explique par la sous-consommation : les chômeurs et les travailleurs mal payés sont de mauvais clients qui achètent peu et donc aggravent la situation des entreprises.

Image de la misère :
Charlot dans *Le Kid*.

Affiche de propagande nazie : « Notre dernier espoir, Hitler » (vers 1930).

La crise du parlementarisme

Du fait de la durée et de la gravité de la crise, les citoyens doutent des capacités de leurs gouvernants. Ils tiennent le régime libéral pour responsable de cette misère. Aussi se tournent-ils vers des partis qui promettent, par une révolution, de leur donner du travail et de restaurer l'économie. Les partis extrémistes de droite (populistes et nationalistes) et de gauche (souvent le parti communiste) attirent de plus en plus d'adhérents et de suffrages lors des élections.

LES LIGUES

À partir de 1924, des ligues « patriotiques » se développent :
- les Camelots du roi, violents et antisémites, dont l'animateur Charles Maurras écrit dans *L'Action française*,
- les Jeunesses patriotes, avec Pierre Taittinger, antiparlementaristes et antisémites.
- la Fédération nationale catholique du général de Castelnau, qui lutte contre la laïcité.
- les Croix-de-Feu, du lieutenant-colonel de La Rocque, qui regroupent jusqu'à 150 000 adhérents et sont plus modérées que les ligues précédentes.

Le Front populaire

La victoire de la gauche aux élections de 1936 transforme la vie politique française. La mise en place des accords de Matignon, la semaine de 40 heures et les congés payés permettent une amélioration importante de la condition des salariés.

OCCUPATION D'USINE EN 1936 DANS UN CLIMAT DE FÊTE.

Le 6 février 1934

La crise économique qui frappe la France a provoqué la montée du chômage : on compte – officieusement – 1,5 million de chômeurs en 1933. L'atmosphère sociale et politique est de plus en plus tendue. Lorsque l'« affaire Stavisky » éclate, le scandale est énorme. Une très importante manifestation contre le gouvernement se déroule à Paris le 6 février 1934. Une partie des manifestants veut réformer et peut-être renverser la République. La police, qui garde le Palais-Bourbon, tire, faisant 15 morts et 1 435 blessés. Le 12 février 1934, une grève générale et des manifestations unitaires de la gauche répondent au « coup d'État fasciste manqué » du 6 février.

Le Front populaire

En mai 1936, les élections sont gagnées par l'alliance des communistes, socialistes et radicaux (« Front populaire ») avec 376 élus contre 222 à la droite.
Dès l'annonce des résultats, un grand mouvement de soulagement et de joie s'empare du monde ouvrier. Défilés, cortèges, grèves et occupations sans violence des lieux de travail saluent la victoire : c'est la grève générale destinée à aider le gouvernement à remplir son programme électoral. Production et échanges sont complètement paralysés.
Ce désordre affole les possédants : 10 milliards en or massif se réfugient en Suisse ! Début juin, Léon Blum, nommé président du Conseil, forme un gouvernement socialiste et radical.
Le parti communiste, lui, préfère pratiquer un « soutien sans participation ».

Au cours de leurs premiers congés payés, beaucoup de Français découvrent la mer.

Accords de Matignon et congés payés

Le 7 juin 1936, les accords de Matignon sont signés entre les syndicats et le patronat : ils entraînent une augmentation des salaires de 7 à 15 %, le droit pour les travailleurs d'appartenir à un syndicat, la création des contrats collectifs de travail et la libre élection de délégués du personnel. Aussitôt après la conclusion de cet accord, le gouvernement fait voter une série de lois qui réduisent la durée du travail à 40 heures par semaine et donnent aux ouvriers 15 jours de congés payés par an.

De la joie au désenchantement

Très vite, l'enthousiasme s'effrite : certaines grèves continuent après les accords de Matignon, ce qui affaiblit l'autorité du gouvernement.
Les effets de la crise économique se prolongent et l'inflation ronge les augmentations de salaires. L'opposition relève la tête : une campagne de presse très violente s'en prend au gouvernement, retrouvant les accents antisémites de l'affaire Dreyfus. Un ministre, Roger Salengro, en vient à se suicider. Enfin, la politique de non-intervention du gouvernement français en Espagne provoque le désarroi des électeurs du Front populaire.

NON-INTERVENTION EN ESPAGNE

Le Frente Popular espagnol est attaqué en juillet 1936 par les phalangistes du général Franco, soutenus par Mussolini et Hitler.
Le Front populaire français aurait dû en toute logique aider la république espagnole.
Mais Léon Blum craint de ressusciter dans le pays l'atmosphère de guerre civile de février 1934. La France se contente donc de laisser s'organiser, sous l'impulsion de Pierre Cot et André Malraux, des Brigades internationales, ainsi que le passage en contrebande d'armes et de munitions à travers les Pyrénées.

Blum et Cachin : les deux têtes du monstre qui menace d'étouffer la République (caricature de 1936).

La montée des périls

L'installation en Italie par Mussolini d'un régime fasciste (1922), puis celle du nazisme en Allemagne par Hitler (1933) font peser une lourde menace sur la paix en Europe. La guerre civile espagnole permet aux Italiens et aux Allemands de tester les armes du futur conflit.

L'ascension de Mussolini

Appuyé sur ses Chemises noires et ses miliciens – les *squadristi* –, Benito Mussolini devient Premier ministre en 1922. Il installe ensuite progressivement une dictature totalitaire, le fascisme : ce nouveau régime exige l'obéissance absolue de l'individu et sa soumission totale à la volonté du *Duce* (guide). La police politique, l'OVRA, veille. L'État fasciste enserre l'Italien, de sa naissance à sa mort, dans une suite d'institutions scolaires, professionnelles, politiques, syndicales, de loisirs, etc. Une propagande partout présente vante les mérites du régime et rappelle les devoirs des Italiens.

Agressivité du fascisme

De grands travaux sont réalisés pour accroître le prestige du pays, améliorer l'agriculture (assèchement des marais Pontins) et embellir Rome tout en mettant en valeur son prestigieux passé. Une politique extérieure agressive entraîne l'attaque de l'Éthiopie, le rapprochement avec l'Allemagne nazie, l'annexion de l'Albanie, l'intervention dans la guerre civile espagnole.

GRANDE PARADE NAZIE.

Mussolini et Hitler (1937).

Hitler et le nazisme

Après une tentative de coup d'État en 1923 et un séjour en prison, Adolf Hitler réorganise le parti nazi, qui progresse fortement en 1932. Nommé chancelier d'Allemagne en 1933, Hitler prend prétexte de l'incendie du Reichstag pour suspendre les libertés individuelles et punir sévèrement les troubles de l'ordre public. Ce sont les premiers pas vers la dictature. Les syndicats sont ensuite suspendus, les partis politiques interdits, la presse censurée. Les premières persécutions contre les Juifs sont lancées. Dès lors, la devise de l'Allemagne devient *Un peuple, un État, un chef.*

La guerre d'Espagne

La victoire du Front populaire espagnol (le Frente Popular) aux élections de février 1936, et les troubles qui suivent provoquent une rébellion militaire organisée à partir des possessions espagnoles du Maroc et dirigée par Franco. Soutenues par l'Italie fasciste et l'Allemagne nazie, les troupes de Franco mènent des offensives successives contre les troupes républicaines assistées par les Brigades internationales. Les effectifs allemands engagés aux côtés des franquistes atteignent 16 000 hommes, les italiens 50 000. Des avions de chasse, des bombardiers, des tanks et du matériel lourd sont « prêtés » aux hommes du général Franco. Au bout de trois ans, en 1939, l'Espagne républicaine tombe. On compte alors plus d'un million de victimes, dont 134 000 fusillés. Plus de 500 000 Espagnols prennent le chemin de l'exil.

MEIN KAMPF

En prison, Hitler rédige un livre programme : *Mein Kampf* (« Mon combat »). Les principales thèses du nazisme y sont exposées. L'État nazi doit regrouper les populations de culture allemande. La race germanique est une race supérieure, qui doit détruire les Juifs et autres races inférieures. Ce racisme justifie la guerre : l'Allemagne doit avoir un « espace vital » à la mesure de sa grandeur.

Réfugiés espagnols fuyant la dictature franquiste.

LES BRIGADES INTERNATIONALES

De nombreux étrangers antifascistes combattent dans les rangs des Brigades internationales pour soutenir la république. On y trouve des Français, Allemands, Autrichiens, Italiens, Américains, etc. Venus de tous les horizons, des écrivains, artistes ou cinéastes – André Malraux, Ernest Hemingway, John Dos Passos, Arthur Koestler, George Orwell, Alejo Carpentier, Pablo Neruda… – soutiennent aussi la démocratie espagnole.

Carte du Reich allemand, montrant l'Autriche annexée, avec le portrait d'Hitler et l'aigle impérial.

Vers la guerre

Décidé à appliquer le programme de *Mein Kampf*, Hitler entame une politique d'expansion qui va provoquer la Seconde Guerre mondiale.

L'expansion du Reich

En mars 1936, Hitler commence par remilitariser la Rhénanie, sans entraîner de réaction française. En mars 1938, il annexe l'Autriche (c'est l'Anschluss). Puis il se tourne vers la région des Sudètes, une province attribuée en 1918 à la Tchécoslovaquie. Une partie de la population est germanophone et souhaite une large autonomie, ce que refuse le gouvernement tchèque. En septembre 1938, l'Allemagne menace de libérer les Sudètes par la force. La guerre semble alors inévitable. Chamberlain, Premier ministre britannique, propose alors une conférence à Munich, que Mussolini fait accepter à Hitler.

Les accords de Munich

Dans l'affaire des Sudètes, la France se trouve devant un choix dramatique, puisqu'elle est alliée à la Tchécoslovaquie. Il lui reste soit à honorer sa signature et à accepter la guerre, soit à abandonner son allié. Finalement, la France et la Grande-Bretagne décident, en septembre 1938, de céder aux exigences d'Hitler : l'occupation des cantons des Sudètes par l'Allemagne est prévue pour octobre. De ce fait, l'État tchécoslovaque perd en même temps trois millions d'habitants et 85 000 km². De retour dans leurs pays respectifs, Chamberlain et Daladier sont accueillis avec enthousiasme. Mais le répit obtenu s'est fait au prix du déshonneur et de l'abandon de la Tchécoslovaquie.

À la conférence de Munich, Hitler joue avec tous les hommes d'État (caricature de 1938).

UNE OPINION DIVISÉE

À la suite de la guerre d'Espagne, les différences d'opinion en France se sont accentuées : pour les conservateurs, l'ennemi principal, c'est l'Union soviétique et le parti communiste ; pour les autres, ce sont l'Italie fasciste et l'Allemagne nazie. Une partie des Français soutient la politique d'apaisement, calquée sur celle de la Grande-Bretagne, tandis que d'autres souhaitent la fermeté face à l'Allemagne nazie. La masse des citoyens est profondément pacifiste, rejointe en cela par la majorité des dirigeants qui jugent la France mal préparée à la guerre.

Entrée des troupes allemandes à Prague en mars 1939.

La course à la guerre

En mars 1939, les nazis envahissent la Tchécoslovaquie, au mépris des accords de Munich. Désormais, c'est la Pologne qui est la cible de la presse allemande. Cette fois, les démocraties ont compris : France et Angleterre font leurs derniers préparatifs diplomatiques et militaires. Le Royaume-Uni garantit en mars 1939 l'intégrité du territoire polonais, la France confirme en avril son alliance avec la Pologne. Dans ces conditions, il serait logique de s'allier avec l'URSS. Mais en août 1939, un pacte de non-agression est signé entre l'Allemagne et l'URSS. Le 1er septembre, la Pologne est envahie par les nazis. Le 3 septembre, l'Angleterre et la France entrent en guerre contre l'Allemagne.

> **LE PACTE GERMANO-SOVIÉTIQUE**
>
> L'URSS était alliée à la Tchécoslovaquie. Pourtant, Staline a été tenu à l'écart des discussions de Munich. Il décide donc de conclure un pacte avec l'Allemagne le 23 août 1939. Ce pacte de non-agression valable 10 ans comporte un accord secret prévoyant le partage de la Pologne entre les deux pays.

Le pacte germano-soviétique. Caricature de David Low parue dans l'*Evening Standard* de Londres (1939).

La défaite éclair

Stukas en formation.
Illustration de la revue
allemande *Signal* (1940).

En mai et juin 1940, les Allemands percent les lignes alliées, et c'est la défaite. Une majorité de Français accepte l'armistice et se range aux côtés du maréchal Pétain, tandis qu'une infime minorité entend l'appel de De Gaulle et entre dans la Résistance.

La « drôle de guerre »

Dès la déclaration de guerre, la Pologne est envahie et écrasée en trois semaines. Sur le front ouest, c'est la « drôle de guerre », où les opérations militaires restent limitées. Pendant six mois, les soldats français et anglais restent inactifs, et les Allemands attendent leur heure. C'est que derrière la « ligne Maginot », Français et Anglais espèrent encore négocier.

LES FORCES EN PRÉSENCE

La France dispose en 1940 d'autant de blindés que l'Allemagne (2 946 tanks contre 2 977). Mais, comme en 1918, les chars français sont disséminés pour soutenir l'infanterie et non regroupés en corps blindés. L'aviation est très inférieure en nombre à celle des Allemands (2 200 contre 4 500). Enfin et surtout, le commandement français est handicapé par une mauvaise coordination entre armée de terre et armée de l'air et par une conception dépassée du combat.

La Blitzkrieg (la guerre éclair)

Le 10 mai 1940, les divisions blindées allemandes soutenues par l'aviation déferlent sur les Pays-Bas et la Belgique, attirant les forces alliées vers le nord. Mais l'essentiel de l'offensive allemande se situe plus au sud. Malgré le courage des combattants (100 000 morts en six semaines), le front allié est rompu dans les Ardennes, là où s'arrête la ligne Maginot. Les Allemands atteignent la mer le 23 mai, enfermant les armées alliées dans la nasse de Dunkerque. Alors que 1 500 000 hommes sont faits prisonniers, 300 000 soldats anglais et français parviennent à s'échapper et se rembarquent vers l'Angleterre. Le 14 juin, les Allemands entrent dans Paris.

L'EXODE DE JUIN 1940

Pétain et l'armistice

Paul Reynaud, président du Conseil, démissionne le 16 juin au soir. Il est remplacé par le maréchal Pétain qui refuse la capitulation militaire, comme l'avaient pourtant fait les armées hollandaise et belge, dont les gouvernements ont gagné l'Angleterre. Le 18, le maréchal Pétain demande l'armistice, qui interdit toute poursuite de la guerre. Le 22, l'armistice est signé à Rethondes, dans le même wagon que celui où le maréchal Foch avait reçu les plénipotentiaires allemands après leur défaite, le 8 novembre 1918.

Philippe Pétain.

L'appel du 18 juin 1940

Le jour même où Pétain demande l'armistice, le général de Gaulle, ex-sous-secrétaire d'État à la Guerre du cabinet Paul Reynaud, lance au micro de la BBC (radio anglaise) son appel : « La France a perdu une bataille, mais la France n'a pas perdu la guerre ! Moi, général de Gaulle, actuellement à Londres, j'invite les officiers et les soldats français qui se trouvent en territoire britannique ou qui viendraient à s'y trouver à se mettre en rapport avec moi. Quoi qu'il arrive, la flamme de la résistance française ne doit pas s'éteindre et ne s'éteindra pas. »

Le monde en guerre

Hitler ne parvient pas à détruire l'aviation anglaise. L'Allemagne se tourne alors vers l'Est et envahit l'URSS en juin 1941. En décembre de la même année, les Japonais détruisent la flotte américaine à Pearl Harbor. La guerre est devenue mondiale.

La bataille d'Angleterre : un chasseur allemand vient d'être touché à mort par un **Spitfire** anglais.

La bataille d'Angleterre

La Luftwaffe (armée de l'air allemande) a reçu l'ordre d'attaquer l'Angleterre pour préparer une invasion. Les Allemands prévoient de balayer la chasse anglaise en quatre jours. Le 15 août 1940, des raids massifs de bombardiers accompagnés de chasseurs sont lancés contre l'Angleterre. La plus grande bataille aérienne de tous les temps commence. Guidés par un réseau de radars unique au monde (et tenu secret), les aviateurs anglais se battent avec courage, effectuant jusqu'à quatre missions par jour. Au bout d'un mois, les pertes allemandes sont telles que le projet d'invasion est abandonné. Les 600 jeunes pilotes de la RAF (Royal Air Force), aidés par 200 Européens (Polonais et Tchèques), viennent pour la première fois de bloquer la machine de guerre nazie.

CHASSEURS ANGLAIS

Habitués à balayer tout sur leur passage, les fameux Stukas, terreurs de la campagne de Pologne et de France, sont décimés par les chasseurs anglais. D'autant que le Spitfire MKII à moteur Rolls Royce Merlin se révèle supérieur au chasseur allemand Me 109 en combat tournoyant. Churchill pourra ainsi rendre hommage aux 800 pilotes qui ont sauvé l'Angleterre en affirmant : « Jamais une telle dette n'avait été contractée par tant d'hommes envers si peu. »

La campagne d'Afrique

Churchill, Premier ministre britannique, décide de porter la guerre en Afrique ; une armée impériale composée d'Anglais, d'Australiens, de Néo-Zélandais et d'Indiens s'équipe en Égypte. Les Anglais prennent l'offensive en Libye, contre les troupes italiennes. Le 22 décembre 1940, ils prennent Tobrouk. Les Allemands envoient au secours des Italiens l'Afrikakorps, commandé par Rommel. Celui-ci reprend l'offensive, fait refluer les Anglais, mais échoue devant Tobrouk.

La campagne d'Afrique, en Lybie (1940-1941).

L'opération Barbarossa

Après l'échec de la bataille d'Angleterre, Hitler se lance à l'assaut de l'URSS (opération Barbarossa) : le 22 juin 1941, les troupes allemandes s'enfoncent dans le pays et avancent vers Leningrad, Kiev et Moscou. L'armée rouge, mal préparée et privée d'officiers de valeur (disparus lors des purges staliniennes de 1936-1938), subit des pertes énormes. Mais la tactique de la « terre brûlée » et le repli vers l'est permettent de limiter les dégâts. En décembre 1941, gênée par les rigueurs de l'hiver, l'offensive allemande devant Moscou subit un coup d'arrêt : les Russes contre-attaquent et les Allemands refluent, après avoir perdu un millier de chars.

Femme russe devant les débris de sa maison, après l'offensive allemande.

Le désastre de Pearl Harbor

Le 7 décembre 1941, 350 avions japonais partis de six porte-avions attaquent sans déclaration de guerre Pearl Harbor, principale base américaine du Pacifique. Ils y détruisent la flotte américaine, sauf deux porte-avions qui avaient appareillé quelques jours plus tôt. En quelques semaines, l'amiral Yamamoto, commandant en chef de la flotte japonaise, remporte une série de triomphes militaires : les Japonais s'emparent de la Malaisie, des Philippines et de la Birmanie. La moitié du Pacifique devient un « lac japonais ».

LA BATAILLE DE MIDWAY

En juin 1942, les Japonais menacent Midway, une île située à l'ouest d'Hawaii. La flotte japonaise commence la bataille le 4 juin. La première attaque menée par l'aviation embarquée ayant échoué, l'amiral Nagumo décide d'une seconde attaque ; mais il se fait surprendre par l'aviation embarquée américaine. À la fin de l'engagement, trois des quatre porte-avions japonais, éventrés par les torpilles et écrasés sous les bombes, sont détruits. Une nouvelle attaque américaine, menée le 6 juin, surprend le quatrième porte-avions et le coule en quelques minutes. La bataille de Midway marque donc, 6 mois après Pearl Harbor, un tournant dans la guerre du Pacifique.

L'attaque des Japonais à Pearl Harbor provoque l'entrée en guerre des États-Unis.

RÉVOLUTION NATIONALE

Affiche de propagande pour Pétain et le gouvernement de Vichy (1940).

Travail, Famille, Patrie

Installé à Vichy, le maréchal Pétain instaure une dictature nationaliste, antisémite et anticommuniste dont la devise est *Travail, Famille, Patrie.*

La fin de la République

Tenue pour responsable du désastre militaire, la République est moribonde. Avec 569 voix pour, 80 contre et 20 abstentions, l'Assemblée nationale donne, le 10 juillet 1940, « tous pouvoirs au gouvernement de la République, sous l'autorité du maréchal Pétain, pour promulguer une nouvelle Constitution ». Cette Constitution ne sera jamais rédigée : dès le lendemain, l'État français succède à la IIIᵉ République.

Une dictature à la française

Le maréchal Pétain s'empare de tous les pouvoirs, aussi bien législatifs qu'exécutifs. Chef des armées, il peut nommer ou révoquer tous les fonctionnaires civils ou militaires. Il s'entoure de conseillers conservateurs. Il en profite pour créer un régime fondamentalement antidémocratique et antilibéral. L'information est muselée, la propagande toute-puissante. Une police politique, la Milice française, confiée à Joseph Darnand, surveille le pays. Enfin, les chantiers de jeunesse permettent d'encadrer les jeunes de 20 ans afin de leur apprendre le goût de l'effort et la discipline.

La révolution nationale

Le nouveau régime veut une rupture complète avec l'esprit de la Révolution française. La devise *Liberté, Égalité, Fraternité* est remplacée par *Travail, Famille, Patrie* ; il faut retourner à l'ordre moral, après l'« esprit de jouissance » du Front populaire tenu pour responsable de la défaite. Les communistes, les francs-maçons, les syndicalistes, les Juifs deviennent les bêtes noires du régime. Le retour à la terre, source de toutes les vertus, est exalté par la propagande.

Affiche antisémite.

Contre les « autres » Français

Les garanties fournies par le droit n'existent plus : le 22 juillet 1940, une loi remet en cause les naturalisations accordées depuis 1927. Les Français communistes et francs-maçons sont exclus de la société. Au nom de l'antisémitisme d'État, et sans intervention des Allemands, le régime de Vichy exclut les Français juifs de la fonction publique et interne les étrangers juifs dans des camps. En 1941, leurs entreprises sont confisquées. En 1942, on appose la mention « juif » sur les cartes d'identité. Les « rafles », l'emprisonnement, la déportation vers des camps de la mort deviennent la réalité quotidienne des « opposants ».

La collaboration d'État

En octobre 1940, à Montoire, Pétain rencontre Hitler et inaugure la politique de « collaboration » avec l'Allemagne. Pétain espère ainsi adoucir les clauses de l'armistice, diminuer les versements à l'Allemagne, obtenir le retour des prisonniers. C'est ainsi que les accords de Paris signés par Darlan procurent aux Allemands l'accès aux bases françaises de Méditerranée et que Laval organise le départ des travailleurs français vers l'Allemagne en créant le STO (Service du travail obligatoire). Mais la pression allemande rend cette politique tout à fait illusoire : les Allemands annexent trois départements d'Alsace-Lorraine, les prisonniers français ne reviennent pas et l'exploitation économique se durcit.

La rafle du vél' d'Hiv

À l'initiative de Pierre Laval, Vichy décide d'arrêter et de déporter non seulement les personnes de religion juive mais aussi leurs enfants. Les 16 et 17 juillet 1942, 12 884 Français de confession juive, femmes et enfants en majorité, sont arrêtés et conduits au vélodrome d'Hiver de Paris. De là, ils sont transférés au camp de Pithiviers, puis de Drancy, avant d'être emmenés à Auschwitz.

LE PROCÈS DE RIOM

Organisé en février 1942, le procès de Riom est une entreprise de propagande destinée à discréditer le Front populaire, seul responsable, selon Pétain, de la défaite. Mais les débats prennent une tournure imprévue : Blum et Daladier se défendent comme des lions, et prouvent la responsabilité de Pétain dans l'impréparation à la guerre. Sur injonction des Allemands, le procès est alors suspendu et les accusés, incarcérés avant d'être déportés.

La rafle du vélodrome d'Hiver des 16 et 17 juillet 1942.

France occupée : file d'attente devant un magasin d'alimentation.

La France enchaînée

LA PROPAGANDE

Les collaborationnistes parisiens veulent installer une révolution fasciste en France : ils prônent une alliance totale avec le IIIᵉ Reich. Leur propagande s'exerce par l'intermédiaire des journaux (*Paris-Soir, Le Matin, Au pilori, Gringoire, Je suis partout*) et de la radio (Radio-Paris avec Jean Hérold-Paquis et Philippe Henriot).

La France occupée.

De 1940 à 1944, la France subit l'occupation nazie : découpée en plusieurs zones, amputée de la présence de 1 850 000 prisonniers, elle est soumise à un pillage permanent de ses richesses au profit de l'occupant. Désormais, les Français ont une seule obsession : manger.

Les diverses zones d'occupation

Une ligne de démarcation partage le pays en deux zones : la zone « libre » où siège le gouvernement du maréchal Pétain, à Vichy, et la zone occupée par les armées allemandes. Celle-ci est elle-même divisée en trois : une zone annexée au IIIᵉ Reich (Haut-Rhin, Bas-Rhin et Moselle), une zone rattachée à la Belgique (Nord et Pas-de-Calais), administrée directement par l'Allemagne, et enfin la zone occupée proprement dite.

OUVRIER !

EN TRAVAILLANT POUR L'EUROPE
TU PROTÈGES TON PAYS ET TON FOYER

**Affiche de propagande pour le travail
volontaire en Allemagne.**

Prisonniers et déplacés

Plus d'un million et demi de prisonniers ont été emmenés en Allemagne en 1940. Certains ont pu s'évader et 70 000 n'ont pas été repris. Mais il en reste encore plus d'un million en 1945, prisonniers-otages qui ont vécu les tourments de la séparation et de la solitude. À partir de mars 1943, près de 650 000 hommes travaillent en Allemagne, dans des fermes ou des usines, au titre du STO (Service du travail obligatoire). Leurs conditions de vie sont souvent difficiles et près de 60 000 d'entre eux vont en mourir.

Les difficultés de la vie quotidienne

L'interruption du commerce international, les pillages allemands et le blocus britannique entraînent la pénurie des denrées alimentaires. Les cartes de rationnement munies de tickets sont nécessaires pour acheter les produits de première nécessité. Des queues interminables se forment devant les boutiques de commerçants dont les produits se raréfient. Parallèlement, le « marché noir » ne cesse de s'étendre : on y trouve de tout à condition de pouvoir payer, car les prix des denrées sont multipliés jusqu'à 100.

Vélos-taxis à Paris, sous l'Occupation.

GUERRE DES ONDES

Le travail des Français en Allemagne fait l'objet d'une guerre des ondes entre Vichy et la France libre.
« Ouvriers, vous allez être les ambassadeurs du travail de la France. À vous de prouver que vous n'avez rien perdu de ce qui faisait la qualité traditionnelle de ses ouvriers : le fini, le soin dans le travail, l'habileté, le tour de main, la rapidité de compréhension et d'exécution, l'initiative », diffuse Radio Vichy.
« Ouvriers, n'allez pas dans les manufactures allemandes fabriquer des balles allemandes. Parce que vous aimez la liberté, que vous la préférez à n'importe quel bien, même la vie, nous sommes certains que vous refuserez d'aller en Allemagne », répond la radio de la France libre.

SOUTIENS DES NAZIS

En janvier 1943, Darnand crée la Milice, police politique qui va prêter main-forte aux nazis, contre les résistants, les Juifs, les réfractaires du STO. Enfin, la Légion des volontaires français contre le bolchevisme (LVF) regroupe des volontaires français qui partent combattre sous uniforme allemand sur le front russe.

Les camps de l'horreur

Dès l'arrivée des nazis au pouvoir, des camps de concentration sont conçus pour enfermer les opposants. Avec la guerre, ces camps se multiplient et sont utilisés pour éliminer les homosexuels, les témoins de Jéhovah, les Tsiganes, les résistants, les Slaves et les Juifs.

Dans les camps de concentration entourés de barbelés électrifiés, surveillés nuit et jour par des gardiens armés, les chances de survie des détenus sont réduites.

Les premiers camps

Dès l'année 1933, les camps de Dachau et d'Oranienburg-Sachsenhausen permettent d'enfermer de nombreux Allemands, aussi bien les « droit commun » que les opposants politiques et les Allemands de confession juive. En septembre 1939, 22 000 prisonniers sont répartis dans six camps. Déjà, des Allemands handicapés, invalides ou malades mentaux sont éliminés par gazage (100 000 victimes) pour « préserver la pureté de la race aryenne ». Cet « essai » permettra aux nazis de mettre au point la technique des chambres à gaz.

La conférence de Wannsee

Le 20 janvier 1942, une conférence réunit dans la banlieue de Berlin les plus hautes autorités du Reich. Celles-ci décident la création de camps d'extermination utilisant des chambres à gaz. Deux gaz pourront être employés : le monoxyde de carbone et le Zyklon B, puissant insecticide à base d'acide cyanhydrique. Un secret absolu doit entourer cette « solution finale » afin d'éviter que les victimes ne se révoltent et que l'opinion publique ne réagisse.

La Shoah

Dès 1941, des groupes de SS chargés d'éliminer résistants, communistes et Juifs opèrent sur les arrières de la Wehrmacht en URSS (les *Einsatzgruppen*). À partir de janvier 1942, dans toute l'Europe occupée, les Juifs sont traqués, enfermés dans des ghettos, puis acheminés vers des camps d'extermination. Dès l'arrivée, les plus faibles sont gazés, puis les corps sont dépouillés de leurs dents en or et brûlés dans des fours crématoires. Les valides vont travailler dans des usines allemandes installées à proximité.

Portrait d'Anne Frank.

ANNE FRANK

Cette petite Juive de 13 ans est la fille de commerçants allemands cachés à Amsterdam. Malgré les difficultés de sa vie quotidienne de Juive traquée par les nazis, Anne écrit son journal pendant deux ans, du 12 juin 1942 au 1er août 1944. Le 4 août 1944, toute la famille est arrêtée et envoyée dans un camp de concentration. En mars 1945, Anne meurt à Bergen-Belsen, deux mois avant la libération des Pays-Bas. Son journal, sauvé par miracle, a été lu avec émotion par des millions de lecteurs dans le monde entier.

Un horrible bilan

Bien que les nazis aient tenté de faire disparaître les preuves de leurs crimes, les historiens sont arrivés à une estimation raisonnable du nombre de victimes : plus de cinq millions de Juifs ont été tués, ce qui représente les deux tiers des Juifs d'Europe. À ce bilan effrayant, il faut ajouter trois millions d'autres personnes éliminées pour leur opposition au régime : ainsi, 260 000 Tsiganes ont été exterminés, soit le tiers de ceux qui vivaient en Europe en 1939.

L'UNIVERS CONCENTRATIONNAIRE

Les prisonniers portent des numéros tatoués. Ils vivent dans des baraquements disposés autour d'une place où se font plusieurs fois par jour des appels interminables à partir de leurs numéros. Tout prisonnier qui tombe est exécuté.

Barbelés et miradors entourent le camp. Chaque catégorie de prisonniers porte un triangle de couleur cousu sur son « pyjama » : rouge pour les politiques, rose pour les homosexuels, violet pour les témoins de Jéhovah, jaune pour les Juifs. Mauvais traitements, exécutions sommaires, malnutrition et travail forcé tuent rapidement près du tiers des prisonniers.

Prisonniers dans un baraquement du camp de concentration de Buchenwald.

Un groupe de résistants vient de faire sauter un train.

Résistances

Dès 1940, des mouvements de résistance aux nazis se font jour en France et à l'extérieur du pays. Squelettiques au début, ils se renforceront progressivement puis s'unifieront dans le Conseil national de résistance chargé de préparer l'après-guerre.

Des débuts difficiles

Après l'appel du 18 juin, Charles de Gaulle est isolé à Londres, en butte à la méfiance des Alliés (qui ont reconnu le régime de Vichy) et coupé de la France métropolitaine. Cependant, des militaires comme les généraux Kœnig et Leclerc le rejoignent, et il obtient le ralliement de l'Afrique équatoriale française, du Cameroun, de la Nouvelle-Calédonie et des îles du Pacifique. En France, la majorité de la population s'en remet à Pétain. Mais, dès 1940, des actes isolés de résistance apparaissent. En zone sud, le MLN (Mouvement de libération nationale) d'Henri Frenay, le mouvement Libération (Emmanuel d'Astier), les Francs-tireurs (J.-P. Lévy) et le Front national (communiste) publient journaux et tracts, aident à l'évasion des prisonniers, fabriquent de faux papiers et mènent des actions de sabotage.

LA CROIX DE LORRAINE

À l'origine, la croix à double traverse est une relique, morceau de la vraie croix rapportée de Terre sainte. Le duc de Lorraine en fait son emblème et en orne ses drapeaux en 1477. Pendant la Seconde Guerre mondiale, la croix de Lorraine devient le signe de ralliement de la Résistance et l'emblème de la France libre.

Le débarquement d'Afrique du Nord

Le 8 novembre 1942, les Anglo-Saxons débarquent en Afrique du Nord.
Ils traitent avec l'administration de Vichy représentée par Darlan, mais
le maréchal Pétain désavoue celui-ci et refuse de gagner l'Afrique du Nord.
Les Allemands occupent alors la zone libre et Vichy accentue sa politique
de collaboration avec l'Allemagne. Le maréchal perd alors le soutien de l'opinion
publique française : les réfractaires du STO rejoignent la Résistance intérieure
et viennent renforcer les maquis.

Destruction des ponts. Dessin tiré d'un album de coloriage sur la Résistance (1943).

Efficacité de la Résistance

En juin 1944, la 11e Panzer division allemande met 33 jours pour joindre Caen à partir de Strasbourg, alors qu'elle n'avait mis qu'une semaine pour rentrer du front de l'est : c'est le résultat du sabotage des voies ferrées et des routes par la Résistance française. Débarqué en Provence le 15 août 1944, le général américain Patch prévoyait l'occupation de Grenoble au bout de trois mois. Grâce à l'action conjuguée des maquis de Provence, du Dauphiné et du Vercors, Grenoble est libérée 15 jours après, soit avec deux mois et demi d'avance sur les prévisions.

Portrait de Jean Moulin.

LE CONSEIL NATIONAL DE RÉSISTANCE

Au début de l'année 1942, Jean Moulin est parachuté en France pour unifier les mouvements de résistance intérieure et leur faire accepter l'autorité du général de Gaulle. C'est seulement en 1943 qu'un mouvement uni de résistance se constitue. Le 27 mai 1943, le Conseil national de résistance (CNR) se réunit à Paris : il est formé des représentants des anciens partis politiques, des syndicats et des mouvements de résistance.

L'AFFICHE ROUGE

Cette affiche fut diffusée à 150 000 exemplaires en février 1944 par les nazis, afin de dresser la population contre les « crimes » du groupe de résistants communistes MOI (main-d'œuvre immigrée). Louis Aragon leur a consacré ce poème dans *Le Roman inachevé* :

« Vous aviez vos portraits sur les murs de nos villes
Noirs de barbe et de nuit, hirsutes, menaçants.
L'affiche qui semblait une tache de sang
Parce qu'à prononcer vos noms sont difficiles
Y cherchait un effet de peur sur les passants. [...]
Ils étaient vingt et trois quand les fusils fleurirent
Vingt et trois qui donnaient leur cœur avant le temps
Vingt et trois étrangers et nos frères pourtant
Vingt et trois amoureux de vivre à en mourir
Vingt et trois qui criaient " la France " en s'abattant. »

Le débarquement des troupes alliées en Normandie (6 juin 1944).

Le jour le plus long

L'ERREUR D'UTAH BEACH

À 6 h 30, la première vague d'assaut américaine atteint la plage d'Utah à 2 km plus au sud que l'endroit initialement prévu. Par chance, les positions défensives allemandes y sont détruites. Le général Roosevelt, qui s'est aperçu de l'erreur, saisit aussitôt sa chance : il décide de poursuivre le débarquement à cet endroit. L'erreur avait été bénéfique !

À partir de l'automne 1942, les troupes nazies reculent. Le 6 juin 1944, les Alliés lancent la plus formidable opération militaire de tous les temps : ils débarquent en Normandie, créant un nouveau front contre l'Allemagne. La guerre approche de sa fin.

L'opération « Overlord »

Le 5 juin 1944, à 21 h 15, la BBC diffuse un message codé : « Les sanglots longs des violons de l'automne bercent mon cœur d'une langueur monotone. » Ce message annonce l'opération « Overlord », le débarquement de Normandie. Le 6 juin à l'aube, 4 266 navires encadrés par 700 vaisseaux de guerre et protégés par 11 000 avions se présentent face aux cinq plages de débarquement. Le soir du 6 juin, les Alliés ont réussi à débarquer 100 000 combattants. Le 27 juin, Cherbourg est pris. Le 25 juillet, le général américain Patton réussit la percée décisive en bousculant les troupes allemandes à Avranches.

La libération de Paris

À l'initiative du colonel Rol-Tanguy et du Comité parisien de la libération, l'insurrection de Paris éclate le 19 août 1944. À partir du 21 août, Paris se couvre de barricades. La deuxième division blindée, commandée par le général Leclerc, obtient alors des Américains l'autorisation d'aller seule vers l'avant pour appuyer Paris insurgé. Le 25 août, la 2ᵉ DB fait son entrée dans la capitale et réduit les dernières possessions allemandes. Le général allemand von Choltitz, commandant de la place, refuse de brûler Paris comme l'ordre lui en avait été donné et décide de déposer les armes. Le 26, Charles de Gaulle descend les Champs-Élysées, accompagné d'une immense ferveur populaire.

LA LIBÉRATION DE PARIS.

La fin de la guerre

Le 15 août 1944, les forces franco-américaines débarquent en Provence et remontent la vallée du Rhône. Elles font leur jonction avec les forces débarquées en Normandie le 12 septembre. Le 23 novembre, Leclerc libère Strasbourg. Entre l'avancée des Alliés, à l'ouest, et celle des Soviétiques à l'est, le territoire de l'Allemagne se réduit. En avril 1945, Berlin tombe. Hitler se suicide le 30 avril 1945. Le 8 mai, l'Allemagne capitule sans conditions.

CAPITULATION DU JAPON

Dans le Pacifique, les Américains reprennent les Philippines puis s'attaquent à l'archipel nippon. Après avoir pris Iwo-Jima, puis Okinawa, ils lancent deux bombes atomiques sur Hiroshima (6 août) et Nagasaki (9 août). C'est finalement le 14 août 1945 que l'empereur Hiro-Hito accepte la capitulation.

Les trente glorieuses

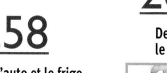

PRÉHISTOIRE | ANTIQUITÉ

−600 −500 −400 −300 −200 −100 0 100 200 300 400 500

Le renouveau démographique qui suit la Seconde Guerre mondiale permet à la France de reconstruire son économie et de repenser son espace politique. C'est un pays remis à neuf qui termine la période euphorique des trente glorieuses par l'explosion de jeunesse de Mai 1968.

262

La Ve République

264

Fin de la guerre d'Algérie

266

Un monde jeune

268

Le joli mois de mai

800   900   1000   1100   1200   1300   1400   1500   1600   1700   1800   1900   2000

MOYEN ÂGE   TEMPS MODERNES   ÉPOQUE CONTEMPORAINE

Le rêve et la réalité

En 1944, les Français rêvent de reconstruire une France nouvelle, unie comme dans la Résistance et où chacun aurait le nécessaire. La IVᵉ République essaie de réaliser ce rêve, mais les guerres coloniales le briseront.

Gouvernement provisoire et épuration

Le Gouvernement provisoire du général de Gaulle tire son autorité de l'appui des forces de la Résistance. Il met en place de grandes réformes : création de la Sécurité sociale, nationalisation des grandes entreprises, vote des femmes. Le jugement des collaborateurs, d'abord réalisé par des tribunaux improvisés (9 000 exécutions sommaires et de nombreux abus), est ensuite mené par les tribunaux réguliers. Sur 163 000 personnes jugées, 4 % sont condamnées à mort, 8 % aux travaux forcés, 16 % à la prison, 25 % à la dégradation nationale.

Le général de Gaulle, président du Comité français de libération nationale, à l'automne 1944.

À la Libération, les femmes soupçonnées d'avoir eu des relations avec l'occupant sont tondues.

LE MOUVEMENT RÉPUBLICAIN POPULAIRE

Les chrétiens engagés dans la Résistance, le syndicalisme et les mouvements de jeunesse se décident à fonder leur propre parti politique, le MRP. Georges Bidault, ancien dirigeant du Conseil national de la Résistance, et Robert Schuman, un des « pères de l'Europe », en sont les principaux fondateurs. Ils se veulent l'expression des aspirations sociales de la démocratie chrétienne.

Une nouvelle République

Les Français manifestent le désir d'une république sociale fondée sur les grandes libertés de 1789. Très vite, la Constituante élue en octobre 1945 entre en conflit avec de Gaulle, partisan d'un gouvernement fort. La rupture est consommée le 20 janvier 1946, avec la démission de ce dernier. Le 13 octobre 1946, les Français approuvent la constitution de la IVᵉ République, marquée par le pouvoir des députés de l'Assemblée nationale, élus au suffrage universel. Ceux-ci peuvent à chaque instant retirer leur confiance au président du Conseil. Les gouvernements, comme l'a prévu le Général, seront donc très fragiles.

Dernière Paris LE NATIONAL
De Gaulle s'en va irrévocablemen

Pour réprimer les émeutes qui éclatent dans les mines en 1948, le gouvernement envoie l'armée qui tire sur les ouvriers.

1947, l'année cruciale

Poussé par Joseph Staline, le parti communiste rompt l'alliance gouvernementale qui existe depuis la Libération. Les ministres communistes sont démis de leur fonction le 5 mai 1947. Une scission syndicale intervient alors, qui conduit à la création de Force ouvrière et à de grandes grèves à caractère révolutionnaire. Des émeutes, des sabotages et de graves incidents sont signalés dans les mines et les chemins de fer. Le socialiste Jules Moch, appuyé par Robert Schuman, doit employer l'armée et les Compagnies républicaines de sécurité épurées pour rétablir l'ordre et sauver la jeune république.

Instabilité et troisième force

Face aux adversaires que sont les communistes et les députés RPF, l'alliance des forces centristes (« troisième force ») soutient la nouvelle république. On y trouve les socialistes de la SFIO, les modérés du MRP et des partis issus de la Résistance. Mais cette alliance est fragile, car les participants s'opposent sur la question de l'école ou de la politique économique. La durée de vie moyenne d'un gouvernement est alors de 6 mois et demi ! Parmi tous ces gouvernements successifs, émergent celui de Pinay, qui vient à bout de l'inflation, et celui du socialiste Mendès France, qui termine la guerre d'Indochine.

LE RPF

Le général de Gaulle fonde en avril 1947 un mouvement politique dont l'objectif proclamé est de réformer le régime. Aux élections municipales d'octobre 1947, le Rassemblement du peuple français (RPF) remporte 40 % des voix, notamment dans les grandes villes comme Paris, Lille et Marseille. Mais la modification de la loi électorale rend inutile cette popularité et contraint le Général à la « traversée du désert », retrait de la vie politique qui va durer jusqu'en 1958.

Tout reconstruire

La France sort détruite de la guerre. La reconstruction et la modernisation de l'économie vont permettre, malgré les tensions internationales et la décolonisation, l'expansion des « trente glorieuses ».

Un pays ravagé

Au lendemain de la guerre, la France est en ruine. Les ponts, les voies ferrées, le matériel ferroviaire sont détruits. Les ports sont inutilisables et les côtes sont minées. Des villes entières ont été rasées (Le Havre, Brest, Caen, Amiens…) et beaucoup d'autres sont très abîmées (Orléans, Tours, Rouen…). L'agriculture sans engrais n'assure pas un ravitaillement suffisant. L'industrie pillée par l'occupant et frappée par les combats est quasi inexistante.

Une reconstruction planifiée

Entre décembre 1944 et mars 1946, le Gouvernement provisoire est amené à nationaliser de larges pans de l'économie. De cette époque datent les monopoles publics de l'énergie (Charbonnage de France, EDF et GDF), des instruments financiers que sont les banques et les compagnies d'assurance (Crédit lyonnais, Société générale, BNCI…) et des entreprises qui ont collaboré comme Renault ou Berliet. Les partis qui soutiennent le gouvernement souhaitent une intervention de l'État dans l'activité économique. Le « plan », inspiré de la pratique soviétique, devient l'outil qui doit permettre de reconstruire l'économie française. C'est l'objet du premier plan, dit de « reconstruction ». Plus tard, un deuxième, dit de « modernisation », aura pour but de rattraper les retards.

Après les années sombres de la guerre, la natalité augmente : c'est le « baby-boom ».

JEAN MONNET

Négociant et fils de négociant de Cognac, Jean Monnet (1888-1979) a vécu plus de 20 ans à l'étranger. Pendant la guerre, il participe au *Victory Program* aux États-Unis. Après le débarquement allié en Afrique du Nord, il a la charge, dans l'entourage du général de Gaulle, des questions économiques. En décembre 1945, il se voit confier le tout nouveau Commissariat général au plan. Fasciné par l'efficacité américaine, il souhaite mettre en place un plan de reconstruction et surtout de modernisation. Pour réaliser ce projet, il associe aux décisions patrons, syndicats et fonctionnaires.

Le plan Marshall

Lors d'une conférence donnée à l'université d'Harvard, le 5 juin 1947, le général Marshall présente un Programme européen de secours (*European Recovery Program*) appelé familièrement « plan Marshall » : c'est un effort financier consenti par les Américains pour aider à la reconstruction de l'Europe. Il s'agit d'aider à contenir la menace communiste, de développer l'économie américaine, et aussi d'éviter une crise débouchant sur la guerre en Europe. Étalée sur quatre ans, cette aide représente quelque 13,5 milliards de dollars qui vont permettre aux Européens de l'Ouest (ceux de l'Est ont dû refuser sur ordre de Joseph Staline) de relever leur pays et de connaître une longue période de prospérité. La France en a reçu un cinquième, soit environ 2,6 milliards de dollars.

Le général George Catlett Marshall.

Des résultats éloquents

Dès l'année 1953, la production intérieure brute dépasse de 40 % celle de 1946, les plaies de la crise des années trente et de la guerre sont cicatrisées, la croissance est revenue. La production industrielle qui croît de 6 % par an tire l'économie. La productivité du travail augmente et la confiance dans l'avenir, qui se concrétise par le « baby-boom », dynamise l'économie. Cependant, le pays connaît encore une grave crise du logement et les artisans et petits commerçants sont les oubliés de la course au progrès.

CHANTIER DE RECONSTRUCTION D'UN PONT DÉTRUIT PENDANT LA GUERRE.

LA RÉVOLTE DE PIERRE POUJADE

Libraire-papetier à Saint-Céré, dans le Lot, Poujade crée, en 1953, l'Union de défense des commerçants et artisans de France. Cette Union, expression des difficultés des petits commerçants face à la modernisation du pays, est destinée à s'opposer aux contrôles fiscaux dont ils s'estiment victimes. Aux élections de 1956, l'Union remporte près de 12 % des voix. Jean-Marie Le Pen est élu député à cette occasion. Mais le succès de Poujade restera sans lendemain.

1945 1950 1955 1960 1965 1970

Déclin de l'empire colonial

Hô Chi Minh entouré d'enfants.

La IVᵉ République hérite de l'empire colonial bâti sous la IIIᵉ République. Mais les difficultés de la France, puissance colonisatrice, pendant la Seconde Guerre mondiale provoquent la reprise des guerres coloniales et le début du mouvement de décolonisation.

Sétif et Madagascar

Le 8 mai 1945, à Sétif, un défilé de la victoire est endeuillé par des échauffourées entre colons et patriotes algériens, entraînant la mort d'une centaine d'Européens. La répression menée par l'armée française dans le Constantinois est impitoyable : 1 500 morts sont reconnus par l'administration coloniale, mais on compte sans doute 4 ou 5 fois plus de victimes. En 1947, à Madagascar, une revendication patriotique entraîne une insurrection populaire violemment réprimée par l'armée française. Bilan estimé : 100 000 morts !

La guerre d'Indochine

Le parti communiste indochinois a créé en 1941 le Vietminh pour lutter contre les Français et les Japonais. Le 2 septembre 1945, Hô Chi Minh proclame l'indépendance à Hanoi. Mais de Gaulle désire restaurer la présence française en Indochine. Un corps expéditionnaire est envoyé en Cochinchine et chasse le Vietminh de Saigon.

Un accord de large autonomie du Vietnam dans le cadre d'une Fédération indochinoise et d'une Union française est ensuite négocié entre Jean Sainteny (envoyé par de Gaulle) et Hô Chi Minh. Mais ces accords sont remis en cause par l'amiral Thierry d'Argenlieu qui fait bombarder le port d'Haiphong (6 000 morts). La guerre devient inévitable.

HÔ CHI MINH

Hô Chi Minh (1890-1969), ancien ouvrier forcé en France, est le fondateur du Parti communiste indochinois, en 1930, puis du Vietminh (ligue révolutionnaire pour l'indépendance du Vietnam). Il est l'âme de la révolte contre les colonisateurs français jusqu'en 1954 puis contre les Américains. On le nomme familièrement le « Vénérable » ou « l'Oncle Hô ».

MENDÈS FRANCE

Pierre Mendès France (1907-1982) commence sa vie politique sous le Front populaire et est nommé ministre de l'Économie nationale à la Libération. Connu pour son franc-parler et sa détermination, on lui doit : « Gouverner, c'est choisir. » Partisan de la paix en Indochine, il négocie les accords de Genève, en juillet 1954. Le Laos et le Cambodge accèdent à l'indépendance et le Vietnam est divisé par une ligne de démarcation, en attendant l'organisation d'élections.

Le camp retranché de Dien Bien Phu, pendant la guerre d'Indochine.

Dien Bien Phu

La guerre d'Indochine est une guerre de partisans menée par les nationalistes indochinois commandés par le général Giap contre les parachutistes de la Légion étrangère et les soldats français sous les ordres de De Lattre de Tassigny puis de Salan et Navarre. À Dien Bien Phu, le 7 mai 1954, 12 000 hommes du corps expéditionnaire français sont encerclés dans une cuvette et contraints de capituler. C'est la première fois que des forces coloniales sont vaincues dans une bataille classique.

Toussaint 1954 : la guerre d'Algérie

Les Algériens sont maintenus dans un rôle de citoyens de seconde zone, et l'Algérie semble calme en 1954, quand le 1er novembre, l'attaque d'un train fait huit morts, dont un jeune instituteur rejoignant son premier poste. Le FLN (Front de libération nationale) de Ben Bella a organisé ce massacre qui marque le début de la « guerre d'Algérie ». En 1955, la rébellion s'étend au Constantinois et à l'Oranie. En 1956, les soldats du contingent sont envoyés en Algérie pour intensifier la lutte contre le FLN. Ce conflit meurtrier et coûteux contribue à isoler la France sur le plan international.

PIED-NOIR ET BOUGNOULE

Les pieds-noirs sont les habitants d'origine européenne de l'Algérie, nés en Algérie. Ils tiennent ce sobriquet des chaussures noires que l'armée donnait aux premiers colons. Par opposition, le « bougnoule » est celui qui est chaussé d'espadrilles ou de savates.

AHMED BEN BELLA

Né en 1916, il est un des dirigeants de l'insurrection algérienne de 1954, avec Aït Ahmed, Krim Belkacem, et Mohammed Boudiaf. Fait prisonnier en 1956, à la suite du détournement de son avion, il devient le premier président de la jeune République algérienne en 1963.

Capture de deux maquisards du FLN par des soldats de la Légion .

L'auto et le frigo

La modernisation sociale qui vide les campagnes et ruine les petits commerces s'accompagne de la découverte du confort ménager et de l'envie de rouler en automobile. Le Salon des arts ménagers et celui de l'auto deviennent ainsi deux grands moments de la vie des Français.

La 4 CV Renault et son coffre à bagages situé à l'avant.

Lendemains de guerre

La fin des années quarante est encore une époque de pénurie, car les ruines de la guerre ne sont pas toutes relevées. Le nombre de logements est insuffisant, et ceux qui sont habitables manquent totalement de confort : pas d'eau chaude, de salle de bains, de toilettes intérieures, voire, tout simplement, pas de place. La nourriture et les vêtements sont chers et de qualité médiocre. Un historien a même estimé que le niveau de vie en 1950 est à peu près celui de 1850 !

Passion des voitures

Privés de liberté et du plaisir de conduire pendant les six longues années de guerre, les Français caressent tous le rêve de posséder leur voiture. Mais les difficultés économiques de l'après-guerre en rendent la réalisation difficile : l'essence et les pneus sont rares, tandis que le délai de livraison d'une voiture neuve atteint parfois deux ans. Le réseau routier dépassé, avec ses chaussées étroites, bombées et bordées de platanes, n'empêche pourtant pas les passionnés de s'entasser à six ou sept dans une voiture étriquée pour aller découvrir mer ou montagne le temps d'un week-end.

LA 4 CV RENAULT

Dévoilée lors du premier Salon automobile d'après-guerre (octobre 1946), la 4 CV Renault est la première voiture française populaire. Équipée d'un moteur à l'arrière de 747 cm³ qui délivre 21 chevaux, son confort est rudimentaire, mais elle suscite la convoitise de millions de Français. C'est la première voiture française qui va être fabriquée à plus de 1 million d'exemplaires.

Le journal *L'Automobile* du salon 1946.

Le succès de Moulinex

Jean Mantelet, ingénieur, fait partie des 2 610 patrons et cadres français partis étudier les méthodes de production et de gestion des entreprises aux États-Unis, dans le cadre des « missions de productivité » offertes par le gouvernement américain.

Publicité pour un fer électrique à vapeur.

Son entreprise est spécialisée dans le petit appareillage ménager. Son article fétiche est la moulinette à main qui donne son nom à la société. En 1956, Moulinex sort son premier modèle de moulin à café électrique, moitié moins cher que la concurrence. Il s'en vend 1,5 million d'exemplaires dès la première année. En 1958, les deux tiers des moulins à café vendus en France sont des Moulinex. Production de masse et bas prix sont les recettes du succès… À condition d'avoir les magasins pour vendre.

la blanche forteresse qui protège votre santé
FRIGÉCO

Le réfrigérateur, symbole du nouveau confort domestique.

LA 2 CV CITROËN

Apparue en 1939 mais produite en 1948 sous une forme très évoluée, la 2 CV Citroën est une traction avant économique à moteur bicylindre refroidi par air. Son concepteur la qualifie de « 4 roues sous un parapluie ». Cette décapotable, qui atteint à peine 50 km/h à ses débuts, va évoluer et sera produite à 7 millions d'exemplaires jusqu'en 1990.

La saga d'Édouard Leclerc

En 1948, à Paris, les établissements Goulet-Turpin créent le premier magasin en libre-service. En 1949, Édouard Leclerc ouvre à 23 ans sa première épicerie, à Landerneau, en Bretagne. Trente ans plus tard, il est devenu un des grands du commerce en Europe. La « recette » d'Édouard Leclerc consiste à faire la synthèse des divers systèmes de commerce populaires qui existent alors : la coopérative, le libre-service et le magasin « à prix unique ». La réussite est quasi immédiate. En 1951, le magasin de Landerneau doit être agrandi. En 1954, les premiers associés bretons le rejoignent. En 1958, le premier « Centre Leclerc » situé hors de Bretagne est ouvert à Grenoble. Ce succès fait réfléchir. En 1963, Carrefour ouvre son premier hypermarché dans la région parisienne et bientôt les « enseignes » se multiplient. Les Français entrent dans la « société de consommation ».

De Gaulle, le retour

Tract gaulliste distribué à Alger, le 4 juin 1958.

L'année 1958 marque le retour de Charles de Gaulle aux responsabilités politiques et la naissance de l'actuelle république, la Ve République.

La guerre en Algérie

Depuis la « Toussaint rouge » de 1954, l'Algérie est secouée par une guerre qui ne dit pas son nom : les autorités françaises parlent des « événements d'Algérie », ou d'une « rébellion algérienne ». Les gouvernants sont incapables de prendre les décisions qui s'imposent : soit respecter le statut de 1947, soit accorder l'indépendance. En 1958, les militaires qui viennent de gagner la « bataille d'Alger » et de démanteler les principales bases de l'insurrection algérienne ont le sentiment que les hommes politiques, à Paris, vont « brader » l'Algérie. Beaucoup des pieds-noirs partagent ce sentiment. En métropole, les familles sont inquiètes par l'envoi des jeunes gens du contingent et l'allongement du service militaire à 27 mois. Elles aussi perdent confiance dans la classe politique.

HORREURS DE LA GUERRE

Aux prises avec une rébellion insaisissable et des attentats aveugles, certains militaires français pratiquent la torture pour obtenir des informations, mais aussi par vengeance, ou sadisme. Les troupes françaises sont également responsables d'un nombre important de disparitions et de viols. Du côté algérien, les rebelles massacrent des civils et à la fin de la guerre les harkis (les soldats algériens adjoints à l'armée française) au mépris des accords de paix.

LA BATAILLE D'ALGER.

Le 13 mai 1958

Le 13 mai 1958, à Paris, Pierre Pflimlin est investi comme président du Conseil. On lui prête l'intention d'ouvrir des négociations avec le FLN algérien. À Alger, c'est l'émeute. Des partisans de l'« Algérie française » s'insurgent contre le gouvernement Pflimlin et créent un Comité de salut public présidé par le général Massu. Des manifestations de « fraternisation » entre Européens et musulmans semblent prouver que la population veut demeurer française. En fait, une guerre civile couve entre partisans de l'Algérie française et tenants de l'indépendance algérienne. Charles de Gaulle apparaît être la solution au drame qui se prépare.

Manifestation d'Européens d'Algérie attendant le général de Gaulle.

La fin de la IVe République

Michel Debré, un des gaullistes les plus actifs, réussit à convaincre les militaires d'Algérie d'aider au retour du Général au pouvoir. Le 15 mai, le général Salan, véritable chef des forces armées en Algérie, fait applaudir le nom de Charles de Gaulle par la foule d'Alger. Le 27 mai, le Général déclare qu'il a entamé le processus de formation d'un « gouvernement républicain ». Le 1er juin 1958, Charles de Gaulle est investi par l'Assemblée pour former le nouveau gouvernement. Il est à ce titre le dernier président du Conseil de la IVe République. Il reçoit les pleins pouvoirs pour rétablir l'ordre en Algérie, préparer une nouvelle Constitution et la soumettre au référendum. La nouvelle Constitution est rédigée le 4 septembre 1958 et adoptée par référendum le 28 septembre. La IVe République a vécu.

CHARLES DE GAULLE

Le « Général », comme l'appellent ses proches et ses partisans, est déjà un personnage historique. C'est « l'homme du 18 juin », le chef de la « France libre », l'incarnation de la Résistance. Mais Charles de Gaulle a aussi une carrière politique. Avant la guerre, il a été sous-secrétaire d'État à la Guerre. À la Libération, il est nommé chef du Gouvernement provisoire de la République française. Il en démissionne en 1946, fonde le RPF (Rassemblement du peuple français), puis se tient à l'écart du pouvoir. C'est la « traversée du désert », pendant laquelle il rédige ses *Mémoires de guerre*. Le printemps 1958 voit son retour à la direction du pays à l'occasion de la crise algérienne.

La Vᵉ République

Façade du palais de l'Élysée, résidence du président de la République.

En 1965, a lieu la première élection présidentielle au suffrage universel direct : elle oppose au second tour Mitterrand à de Gaulle.

LE CONSEIL CONSTITUTIONNEL

Le Conseil constitutionnel est chargé de veiller au bon fonctionnement des institutions et de lutter contre les déviations du régime parlementaire. Il est composé d'anciens présidents de la République et de 9 magistrats désignés par le chef de l'État et les présidents des deux chambres (Assemblée nationale et Sénat).

S'appuyant sur un gouvernement efficace et fort, de Gaulle se consacre au relèvement du prestige de la France, amoindri par la Seconde Guerre mondiale.

Une nouvelle Constitution

La Vᵉ République reste un régime parlementaire, puisque les ministres sont responsables devant l'Assemblée nationale. Mais le président de la République est la clef de voûte du système. Il a des pouvoirs étendus puisqu'il est élu pour sept ans, qu'il nomme le Premier ministre, peut dissoudre l'Assemblée nationale (ce qui entraîne de nouvelles élections de députés), organiser un référendum (consultation des Français sur un sujet, avec vote par oui ou non) et peut utiliser des pleins pouvoirs en cas de crise majeure.

Décolonisation en Afrique

La décolonisation de Madagascar et d'Afrique noire se réalise sans crise :
la Constitution de 1958 établit une communauté entre la France et ses anciennes
colonies africaines. Seule la Guinée refuse le statut d'État membre de cette
communauté et accède aussitôt à l'indépendance. La République malgache et
les États d'Afrique noire deviennent indépendants en 1960, mais signent
des accords de coopération avec la France.

L'indépendance nationale

Le général veut exalter la grandeur de la France et lui faire jouer
un rôle de premier plan : il décide donc de se lancer dans une politique
étrangère ambitieuse, indépendante des deux grands, les États-Unis
et l'URSS. En 1961, la France met au point l'arme atomique.
En 1966, elle se retire de l'OTAN, traité de
défense atlantique dominé par les États-Unis.
En 1964, la France se rapproche de l'URSS
et reconnaît la Chine populaire. Enfin,
le Général privilégie les relations avec
l'Allemagne fédérale, fondant
par là même le socle
de la construction
européenne.

Avions Mirage
de la force de frappe
française.

CRITIQUE DES ÉTATS-UNIS

Soumis à la pression
américaine, le général
de Gaulle pratique
une politique de plus
en plus critique
envers le puissant allié :
réprobation de
l'intervention des États-
Unis au Vietnam ou à
Saint-Domingue, remise
en cause de la situation
du dollar dans
l'économie, retrait
des forces françaises
de l'OTAN en 1966,
suppression des bases
militaires alliées sur
le sol français.

Champignon
caractéristique
de l'explosion d'une
bombe atomique.

Fin de la guerre d'Algérie

Le général de Gaulle lors d'une conférence de presse (19 mai 1958).

Après des années de conflit sanglant, de Gaulle réussit, non sans mal, à terminer la guerre d'Algérie. La fin de ce drame provoque l'exil de deux millions de personnes.

Des débuts ambigus

Quand de Gaulle revient au pouvoir en 1958, il a sur l'Algérie une position équivoque : son célèbre « Je vous ai compris » adressé à la foule algéroise paraît un ralliement à l'Algérie française. Mais le Général croit l'indépendance inéluctable à terme. Aussi pense-t-il proposer une formule d'association avec la France permettant aux mentalités d'évoluer. Le tournant décisif se produit en septembre 1959, lorsque le Général propose l'autodétermination, les Algériens étant invités à choisir entre indépendance, intégration ou association avec la métropole.

Révolte des Européens d'Algérie

Désormais, les pieds-noirs sont dans leur majorité hostiles à de Gaulle. En janvier 1960, les étudiants d'Alger tentent de rallier l'armée à leurs thèses au cours de la semaine des barricades. En avril 1961, le « putsch des généraux » est monté par quatre généraux dont deux anciens commandants en chef (Challe et Salan). Les mutins s'emparent du pouvoir à Alger, mais de Gaulle, le 23 avril 1961, ordonne de barrer la route aux mutins par tous les moyens. La détermination du chef de l'État est relayée par les appelés du contingent, qui, ayant entendu l'appel, refusent d'obéir aux insurgés. Les adhérents de l'OAS (Organisation de l'armée secrète) lancent alors des attentats sanglants en Algérie, puis en métropole, ce qui dresse contre eux la grande majorité de l'opinion.

LE SOUTIEN DE L'OPINION FRANÇAISE

De Gaulle, tout au long de la crise algérienne, a le soutien de l'opinion : le référendum de janvier 1961 sur l'autodétermination recueille en métropole 79 % d'opinions favorables ; les Français voient en lui le garant des institutions lors du putsch des généraux. Ce soutien se vérifie encore le 8 avril 1962, où le référendum sur les accords d'Évian recueille 90 % de oui en métropole.

Affiche de propagande de l'Organisation de l'armée secrète (OAS).

DÉPART EN MASSE
DES EUROPÉENS D'ALGÉRIE,
EN 1962.

Les accords d'Évian

Les accords signés à Évian le 18 mars 1962 visent à organiser le retrait de la France
d'Algérie, Sahara compris. Le FLN promet de respecter les biens des pieds-noirs,
auxquels on offre le choix entre nationalité française et nationalité algérienne.
La conséquence en est pourtant le retour de deux millions de pieds-noirs et de
harkis qui, en quelques mois, abandonnent tout pour essayer de refaire leur vie
en France. C'est un drame qui n'est toujours pas effacé des mémoires.

L'attentat du Petit Clamart

Les accords d'Évian sont rejetés par certains Français, qui estiment que de Gaulle
a abandonné l'Algérie. Le 22 août 1962, au Petit Clamart, dans la banlieue sud
de Paris, la Citroën du général de Gaulle tombe dans une embuscade : elle est
mitraillée par six tireurs mais continue sa route sous une grêle de balles, grâce
à ses pneus à alvéoles increvables. L'ensemble du commando est arrêté et
Bastien Thiry, l'organisateur, exécuté le 11 mars 1963.

UN LOURD BILAN

Cette guerre a coûté
la vie à quelque 25 000
Français, jeunes gens
issus du contingent.
Du côté des « rebelles »,
(les Algériens),
les chiffres restent
inconnus. Ils sont au
moins 20 fois
supérieurs, selon
les estimations les plus
basses. Sur le plan
militaire, les généraux
français n'ont pas perdu
la guerre. Mais le général
de Gaulle, président de
la République, et une
majorité de Français de
la métropole estiment
que l'indépendance doit
être rendue à l'Algérie.

Le grand rassemblement de musique de Woodstock a lieu en août 1969, aux États-Unis.

Un monde jeune

Julien Clerc dans
la comédie musicale
culte *Hair*

La jeunesse de la fin des années soixante est nombreuse, car elle appartient à la génération du « baby-boom » de l'après-guerre (1945-1950). Elle voit, sans trop les comprendre, les parents courir au Salon des arts ménagers ou de l'automobile. Les jeunes, eux, rêvent de liberté, de voyages, de justice et de paix sur des airs de musique « hippie ».

Le refus du monde tel qu'il est

La génération née après la guerre regarde le monde en direct, tous les jours, à la télévision. Pendant les vacances, elle n'hésite pas à « faire la route », pour aller à Los Angeles, Prague ou Katmandou. Elle se sent chez elle dans le monde entier. Mais ces jeunes rejettent le culte de la consommation et l'hypocrisie par rapport au sexe qui règnent en Occident. Ils refusent aussi l'absence totale de liberté des pays de l'Est.

La guerre, ailleurs

La France vit en paix, depuis la fin de la guerre d'Algérie. Mais le monde est toujours secoué par des guerres ouvertes ou en puissance. Au Vietnam et en Amérique latine, les Américains, appuyés par des forces locales, conduisent des opérations contre les mouvements nationalistes et progressistes. L'Europe est partagée par le rideau de fer entre Est et Ouest, et vit dans la crainte d'un nouveau conflit. Ces affrontements militaires paraissent aux jeunes particulièrement scandaleux.

Faites l'amour, pas la guerre

C'est de Berkeley que démarre la contestation qui fera le tour du monde. Les étudiants américains refusent tout à la fois la guerre du Vietnam

Les Beatles.

et l'hypocrisie de l'Amérique raciste et guerrière. Les airs de musique des Beatles, des Rolling Stones, de Bob Dylan ou Joan Baez rythment les grands rassemblements de jeunes où l'on consomme des drogues interdites en demandant de refuser la violence et en pratiquant l'amour libre. Reagan, gouverneur de Californie, affirme : « Il faut agir avec fermeté contre le sexe, la drogue et la trahison à Berkeley. »

Une France étouffée

Dix ans de gaullisme ont fait basculer le pays dans la civilisation industrielle. Mais la société française reste autoritaire et figée : censure à la télévision et au cinéma, hypocrisie (la pilule, autorisée depuis 1967, n'est pas disponible et l'avortement est interdit), petits chefs tout-puissants. Dans les lycées, on traque sans pitié minijupe et cheveux longs.

Affiche antigaulliste parue en 1968.

CHE GUEVARA, HÉROS ROMANTIQUE

Argentin ayant compris les injustices et la violence du monde latino-américain, il rejoint la révolution cubaine et devient le compagnon de Castro. Mais quand celui-ci arrive au pouvoir, il prend ses distances avec le régime et part exporter la révolution dans le monde. Il meurt le 9 octobre 1967, dans un maquis de Bolivie. Sa mort va en faire un héros légendaire du combat pour la liberté.

SOIS JEUNE ET TAIS TOI

1945 1950 1955 1960 1965 1970

Le joli mois de mai

Affiche de Mai 68 stigmatisant le comportement des CRS.

Dans une France prospère, enfin libérée de ses guerres coloniales, les jeunes étouffent. Ils prennent alors la parole et contestent le pouvoir de leurs aînés.

De Nanterre à Paris

L'agitation étudiante démarre à Nanterre le 22 mars 1968. Cette faculté nouvelle, entourée de bidonvilles, est un raccourci des inégalités criantes de la société française. Sa fermeture déplace l'agitation vers Paris. Les arrestations, la violence et les incompréhensions de l'État font basculer la situation. Le 10 mai, une multitude de barricades sont dressées, faisant de la capitale le théâtre d'une véritable insurrection.

Prendre la parole

Les étudiants appellent alors tous les syndicats à manifester leur solidarité. Progressivement, tout le pays s'installe dans la contestation du régime et dans la grève. Partout, des débats rythment la vie des universités, des usines ou des bureaux. On discute aussi bien de l'organisation du travail, des salaires, que de l'amour ou de la politique.

DEUX MOIS DE TROUBLES

22 mars : occupation du bâtiment administratif de l'université de Nanterre.
3 mai : affrontements au quartier Latin.
10 mai : « nuit de barricades ».
13 mai : immense manifestation unitaire.
20 mai : 6 millions de grévistes.
24 mai : durs affrontements.
27 mai : signature des accords de Grenelle.
30 mai : discours de De Gaulle. Manifestation gaulliste sur les Champs-Élysées.

AFFRONTEMENTS ENTRE ÉTUDIANTS ET FORCES DE L'ORDRE AU QUARTIER LATIN, EN MAI 1968.

SOUS LES PAVÉS LA PLAGE

Les accords de Grenelle

Georges Pompidou, Premier ministre, entame des négociations salariales avec les syndicats et le patronat. Un accord est finalement trouvé sur l'augmentation du SMIG (salaire minimum interprofessionnel garanti), la réduction des horaires, l'abaissement de l'âge de la retraite et l'instauration de la section syndicale d'entreprise. Après un premier refus par la base, l'accord finit par être adopté dans les entreprises.

La revanche gaulliste

Directement contesté par les étudiants et la jeunesse, de Gaulle, par un discours musclé à la télévision, reprend la situation en main le 30 mai. Le même jour, une gigantesque manifestation de soutien au Général montre que l'opinion, lassée des désordres, a basculé. Le travail reprend progressivement dans les entreprises. Mai 68 est bien terminé.

Le départ de De Gaulle

Un an plus tard, soucieux de ressourcer un pouvoir usé, de Gaulle demande par référendum au pays l'approbation d'un texte destiné à réformer le Sénat et à mettre en place une régionalisation. Le « non » l'emporte par 53 % des voix, et le soir même, dans la nuit du 27 au 28 avril 1969, le général démissionne de ses fonctions de président de la République. Il se tiendra désormais à l'écart de la vie politique et meurt le 9 novembre 1970.

RÉVOLUTION CULTURELLE

Bien que Mai 68 n'ait abouti à aucun changement politique, son impact sur la société française a été extrêmement important.

Ce « soulèvement de la vie » essentiellement anti-autoritaire provoque des changements durables dans l'organisation du travail, l'éducation ou les rapports enfants-parents. C'est ainsi que les lycées deviennent mixtes et que les étudiants participent à la gestion de leurs facultés. Au cours des manifestations, les femmes ont pris conscience de leur pouvoir. Deux ans plus tard, la naissance du MLF (Mouvement de libération de la femme) et les débuts de la presse féministe vont transformer les rapports hommes-femmes. Certains des jeunes de Mai sont ensuite partis cultiver la terre. Ces néo-ruraux n'ont pas tous réussi, mais leur démarche annonce déjà l'arrivée de l'écologie.

La France d'aujourd'hui

1973	Choc pétrolier
1974	Première candidature écologiste à la présidentielle
1975	Loi sur l'interruption volontaire de grossesse (IVG)
1981	Suppression de la peine de mort
1986	Première cohabitation
1989	Chute du mur de Berlin
1990	Réunification de l'Allemagne
1992	Référendum sur le traité de Maastricht
1999	Vote du PACS (pacte civil de solidarité)
2000	Loi sur la parité
2002	Mise en place de l'euro

276

Bouleversement des mœurs

274

La fracture sociale

272

De Pompidou
à Chirac

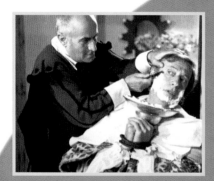

−600	−500	−400	−300	−200	−100	0	100	200	300	400	500

PRÉHISTOIRE   ANTIQUITÉ

La France d'aujourd'hui est une puissance
moyenne, qui coopère avec ses voisins dans des
ensembles plus vastes, comme la construction
européenne et le traité de l'OTAN. Au sein
de l'Europe, notre pays devra demain participer
activement aux changements profonds
que nécessitent les problèmes posés par
la mondialisation et la gestion écologique
de la planète.

278
Un pays arc-en-ciel

280
La France et l'Europe

282
La France et le monde

800   900   1000   1100   1200   1300   1400   1500   1600   1700   1800   1900   2000

MOYEN ÂGE   TEMPS MODERNES   ÉPOQUE CONTEMPORAINE

De Pompidou à Chirac

Georges Pompidou.

Après la démission en 1969 de Charles de Gaulle, la Vᵉ République continue, sans que ses principes soient remis en cause, comme le montre l'élection du centriste Valéry Giscard d'Estaing, du socialiste François Mitterrand et du gaulliste Jacques Chirac.

Georges Pompidou

Fils d'enseignants, Georges Pompidou succède le 14 avril 1962 à Michel Debré comme Premier ministre jusqu'au 10 juillet 1968. À la suite du départ du général de Gaulle, il est élu à la présidence de la République le 15 juin 1969. Il poursuit la construction de l'Europe en acceptant l'entrée du Royaume-Uni, de l'Irlande et du Danemark dans le Marché commun. Son Premier ministre Jacques Chaban-Delmas présente un projet de « nouvelle société » visant à débloquer la société française. Georges Pompidou décède le 2 avril 1974, au bout de cinq années seulement de mandat.

LE SEPTENNAT

Le 20 novembre 1873, une loi de l'Assemblée nationale décide de renouveler pour 7 ans le mandat présidentiel du maréchal Mac-Mahon. C'est la naissance, très discrète, du septennat. Cette nouveauté constitutionnelle visait à répondre à une nécessité du moment : aider à la restauration monarchique. Sept ans représentait alors la durée de l'attente envisagée par de nombreux députés pour rétablir un roi à la tête de la France.

Valéry Giscard d'Estaing

Valéry Giscard d'Estaing, ancien ministre des Finances du général de Gaulle, est élu président de la République le 19 mai 1974. Son septennat est marqué par l'abaissement de la majorité à 18 ans, les lois Veil sur le contrôle des naissances et la contraception, la mise en place du « collège unique » et les débuts de la « crise ». En 1979, un second choc pétrolier entraîne une aggravation du chômage et de l'inflation. Depuis décembre 2001, Valéry Giscard d'Estaing est président de la Convention sur l'avenir de l'Europe, chargée d'élaborer une « Constitution » pour l'Union européenne. Un projet de traité a été adopté par la Convention le 13 juin 2003.

Valéry Giscard d'Estaing.

François Mitterrand.

François Mitterrand

Après avoir été un des ministres importants de la IVe République et un des opposants à de Gaulle, il se présente comme candidat de gauche aux présidentielles de 1974 et est battu par Valéry Giscard d'Estaing. C'est en 1981 qu'il est élu à la présidence de la République ; il sera réélu en 1988. Les septennats de François Mitterrand sont caractérisés par les lois Defferre sur la « décentralisation », la reconnaissance des « radios libres » et la création de chaînes télévisées commerciales (TF1, M6, Canal +, etc.), l'abolition de la peine de mort, une importante législation sociale, une active politique culturelle : construction du Grand Louvre, de l'arche de la Défense, de la Très Grande Bibliothèque… Il décède à Paris le 8 janvier 1996.

Jacques Chirac

Jacques Chirac naît à Paris le 29 novembre 1932. En 1967, il occupe son premier poste gouvernemental. Il est un des ministres de Georges Pompidou de 1971 à 1974. Le 27 mai 1974, il est nommé pour la première fois Premier ministre, jusqu'en août 1976. En mars 1977, il est élu maire de Paris avant d'être de nouveau Premier ministre de mars 1986 à mai 1988. Élu à la présidence de la République en mai 1995, il est réélu le 5 mai 2002. Son premier septennat est marqué par la longue cohabitation avec Lionel Jospin, Premier ministre socialiste. Son deuxième mandat est placé sous le signe d'une politique plus sécuritaire, avec la mise en place nouvelle d'une collaboration police-gendarmerie.

Jacques Chirac.

LA COHABITATION

La Ve République établit une double responsabilité de l'État : celle du président de la République et celle du Premier ministre. Tous les deux sont issus du suffrage universel. Le gouvernement est « nommé par le président de la République sur proposition du Premier ministre ». Jusqu'en 1986, le président de la République et le Premier ministre viennent du même parti politique (gaulliste ou socialiste) ou ont la même sensibilité politique. À 3 reprises, cette unité politique est rompue. En 1986-1988, en 1993-1995 et en 1997-2002, le président de la République et le Premier ministre n'appartiennent pas au même camp et doivent diriger ensemble la France. C'est la « cohabitation ».

Une raffinerie de pétrole, énergie qui subit de plein fouet le choc de 1973.

La fracture sociale

La période qui s'ouvre à partir de 1974 est marquée par la « crise ». On pensait qu'elle n'était qu'un accident lié à la guerre entre Israël et les États voisins. Il est vite apparu qu'elle était profonde et qu'elle durerait. Ses effets n'ont pas encore disparu aujourd'hui.

Les chocs pétroliers

On désigne sous ce terme les hausses très brutales du prix des hydrocarbures décidées par l'Organisation des pays exportateurs de pétrole (OPEP). Le premier choc, le plus connu, a lieu en 1973, lors de la guerre du Kippour. Les prix sont alors multipliés par quatre et atteignent alors 12 $ le baril. En 1979, un second « choc pétrolier » est provoqué par la guerre entre l'Irak et l'Iran. Les prix passent de 14 à 28 $ le baril. Au total, entre 1973 et 1980, le prix du pétrole a été multiplié par 10, et il atteindra jusqu'à 39 $. La hausse est encore aggravée par le fait que le pétrole est payé en dollars. Au début des années quatre-vingt, le dollar vaut 10 F (contre 5 en 1973), ce qui revient pour la France à payer son pétrole 20 fois plus cher qu'en 1973 !

La « crise »

Les chocs pétroliers ont de nombreuses conséquences négatives : les prix montent fortement (et pas seulement ceux de l'énergie). L'inflation devient, pendant quelques années, supérieure à 10 %. La croissance économique s'effondre : elle passe de plus de 5 % par an à 1 ou 2 % (alors qu'on considère qu'il faut une croissance de 3 % par an pour assurer le plein-emploi). Enfin, les faillites d'entreprise se multiplient. Des pans entiers de l'activité disparaissent. La plupart des établissements sidérurgiques lorrains sont arrêtés. De nombreuses usines textiles des Vosges cessent leur activité. Les mines de charbon du Nord ferment. Les chantiers navals sont sinistrés.

L'abbé Pierre, qui lutte depuis les années cinquante contre la misère.

Le chômage

Avec la hausse des prix, le chômage est la seconde conséquence importante de la « crise ». En 1975, on compte 500 000 Français à la recherche d'un emploi, dans un pays où le plein-emploi était assuré depuis une génération. À la fin du septennat de Valéry Giscard d'Estaing, ils sont 1 million. À la fin du premier septennat de François Mitterrand, le nombre de chomeurs atteint 2 millions. Ils dépassent les 3 millions pendant le second septennat. Au début des années quatre-vingt-dix, 1 Français sur 10 est à la recherche d'un emploi. Et ce n'est que très récemment que ce chômage a reculé.

Michel Colucci, dit Coluche, le fondateur des Restos du cœur.

Un SDF, qui se protège du froid au moyen de sacs-poubelle.

La « fracture sociale »

Cette expression, utilisée par Jacques Chirac au cours de sa première campagne électorale, a le mérite de mettre en lumière les effets sociaux de la « crise » : la précarité de l'emploi ou, pire, la privation d'emploi entraîne une extrême pauvreté que le revenu minimum d'insertion (RMI) essaie de limiter. Cette pauvreté conduit à habiter des quartiers délabrés ou contraint à n'avoir pas de logement, et donc à devenir un « sans domicile fixe » (SDF). Elle oblige aussi, pour pouvoir se nourrir correctement, à recourir à des associations caritatives comme le Secours catholique, le Secours populaire, les Restos du cœur (fondés par Coluche). Il est difficile, dans ces conditions, d'être soigné correctement. On voit alors réapparaître des maladies quasi disparues comme la tuberculose (maladie pulmonaire mortelle liée à la pauvreté). D'où la création du Samu social et, récemment, de la couverture maladie universelle (CMU).

Bouleversement des mœurs

La seconde moitié du XXᵉ siècle est marquée par un changement très important des mœurs, qui concerne la place des femmes, la justice, la famille.

Dès les années cinquante, les femmes envahissent le marché du travail.

Le droit de choisir sa maternité

Alors que le contrôle des naissances est demandé par la gauche lors de la campagne présidentielle de 1965, Lucien Neuwirth, député de droite, fait adopter en 1967 la loi libéralisant la contraception. Pourtant les avortements clandestins restent nombreux, causant régulièrement stérilité ou décès. À l'issue de débats parlementaires violents, Simone Veil, ministre de la Santé, obtient la libéralisation de l'avortement en 1975.

Le travail des femmes

Dans les années cinquante, la scolarisation des filles se généralise. Dans les années soixante-dix, les bachelières deviennent aussi nombreuses que les bacheliers. Les femmes investissent alors massivement le travail salarié : entre 1975 et 1998, la population active féminine augmente de 3 millions de personnes, et la part des femmes dans la population active globale passe à 46 %. Pourtant, les femmes restent victimes de discriminations en matière de carrière et de salaires : elles représentent seulement 7 % des cadres dirigeants des 5 000 premières entreprises françaises, tandis que la différence entre salaires des hommes et des femmes atteint 27 %.

La suppression de la peine de mort

François Mitterrand vient d'être élu président de la République lorsqu'un projet de loi portant abolition de la peine de mort est déposé sur le bureau de l'Assemblée nationale. Défendu par Robert Badinter, ce projet provoque des discussions passionnées à l'Assemblée et surtout au Sénat avant d'être adopté. La loi est ensuite promulguée par le président de la République le 9 octobre 1981.

Le pacte civil de solidarité (PACS)

Le PACS est un « contrat conclu entre deux personnes majeures, de sexe différent ou de même sexe, pour organiser la vie commune ». Créé pour donner un statut légal aux couples homosexuels et hétérosexuels qui vivent ensemble sans être mariés, le texte du PACS a fait l'objet de près de 120 heures de débat souvent houleux au Parlement. La loi, après avoir été rejetée le 9 octobre 1998, est finalement adoptée le 13 octobre 1999. Le PACS permet ainsi à la République de reconnaître pleinement les couples homosexuels.

La loi sur la parité

Après de vifs débats, le Congrès du Parlement adopte à Versailles (28 juin 1999) une révision constitutionnelle qui précise que « la loi favorise l'égal accès des femmes et des hommes aux mandats électoraux et aux fonctions électives ». Le 6 juin 2000, la loi relative à cet accès égal est adoptée. Elle impose aux partis de présenter 50 % de candidats de chacun des deux sexes aux élections législatives, avec pénalisation financière si cet objectif n'est pas atteint. Les premiers résultats de cette loi ont pourtant été décevants, puisque les élections de 2002 n'ont fourni que 71 femmes députées sur 577 sièges.

PERSPECTIVE

La Chambre des députés en perspective derrière la guillotine (dessin de Paul Iribe, 1933).

LE « MANIFESTE DES 343 »

Le 5 avril 1971 paraît, dans *Le Nouvel Observateur*, le « Manifeste des 343 » : des femmes célèbres (Simone de Beauvoir, Catherine Deneuve, Françoise Sagan, etc.) mais aussi une majorité d'inconnues y déclarent publiquement avoir avorté, et réclament la libéralisation de l'avortement. Ce texte a immédiatement un important retentissement.

Manifestation de députés hostiles au PACS, au cours du débat au Parlement.

L'équipe de France de football, championne du monde en 1998 : un joyeux mélange de Français de toutes origines.

Un pays arc-en-ciel

Le territoire de la France a connu depuis des millénaires de nombreuses migrations. Les dernières concernent (entre autres) les Espagnols, les Portugais, les Maghrébins, les rapatriés d'Algérie et les Africains.

L'arrivée des Espagnols

En 1938-1939, arrive la plus grande vague de réfugiés que la France ait connue : près de 500 000 républicains espagnols passent la frontière. Reçus avec méfiance et souvent internés dans des camps, beaucoup s'évadent pour aller rejoindre la résistance aux Allemands. Avec le temps, une partie de cette population retourne en Espagne, tandis que l'autre se naturalise ou épouse des Français. Dans les années quatre-vingt-dix, ils ne sont plus que 20 000, mais marquent tout le Midi de leur empreinte. Picasso, Louis de Funès, Balenciaga font partie de cette immigration.

L'immigration maghrébine

Les besoins de la reconstruction de la France poussent le gouvernement français à recourir à une immigration massive en provenance d'Afrique du Nord. En 1954, 211 000 Algériens sont présents en France, le double en 1962. Ces travailleurs servent de main-d'œuvre dans les travaux publics, le bâtiment, les industries mécaniques, etc. Avec la montée de la guerre civile en Algérie, l'immigration temporaire tend à devenir définitive. Malgré les problèmes de racisme, les enfants de ces immigrés (les « beurs ») s'intègrent lentement : le nombre de mariages mixtes avec des métropolitains est élevé. Les exemples d'intégration réussie ne manquent pas avec Isabelle Adjani ou Zidane.

Manifestation de harkis protestant contre leur statut.

LES HARKIS

Ce sont les soldats algériens (270 000) utilisés par l'armée française contre la rébellion indépendantiste. En 1962, ceux qui échappent aux massacres perpétrés par le FLN et arrivent à rejoindre la France découvrent avec désespoir qu'ils y sont indésirables. Un demi-siècle plus tard, Jacques Chirac, le 25 septembre 2001, prononce un discours reconnaissant enfin le drame des harkis.

Les rapatriés d'Algérie

Pendant la seule année 1962, 800 000 Français d'Algérie émigrent en métropole. Cet exode massif, qui n'avait pas été prévu par le gouvernement français, se déroule dans des conditions très difficiles. Les rapatriés d'Algérie se sentent alors abandonnés et même trahis, développant alors une haine tenace envers le général de Gaulle. Pourtant, au prix d'un travail acharné, ils se réinsèrent rapidement en Languedoc-Roussillon, en Provence et à Paris.

L'immigration portugaise

De 1962 à 1975, la population portugaise présente en France passe de 50 000 à 750 000 personnes : la France est la première destination des migrants portugais fuyant la dictature et les difficultés économiques. Cette immigration illégale peuple les bidonvilles en périphérie des agglomérations. Ce sont les premiers « sans-papiers ». Après les changements politiques portugais, leur situation précaire s'améliore rapidement, le statut de citoyens européens facilitant leur intégration.

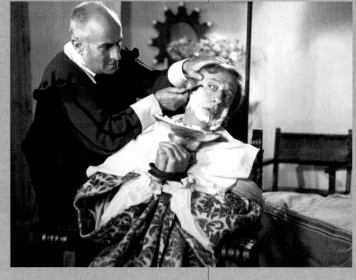

Louis de Funès, d'origine espagnole, et Yves Montand, d'origine italienne, dans *La Folie des grandeurs* : un exemple d'intégration réussie.

La France et l'Europe

Depuis 1945, la construction de l'Europe est au cœur de la politique étrangère française. Trois priorités ont été retenues : la paix, la sécurité et la prospérité.

Du Conseil de l'Europe à l'Union européenne

En 1947, les menaces venues de l'Est rendent nécessaire un rapprochement des peuples de l'Europe de l'Ouest. Le Conseil de l'Europe est fondé en 1949, mais cette assemblée n'a aucun pouvoir. Jean Monnet et Robert Schuman décident donc de créer avec l'Allemagne en 1951 la Communauté européenne du charbon et de l'acier (CECA). En mars 1957, le traité de Rome institue la Communauté économique européenne (CEE). La Commission européenne et le Parlement européen en constituent les organes exécutif et législatif. En 1967, le Marché commun se met en place. En 1992, le traité de Maastricht prévoit une monnaie et une citoyenneté uniques pour l'Union européenne.

Le défi de l'euro

Mettre sur pied une monnaie commune permet de faciliter les échanges et les comparaisons entre les États. Pour y parvenir, les candidats à l'aventure doivent accepter de coordonner leur politique économique et de déléguer à une Banque centrale européenne leur politique monétaire. C'est un vrai défi. Le 1er janvier 1999, 11 des 15 États membres décident de le relever. La Grèce les rejoint en 2001. Le 1er janvier 2002, c'est le succès avec le remplacement des monnaies nationales par des pièces et des billets européens.

Billets et pièces en euros.

MAASTRICHT

Le 7 février 1992, dans la ville néerlandaise de Maastricht, a été signé le traité sur l'Union européenne. Par ce traité, une citoyenneté européenne est créée. Tout citoyen d'un État européen est électeur et éligible au Parlement européen. Une politique étrangère et de sécurité commune visant à la mise en place d'une défense commune est décidée, ainsi que la mise en place d'une coopération dans le domaine de la justice.

L'UNIFICATION

Pour que l'Union européenne fonctionne, il faut réviser les institutions.
Passer de 6 à 15, puis 25 et plus, contraint à penser autrement l'organisation.
C'est pourquoi une constitution a été adoptée le 18 juin 2004.

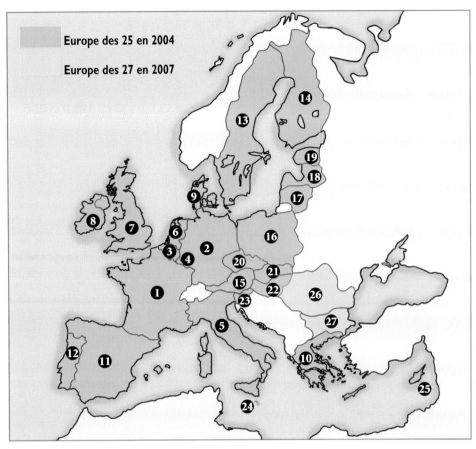

Europe des 25 en 2004

Europe des 27 en 2007

① France **⑯** Pologne
② Allemagne **⑰** Lituanie
③ Belgique **⑱** Lettonie
④ Luxembourg **⑲** Estonie
⑤ Italie **⑳** Tchéquie
⑥ Pays-Bas **㉑** Slovaquie
⑦ Royaume-Uni **㉒** Hongrie
⑧ Irlande **㉓** Slovénie
⑨ Danemark **㉔** Malte
⑩ Grèce **㉕** Chypre
⑪ Espagne **㉖** Roumanie
⑫ Portugal **㉗** Bulgarie
⑬ Suède
⑭ Finlande
⑮ Autriche

Les pays membres de l'Union européenne (actuels ou futurs).

Le « couple franco-allemand »

À chaque étape de la construction européenne, la France et l'Allemagne ont joué les premiers rôles. La vocation première de l'unité européenne est de rendre impossible des guerres entre pays européens et en particulier entre la France et l'Allemagne. Cette ambition a pris un premier visage officiel avec la signature du traité de l'Élysée, le 22 janvier 1963. C'est aussi la manifestation d'une authentique amitié entre Charles de Gaulle et Konrad Adenauer, chancelier d'Allemagne. Cette amitié entre chefs d'État se retrouve avec Valéry Giscard d'Estaing et Helmut Schmidt, puis entre François Mitterrand et Helmut Kohl, puis entre Jacques Chirac et Gerhard Schröder.

François Mitterrand et Helmut Kohl lors d'une célébration d'amitié franco-allemande à Verdun.

L'ÉLARGISSEMENT

L'Europe unie est un projet politique en continuelle évolution : le nombre de ses membres augmente régulièrement. Les Communautés européennes connaissent un premier élargissement en 1973, avec l'adhésion du Royaume-Uni, de l'Irlande et du Danemark. La Grèce (en 1981), l'Espagne et le Portugal (en 1986) intègrent l'« Europe ». Le 1er janvier 1995, l'Autriche, la Finlande et la Suède rejoignent l'Union européenne. Ce sont les « Quinze ». La procédure d'élargissement de l'Union aux anciens États de l'Est est lancée en 1997. En 2004, l'admission d'anciens états de l'Est porte le nombre des membres à 25. À cette date, l'Union européenne compte 500 millions d'habitants.

La France et le monde

La réserve naturelle de l'île méditerranéenne de Port-Cros.

D'abord axé sur la protection de la nature, le mouvement écologique, qui transcende les partis politiques, milite désormais pour la promotion du développement durable de l'ensemble de la planète.

Protection des sites et écologie

Après les abus de la reconstruction et de la modernisation du territoire, le mouvement pour la protection de la nature et des sites apparaît en France, puis prend de l'ampleur. L'émission *La France défigurée* des années soixante-dix est caractéristique de ce point de vue. Le mouvement débouche progressivement sur une prise de conscience plus globale : la civilisation industrielle coupe l'homme de son milieu naturel. Le mouvement écologiste remet alors en cause le productivisme et la société de consommation : opposé aux centrales nucléaires, le mouvement veut convaincre les hommes d'adopter un mode de vie qui respecte les lois et les ressources naturelles. Il reprend à son compte les principes fondamentaux de la protection de la nature, mais se préoccupe également des problèmes de consommation d'énergie, d'urbanisme, de transports, de démographie, etc.

Citoyens du monde

Les sommets internationaux de Stockholm (1972), Rio de Janeiro (1992) et
Johannesburg (2002) marquent la prise de conscience progressive du destin
commun de tous les peuples de la Terre. Les problèmes d'environnement les plus
cruciaux ne peuvent évidemment être résolus que globalement. À Rio, lors
du Sommet de la Terre, plus de 150 États se sont engagés à lier les enjeux
du développement économique et social avec ceux du respect de l'environnement,
pour créer un monde plus solidaire, préservant les ressources et les milieux
naturels : c'est ce qui s'appelle le « développement durable ».

**LE FORUM
DE PORTO ALEGRE**

Le forum social mondial
de Porto Alegre est
né du refus de la
mondialisation sauvage,
fondée sur la libre
concurrence et le profit
à court terme.
Les participants militent
pour la construction
d'un ordre mondial plus
solidaire, démocratique
et pacifique.

**La Terre vue de l'espace.
On distingue les contours
de l'Europe, et ceux de la France.**

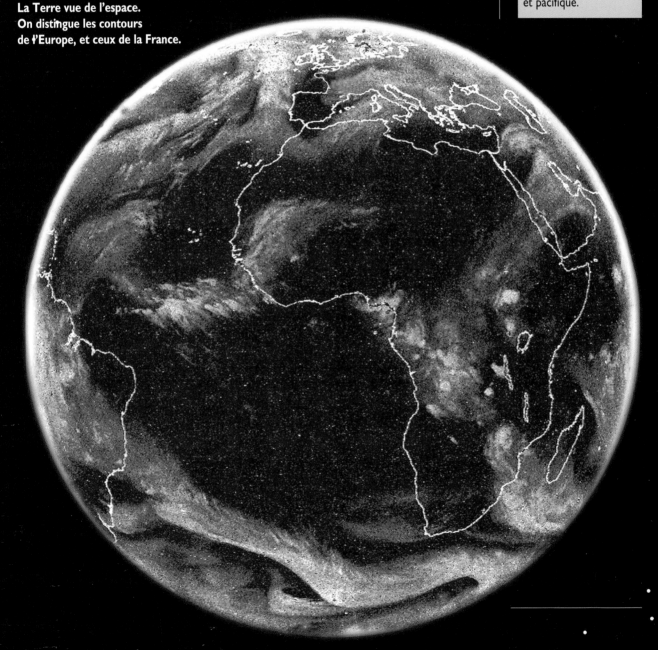

Généalogie

LES MÉROVINGIENS

Ne sont indiqués que les souverains qui règnent sur l'ensemble du royaume franc

Clovis Iᵉʳ	481-511
Clotaire Iᵉʳ	558-561
Clotaire II	584-629
Dagobert Iᵉʳ	629-639
Thierry III	675-691
Clovis IV	691-695
Childebert III	695-711
Dagobert III	711-715
Chilpéric II	715-721
Thierry IV	721-737
Childéric III	743-751

LES CAROLINGIENS

Pépin III le Bref	751-768
Charlemagne	768-814
Louis Iᵉʳ le Pieux	814-840
Charles le Chauve	840-877
Louis II le Bègue	877-879
Louis III et Carloman	879-882
Carloman	882-884
Charles le Gros	884-887
Eudes	888-898
Charles III le Simple	898-922
Robert Iᵉʳ	922-923
Raoul	923-936
Louis IV d'Outremer	936-954
Lothaire	954-986
Louis V	986-987

LES CAPÉTIENS

Hugues Capet	987-996
Robert II le Pieux	996-1031
Henri Iᵉʳ	1031-1060
Philippe Iᵉʳ	1060-1108
Louis VI le Gros	1108-1137
Louis VII le Jeune	1137-1180
Philippe II Auguste	1180-1223
Louis VIII le Lion	1223-1226
Louis IX (Saint Louis)	1226-1270
Philippe III le Hardi	1270-1285
Philippe IV le Bel	1285-1314
Louis X le Hutin	1314-1316
Jean Iᵉʳ	1316
Philippe V le Long	1316-1322
Charles IV le Bel	1322-1328

LES VALOIS

Philippe VI	1328-1350
Jean II le Bon	1350-1364
Charles V le Sage	1364-1380
Charles VI le Fou	1380-1422
Charles VII	1422-1461
Louis XI	1461-1483
Charles VIII	1483-1498
Louis XII	1498-1515

LES VALOIS-ANGOULÊME

François Iᵉʳ	1515-1547
Henri II	1547-1559
François II	1559-1560
Charles IX	1560-1574
Henri III	1574-1589

LES BOURBONS

Henri IV	1589-1610
Louis XIII	1610-1643
Louis XIV	1643-1715
Louis XV	1715-1774
Louis XVI	1774-1792

Iʳᵉ RÉPUBLIQUE

Convention nationale	1792-1795
Directoire	1795-1799
Consulat	1799-1804

PREMIER EMPIRE

Napoléon Iᵉʳ	1804-1814

RESTAURATION

Louis XVIII	1814-1824
Charles X	1824-1830

MONARCHIE DE JUILLET

Louis-Philippe Iᵉʳ	1830-1848

IIᵉ RÉPUBLIQUE

Louis Napoléon Bonaparte	1848-1852

SECOND EMPIRE

Napoléon III	1852-1870

IIIᵉ RÉPUBLIQUE

Gouvernement de Défense nationale	1870-1871
Adolphe Thiers	1871-1873
Edme Mac-Mahon	1873-1879
Jules Grévy	1879-1887
Sadi Carnot	1887-1894
Jean Casimir-Perier	1894-1895
Félix Faure	1895-1899
Emile Loubet	1899-1906
Armand Fallières	1906-1913
Raymond Poincaré	1913-1920
Paul Deschanel	1920
Alexandre Millerand	1920-1924
Gaston Doumergue	1924-1931
Paul Doumer	1931-1932
Albert Lebrun	1932-1940

ÉTAT FRANÇAIS

Philippe Pétain	1940-1944

GOUVERNEMENT PROVISOIRE DE LA RÉPUBLIQUE FRANÇAISE

Charles de Gaulle	1944-1946
Félix Gouin	1946
Georges Bidault	1946
Léon Blum	1946-1947

IVᵉ RÉPUBLIQUE

Vincent Auriol	1947-1954
René Coty	1954-1958

Vᵉ RÉPUBLIQUE

Charles de Gaulle	1959-1969
Georges Pompidou	1969-1974
Valéry Giscard d'Estaing	1974-1981
François Mitterrand	1981-1995
Jacques Chirac	1995

Glossaire

A

Abri-sous-roche : partie avant d'une grotte ou partie basse d'une falaise qui sert de protection et de refuge contre la pluie, la neige et les animaux sauvages. Il est généralement aménagé.

Acropole : sommet fortifié d'une butte ou d'une colline , abritant une citadelle et des temples. Dans le monde grec, c'est le lieu sacré de la cité. Chez les Barbares, on parle d'oppidum.

Adoubement : cérémonie par laquelle un jeune homme est fait (on dit « armé ») chevalier.

Amphore : vase en terre cuite à deux anses, utilisé pour la conservation et le transport de l'huile ou du vin et quelquefois des grains.

Aqueduc : de deux mots latins *aqua* (eau) et *ductus* (conduite). Désigne un canal ou un pont canal destiné à conduire l'eau.

B

Baptême : du mot grec *baptizein* (immerger).C'est le premier des sept sacrements catholiques. Cérémonie qui marque la conversion au christianisme par l'emploi d'eau bénite dans un baptistère.

Barbare : chez les Grecs et les Romains les Barbares sont les étrangers. Ce n'est que très progressivement que le mot en vient à désigner un « sauvage » cruel et inhumain.

Basilique : dans le monde romain, grand bâtiment qui servait de tribunal, de marché couvert, de salle de réunion. Avec le christianisme, la basilique devient une église. Aujourd'hui, c'est un titre donné par le pape pour honorer certaines églises : la basilique Saint-Sernin, de Toulouse, par exemple.

Bronze : alliage de cuivre et d'étain. L'âge du bronze désigne une époque préhistorique pendant laquelle les hommes n'ont utilisé que ce métal. Il marque le début de la métallurgie.

Byzance : cité fondée sur le Bosphore au VIIᵉ siècle avant Jésus-Christ, qui prendra le nom de Constantinople, (« la ville de Constantin », empereur romain qui en fait l'autre capitale de l'Empire) puis Istanbul depuis l'Empire ottoman. La partie de l'empire que commande Constantinople est l'Empire romain d'Orient et ses habitants des Byzantins ou Grecs (par opposition aux Latins).

C

Cairn : d'un mot irlandais qui signifie « tas de pierre ». Butte de pierres élevée par les Celtes dans l'ouest de l'Europe.

Calife : d'un mot arabe qui signifie à la fois « successeur » et « lieutenant ». Titre donné aux successeurs de Mahomet à la tête du monde musulman. Dans les guerres qui fractionnent l'Empire arabe, divers chefs se prétendent successeurs de Mahomet. Ils forment des califats indépendants comme en Espagne.

Cathédrale : du latin d'église *cathedralis*, de *cathedra*, siège de l'évêque. C'est l'église de l'évêque, souvent la plus grande de la ville.

Céréale : du latin *cerealis*, de Cérès, déesse antique des moissons. Plante cultivée pour la production de grains comestibles : blé, seigle, avoine, orge, maïs, riz, millet.

Charogne : cadavre d'un animal en décomposition.

Christianisme : vient du Christ, traduction du mot hébreux « messie », nom donné à Jésus de Nazareth, le fils de Dieu envoyé pour sauver l'humanité. Au Moyen-Âge, la chrétienté se fractionne en catholiques, qui obéissent à l'évêque de Rome, le pape, reconnu comme chef de l'Église catholique romaine et en orthodoxes.

Commune : de commun, communauté. Désigne au départ un groupe d'hommes liés par serment. Il désigne ensuite une ville dotée d'une charte communale, c'est-à-dire affranchie de son seigneur. Avec la Révolution, la commune devient la circonscription de base de l'administration française et parfois la communauté révolutionnaire la plus proche du citoyen.

Concile : assemblée d'évêques et de théologiens réunis pour régler des questions concernant les affaires de l'Église.

Concordat : accord entre le pape et un gouvernement. Les plus importants des concordats, pour la France, sont ceux de Bologne de 1517 et de 1801, encore en application dans les départements d'Alsace et de la Moselle.

Constitution : ensemble des lois fondamentales qui déterminent la manière dont un pays est organisé et le fonctionnement de son gouvernement. Une constitution peut être écrite. C'est le cas de celle de la France depuis 1790. Elle peut être coutumière. C'est le cas du Royaume-Uni de Grande-Bretagne aujourd'hui et de la France d'avant 1789.

Convention : en France, la Convention est l'assemblée constituante convoquée après l'arrestation et la condamnation de Louis XVI. Suivant la majorité au pouvoir, on parle de convention girondine, montagnarde ou thermidorienne. Elle établit la Ire République et rédige deux Constitutions. Seule celle qui instaure le Directoire est mise en œuvre.

Curie : bâtiment où se réunissait le sénat de Rome. Chaque cité romaine possédait sa curie près du forum. Aujourd'hui, la curie romaine désigne le gouvernement central de l'Église catholique au Vatican.

D

Défrichement : fait de rendre cultivable une terre. Cela se fait en travaillant des landes, des guérets et des friches, en déboisant un taillis, une forêt, en asséchant des marais.

Démographie : science qui étudie les populations, leur nombre, composition, activités et surtout leurs mouvements. Avant l'arrivée de sources d'énergie variées et abondantes, la puissance d'un État tenait à ses habitants donc à son essor démographique . Plus d'hommes, c'est plus de bras pour travailler la terre, dans les ateliers et les manufactures. C'est aussi plus de soldats en cas de guerre et plus d'impôts dans les caisses de l'État.

Dévot : du latin d'église *devotus* « dévoué à Dieu ». Personne pieuse, attachée aux pratiques religieuses. Au XVIIe siècle, le terme désigne des catholiques intransigeants.

E

Église : du grec *ekklésia*, « assemblée ». Désigne l'assemblée des fidèles du Christ, les chrétiens*. À la différence des cérémonies païennes, le culte chrétien commence par la réunion de tous les croyantsdans l'église, bâtiment sacré. L'Église est aussi une institution dirigée par le pape (chez les catholiques), par les patriarches (chez les orthodoxes). Les évêques veillent à la bonne marche des affaires de l'Église dans leur diocèse, aidés par le clergé.

F

Fermentation : opération chimique qui vise à modifierun organisme. C'est par fermentation que le sucre devient 'alcool dans la vinification, la production de bière ou de cidre.

Fresque : de l'italien *dipingere a fresco*, « peindre sur un enduit frais ». Technique de peinture sur des murs dont le mortier de finition n'est pas sec.

G

Guérilla : d'un mot espagnol importé sous l'Empire. Désigne une manière de combattre faite d'embuscades, de coups de main, d'actions de sabotage. Ce harcèlement de l'ennemi est mené par des petits groupes d'individus, les partisans.

H

Hérésie : doctrine contraire à la foi, condamnée par l'autorité religieuse. Dans la chrétienté, les conciles* avaient pour but de définir la vraie foi, ce qui est dans la vérité (ou orthodoxe). Les hérétiques, exclus, sont pourchassés. Les hérésies les plus importantes en France ont été l'arianisme et le catharisme.

Hourd : galerie de bois établie à partir des créneaux d'un château fort pour empêcher les assaillants de s'approcher des murailles et de les attaquer.

I

Islam : religion des musulmans fondée par le prophète Mahomet et qui a pour livre saint le Coran. C'est l'une des trois grandes religions monothéistes.

J

Judaïsme : religion des Juifs. C'est la plus ancienne religion monothéiste. La Torah, livre saint des Hébreux (nom ancien des Juifs), enseigne la soumission à un Dieu unique et contient les Dix Commandements repris par l'Ancien Testament des chrétiens.

L

Limon : boue très fertile déposée par les rivières et les fleuves après leurs débordements ou crues. Les limons du Nil ont fait la richesse de l'Égypte.

M

Maghreb : « le Couchant » en langue arabe. Désigne l'extrémité du monde arabe, c'est-à-dire l'Afrique du Nord d'aujourd'hui, occupée par la Tunisie, le Maroc et l'Algérie. C'est de là que sont parties les troupes musulmanes qui ont occupé l'Espagne wisigothique et constitué le prestigieux califat de Cordoue.

Magistrat : personne en charge d'une fonction publique. Sous la monarchie, ce sont essentiellement les membres des parlements. Aujourd'hui, au sens propre ce sont les juristes, qui ont passé les concours de la magistrature (juges, procureurs...). Au sens figuré, les élus ayant des charges publiques : maires, députés, sénateurs... Le président de la République est dit « le premier magistrat de France ».

Mandibule : maxillaire inférieur de la mâchoire de l'homme. Pour les préhistoriens, c'est l'os le plus souvent retrouvé, d'où son importance pour identifier le type humain.

Manufacture : du latin d'église *manufactura*, « fait à la main », « travail manuel ». Vaste établissement dans lequel la fabrication est faite manuellement par un personnel très qualifié de maîtres et de compagnons. La manufacture a laissé sa place à l'usine, envahie par les machines-outils, servies par des ouvriers peu qualifiés. Des exceptions demeurent dans la production d'articles de luxe (manufacture des Gobelins pour les tapisseries ou de Sèvres pour les porcelaines) ou de marchandises de grande qualité (manufactures d'armes, manufacture des tabacs pour les cigares).

Métallurgie : industrie des métaux, ensemble des techniques et des opérations nécessaires à l'extraction, à l'affinage et au travail des métaux. À l'origine sont les minerais qu'il faut tirer du sol. C'est le travail des mineurs. Le sidérurgiste avec des fourneaux obtient du métal, que le métallurgiste va travailler en fonction des besoins. Le bronze puis le fer ont fourni les premiers exemples d'une métallurgie d'importance. Dans les villages, le forgeron, le ferblantier et le rétameur étaient il y a un siècle encore, les figures du métallurgiste.

Migrer : se déplacer, en parlant d'une population. Les migrations ont toujours été une dimension de la vie humaine. Elles ont permis aux hommes de trouver de nouveaux lieux d'habitation. Quand ces migrations touchent les campagnes, on parle d'exode rural. Les phénomènes de colonisation sont une dimension internationale des migrations. Aujourd'hui quitter son pays, c'est émigrer. S'installer dans un autre pays c'est immigrer .

Monopole : situation de celui qui est seul à détenir quelque chose ou à pouvoir agir. Au Moyen Âge et sous la monarchie, c'était un droit exclusif donné par le roi ou des textes coutumiers de fabriquer, vendre ou faire quelque chose. On parlait de « privilèges du roi ». Plus tard, et encore aujourd'hui, c'est une situation concédée par la loi : le monopole de la poste pour la distribution du courrier, d'Électricité de France pour l'électricité….

Monothéisme : religion qui n'admet qu'un seul dieu. Après les juifs, cet impératif religieux sera suivi par les chrétiens et les musulmans. Les autres peuples de l'Antiquité adorent plusieurs dieux. Ils pratiquent le polythéisme : ils sont polythéistes.

Mosaïque : technique de décoration à base de petites pièces de différentes couleurs et de différentes tailles, assemblées et cimentées pour former un pavement ou un revêtement mural. Elle a souvent été utilisée par les Romains, les Byzantins et les artistes du Moyen Âge.

Musulman : qui croit au Coran et applique les préceptes de la religion islamique. Au Moyen Âge, on parlait aussi de « Sarrasin ». On rencontre aussi le nom de « maure » ou « more », du latin *maurus* qui désignait les Berbères . En Espagne, on évoque l'art ou le style « mauresque ».

Office : fonction publique viagère : office notarial. Sous l'Ancien Régime, désigne les charges publiques vendues par la monarchie. Les officiers étaient les propriétaires de ces charges, que la Révolution supprima.

Oïl : manière de dire « oui » en vieux français. Désigne, par extension, les pays où s'emploie cette expression par distinction des pays où « oui » se dit *oc*. Les premiers sont les pays de langue d'oïl et les seconds de langue d'oc ou Occitanie.

Onguent : du latin *unguentum*, « huile parfumée ». Médicament du type pommade que l'on appliquait sur la peau.

Orthodoxe : du grec *orthodoxein*, « penser juste ». Désigne l'autre grande branche du christianisme. Elles se sont séparées en 1054. Le monde orthodoxe regroupe, derrière Byzance, les Églises chrétiennes d'Orient, regroupées en patriarcats, qui ne reconnaissent plus l'autorité du pape et maintiennent l'emploi du grec dans leurs cérémonies. On parle aussi d'Église grecque par distinction de l'Église latine .

Païen : de *paganus*, « paysan ». Parce que le christianisme a mis du temps à convertir les campagnes, ce mot désigne les fidèles des religions polythéistes. Au Moyen-Âge, il désigne les non–chrétiens, les infidèles.

Palestre : sorte de gymnase où se pratiquaient des exercices physiques.

Parlement : aujourd'hui, lieu où se discutent et se votent les lois. Sous l'Ancien Régime, en France, lieu où se rend la justice et où l'on enregistre (= écrire sur un registre) les arrêts et ordonnances du roi. Donc un parlement, avant 1789, est à la fois un palais de justice et une institution politique, dans la mesure où les parlementaires ont, par le « droit de remontrance », la possibilité de discuter les textes royaux. C'est en Angleterre, au XVIIᵉ siècle, que la fonction politique l'emporte sur la fonction judiciaire qui reste dominante en France jusqu'à la Révolution.

Patio : cour intérieure d'une maison, à ciel ouvert .

Prolétariat : du latin *proletarius,* « qui n'a comme richesse que ses enfants », travailleur pauvre. Le mot est surtout employé au XIXᵉ siècle quand, avec la révolution industrielle, les usines regroupent des ouvriers peu qualifiés, donc mal payés. Il désigne une classe sociale opprimée, souvent révoltée face à la bourgeoisie.

R

Régence : période pendant laquelle un(e) régent(e) gouverne à la place du roi mineur ou absent. Ce sont habituellement des moments difficiles où la noblesse essaie, par la révolte, de se saisir du pouvoir.

Rognon de silex : boule de silex utilisée par les hommes de la préhistoire pour tailler des outils et des armes.

S

Sacrilège : atteinte portée au sacré. Profaner une sépulture ou souiller un lieu de culte sont des sacrilèges.

Schisme : séparation amenant la rupture de l'unité des fidèles dans une religion. Chez les chrétiens, c'est en 1054 qu'eut lieu le Grand Schisme qui conduit à la constitution d'une Église latine et d'une Église grecque. Le protestantisme peut être considéré comme un autre schisme touchant l'Église latine seulement.

Sédentarisation : action de se fixer en un lieu et de cesser de pratiquer le nomadisme. Ce processus a été un moment important de l'histoire des hommes. Il a rendu possibles l'agriculture, l'élevage, la construction des villages… On discute encore pour établir le déroulement précis de cet événement capital .

Sépulture : c'est à la fois la tombe et la cérémonie de mise en terre d'un défunt.

Slovénie : région au nord de l'Adriatique, depuis peu devenue un État souverain, après avoir appartenu à la fédération yougoslave.

Suffrage : vote et système de vote. En France, le suffrage n'apparaît vraiment qu'avec la Révolution. Il est d'abord limité à une minorité, fort variable suivant les moments : on dit que le suffrage est censitaire. En 1848, il est accordé à tous les hommes. C'est en 1945 qu'il devient vraiment universel en s'ouvrant aux femmes.

T

Thalassocratie : empire de la mer. C'est un pouvoir qui s'appuie sur la domination d'une mer : la Méditerranée pour les Grecs puis les Romains, l'Atlantique pour les Britanniques au XIXᵉ siècle. Cette domination est acquise par l'installation de cités-filles de cités grecques pour les Hellènes, de cités créées ou occupées pour les Romains : les « colonies ». C'est avec des comptoirs et des colonies que le Royaume-Uni établit son empire maritime, le plus vaste et le plus peuplé que le monde ait jamais connu.

Tumulus : tertre ou butte de terre élevé au-dessus d'une tombe.

Vannerie : art de fabriquer des objets en tressant des brins d'osier, de jonc, de rotin ou de paille.

Vénus : divinité romaine, déesse de la beauté et de l'amour. Par assimilation, toute statuette de femme à qui l'on prête un caractère religieux. On parle des Vénus préhistoriques comme celle de Lespugue ou de Brassempouy.

Vigile : magistrat* de l'Antiquité romaine, chargés de veiller à l'ordre et à la sécurité. Les vigiles occupent des fonctions qui sont celles de nos policiers et de nos pompiers.

Index

D

M

Crédit photographique

Gilles Bouquillon
P. 273 (b), 275 (bd), 279 (b).

Agence Gamma
P. 277.

Agence Masaï
P. 98 (h).

Dominique Chauvet
P.16-17 (fond).

Colibri
P. 22 (hg), 40 (hg) 282.

Éditions Errance
P. 33 (bd), 40 (b).

Jean-Paul Espaignet
P. 22-23 (fond), 26 (md), 26-27 (fond), 64-65 (fond), 84-85 (fond), 266-267 (fond), 278-279 (fond).

Francesdias. Com
P. 24 (h).

Leemage
P. 44 (g), 61 (bd), 92 (hd), 131 (m), 136-137, 138 (h), 144 (b), 148-149-159 (h + b), 161 (bd), 169 (b), 192 (b), 196 (h + m), 197 (h), 199 (h + bg), 200, 206-207, 207 (h + b), 208 (b), 209 (h + m), 211 (mg + md + bd), 221 (h), 224, 226 (h), 227 (h), 243 (b), 247 (b), 258 (b), 259 (h + m), 268, 275 (hd), 278.

Musée de Berlin
P. 184 (h).

Paul Palau
P. 86-87.

Photos 12
P.17 (hd), 27 (hd), 41 (h), 44 (m), 52 (hg), 55 (bd), 56 (hg), 57 (bd), 58 (b), 59 (h + b), 60 (hd), 61 (hd), 62 (bg), 64 (hd), 66 (hd), 76 (hg), 78 (mg), 80 (hg), 81 (hd), 89 (bd), 91(hd), 102 b), 104 (h), 104-105 (fond), 106 (b), 108 (hg), 109 (hd + bd + bg), 110 (b), 112 (h), 113 (h + b), 114 (hg), 114-115 , 115 (h + b), 116 (h + b), 117 (h + m), 116-117 (fond), 121 (m), 122 (h + b), 123,

124 (h), 125 (m + b), 128 (h + b), 129 (b), 131 (h + b), 131 (hd), 132 (h + b), 133 (b), 134 (h + b), 138 (h + m + b), 142 (h), 142-143, 143 (h), 144 (h), 145 (h + b), 146 (h + b), 147 (h), 148 (h), 150 (h + b), 151 (h), 152 (h + b), 152-153, 155 (h + b), 161 (hg), 163 (b), 166 , 167 (b), 168 (h), 170, 171 (m + b), 172 (h + b) , 173, 175 (h + b), 176 (h + b), 177 (b), 180 (h + b), 181 (h + b), 183 (h), 186 (h + b), 187, 188 (h), 189 (b), 192 (h), 194 (h + b), 197 (h), 196 (b), 197 (b), 198, 199 (b), 201 (h + b), 202 (b), 203 (h + b), 204, 208 (h), 210-211 (fond), 211 (h), 212 (hd), 213 (h + m + b), 216 (h + b), 217 (h), 219 (h + b), 221 (b), 222 , 223, 226 (b), 226-227, 228 (b), 229 (h + b), 231 (m + b), 233 (h + m), 234 (h + b), 235 (h + b), 236 (h), 238 (b), 239 (h + b), 240 (h + b), 243 (h), 245, 247 (m), 248, 252 (h + m + b), 256, 257, 258 (h), 259 (bd), 260, 261, 262, 263 (h + b), 264 (h + b), 266 (h + b), 267 (h + m + b), 272 (h + b), 273 (h), 274 (h), 275 (m), 276, 277 (h), 279 (b).

RMN
P. 20 (hg), 23 (hd + mg), 25 (hd), 26 (hg + bd), 31 (hd), 54 (hd), 58 (h), 77 (m + b), 96 (h).

Philippe Terrancle-Milan
P. 78-79.

Illustrateurs

Jean-Paul Espaignet
P. 15 (hd + mg), 17 (md), 23 (bd), 24 (bg), 30 (hg),
34 (hg), 37 (hd), 41 (bg), 54 (b), 58 (md),
62 (hg + hd + md), 67 (hd), 76 (b), 78 (bg), 80 (bg),
83 (bd), 108 (b), 111 (h), 121 (hd), 174 (bd), 216 (md),
225 (hg), 232 (hg), 240 (mg), 242 (bg), 245 (md),
246 (mg), 253 (md), 281 (h), 283 (b).

Anne Eydoux
P. 12-13, 14 (bd), 15 (bd), 16 (bg), 22 (md + b), 45 (h),
51 (bd), 68 (h), 72 (h), 103 (bd), 105 (b), 112 (b).

Gwen Keraval
P. 88 (b), 89 (h), 94 (h), 96 (b), 106 (h), 107 (b).

Rémi Kerfridin
P. 125 (h), 126 (h), 128-129, 151 (b), 158 (h), 162 (h),
174 (h), 185 (b), 202 (h), 227 (bd), 262 (b).

Régis Macioszczyk
P. 16 (md), 34 (b), 34-35, 45 (b),49 (h), 69 (b), 68-69,
84-85, 90-91, 104 (b), 105 (h), 111(m), 120 (h), 135 (b),
147 (b), 160, 161 (hd), 206 (h), 209 (b).

Jean-Claude Pertuzé
P. 12 (hg), 13 (hd), 14 (hg), 16 (hg), 21 (hd), 25 (bg),
27 (b), 86 (h), 87 (b).

Richard Roussel
P. 220 (h), 225 (hd + bd), 237 (h), 238 (h), 245 (m),
247 (md), 254 (b), 255 (h), 256 (b), 281 (b).

Florent Silloray
P. 18-19 , 30-31, 32-33, 35 (bd), 36-37, 42-43, 43 (bd),
48 (h), 49 (b), 50-51, 55 (h), 60 (md), 66-67, 70-71,
77 (hd), 80-81, 82-83, 88 (hg), 97, 102-103, 103 (mg),
107 (h), 110 (hg), 111 (bd), 117 (bd), 120 (md), 123 (b),
127 (b), 133 (h), 135 (hd), 136-137, 143 (b), 153 (bd),
154 (h), 167 (hd), 168-169, 170 (b), 173 (b), 177 (hd),
183 (m), 187 (m), 193 (m), 204-205, 217 (b), 225 (m),
230, 236-237, 241, 244, 248, 257 (h), 260-261, 265 (h).

Christian Verdun
P. 20-21, 38-39, 43 (hg), 52-53, 56-57, 63, 64-65, 72-73,
92-93, 94-95, 98-99, 124 (b), 126 (b), 127 (h), 162-163,
164-165, 176 (h), 181 (h), 188-189, 190 (hg), 190-191,
191 (bd), 195 (b), 218, 222-223, 228 (hg), 232-233,
242 (h), 246 (h), 253 (h), 254-255, 268-269.

Couverture
Toutes les photos sont de Photos 12 ;
illustration de Jean-Claude Pertuzé.

4ᵉ de couverture
Toutes les photos sont de Photos 12 ;
illustrations de Anne Eydoux